Jakob Wichner

Kloster Admont und seine Beziehungen zur Wissenschaft und zum Unterricht

Jakob Wichner

Kloster Admont und seine Beziehungen zur Wissenschaft und zum Unterricht

ISBN/EAN: 9783743656338

Hergestellt in Europa, USA, Kanada, Australien, Japan

Cover: Foto ©ninafisch / pixelio.de

Weitere Bücher finden Sie auf **www.hansebooks.com**

Kloster Admont

und

seine Beziehungen zur Wissenschaft und zum Unterricht.

Nach archivalischen Quellen

von

P. Jakob Wichner.

Mit Unterstützung der hohen k. k. Akademie der Wissenschaften in Wien.

Im Selbstverlage des Verfassers.
1892.

K. k. Universitäts-Buchdruckerei „Styria", Graz.

PROVO, UTAH

Kunst und Wissenschaft sind ein edles Geschwisterpaar, welches mit Vorliebe die stille Zelle des Klosters bewohnte. Auch das Haus des heil. Blasius am steierischen Gestade der Enns fanden sie ihres Besuches werth. Wir haben unter dem Titel „Kloster Admont in Steiermark und seine Beziehungen zur Kunst"[1]) die Wirksamkeit und den Einfluß dieses Klosters auf dem weiten Felde der schönen Künste und des Kunstgewerbes zu schildern versucht. Es ist daher naheliegend, an die Beantwortung der Frage heranzutreten: „Was hat die Abtei Admont auf dem Gebiete der Wissenschaft und Literatur, der Schule und Jugendbildung geleistet?"

Daß diese Frage nur zur Ehre Admonts beantwortet werden kann, wird jedem, der die Geschichte dieses Klosters und dessen Bedeutung im Culturleben der Steiermark kennt, einleuchtend sein. Aber eine erschöpfende, lückenlose Darstellung der wissenschaftlichen Bestrebungen der Klostergemeinde ist nicht mehr möglich, seit das Archiv[2]) derselben eine Beute der Flammen geworden war. Wenn auch die meisten Urkunden in Abschriften uns erhalten sind, hat doch eine andere Quelle — die Actenbestände — gewaltige Einbuße erlitten. Wir können daher nur mit jenem Materiale rechnen, welches dem Verderben entgieng und welches das von uns neugeschaffene Archiv[3]) zu bieten vermag. Es ist unsere Aufgabe, die in Urkunden, Saalbüchern, Nekrologen, Chroniken, Briefen und Rechnungen zerstreuten Notizen zu sammeln und in einem anschaulichen Bilde wissenschaftlichen Wirkens zu vereinen.

Wenn auch der heil. Ordensstifter Benedict in seiner Regel Gebet, Psalmengesang, Betrachtung, asketische Übungen und Handarbeit zunächst betont, wollte er, da er ja selbst ein Mann der Wissenschaft war,[4])

---

[1]) Wien 1888. 8°. Herausgegeben von der k. k. Central-Commission für Kunst- und historische Denkmale.

[2]) Im April 1865.

[3]) Siehe „Ein wiedererstandenes Klosterarchiv in Steiermark" in „Archivalische Zeitschrift" III. 137—163.

[4]) Siehe P. Edmund Schmidt, „Über die wissenschaftliche Bildung des heiligen Benedict" in den „Studien aus dem Bened.- und Cist.-Orden" IX. 57.

seine Schüler auch in anderer Weise geistig beschäftigen und selbe zum Lesen und Schreiben verhalten. Das 33. Hauptstück der Regel spricht von Büchern (codices), Schreibtafeln und Griffel, und cap. 48 erwähnt der Klosterbibliothek.[1]) Seither haben die Benedictiner das Panier der Wissenschaft hochgehalten. Die fleißigen Mönche schrieben nicht bloß die heil. Schrift, die Werke der Kirchenväter, die liturgischen Schriften ab, sie vermittelten uns auch das profane Wissen in den Werken der alten Classiker, Dichter, Philosophen und Ärzte. So wie jedes Kloster schon frühzeitig seine Bücherei, besaß es auch seine Schule, aus welcher der Strom nützlicher Kenntnisse sich auch auf die Laienwelt ergoß.

---

[1]) „... accipiant omnes singulos codices de bibliotheca, quos per ordinem ex integro legant."

Admont im 11. und 12. Jahrhundert.

Seine gelehrten Aebte Gottfried und Irimbert. Die „Dominae litteratae".

Der Herzenswunsch der heil. Hemma († 1045), in dem jetzigen Admontthale ein Kloster zu gründen, welchen sie dem Erzbischofe Baldiun von Salzburg an das Herz gelegt hatte, fand erst im Jahre 1074 unter dem Erzbischofe Gebhard seine Erfüllung. Er führte zwölf Mönche aus dem Kloster St. Peter in die neue Stiftung ein, übergab derselben als Dotation die von Hemma zu diesem Zwecke gewidmeten Ländereien und fügte auch seinerseits reiche Schenkungen hinzu. Darunter waren, wie die „Vita Gebehardi" erzählt, nicht nur die zum Kirchendienste nöthigen Gefäße und Kleider, sondern auch Bücher. Wir wissen zwar nicht, welches Inhaltes diese gewesen sind, dürfen aber als gewiß annehmen, daß der Stifter das Nothwendigste, nämlich liturgische Bücher, die heil. Schrift und Werke der Kirchenväter gespendet habe. In dem Verzeichnisse der Bibliothek, welches der Mönch Peter von Arbon im Jahre 1380 angelegt hat, verzeichnet er, gewiß auf alten Traditionen des Hauses fußend: „Byblia tota in duobus maximis voluminibus, quam dominus Gebhardus, fundator monasterii, eidem contribuit."[1]) Es ist immerhin möglich, daß unter den zahlreichen Handschriften, welche dem 9. bis 11. Jahrhundert angehören, noch mehrere sein werden, die wir der Fürsorge Gebhards verdanken.[2])

Die Gründung der Abtei war in die stürmischen Zeiten des Investiturstreites gefallen. Weil sie getreu, wie ihr Stifter, zum Papste hielt, wurde sie dreimal von den Parteigenossen Heinrichs IV. überfallen, geplündert und verwüstet. Unter dem Geräusche der Waffen schweigen die Musen. Daher werden die Söhne des heil. Blasius

---

[1]) Diese Bibel, mit romanischen Miniaturen geschmückt, ist noch jetzt als Cimelie der Stiftsbibliothek vorhanden.

[2]) So eine Bibel aus dem 10. Jahrhundert und je ein gleich altes Homiliar und Evangeliar (Cod. Nr. C. D. E. 66. 511). Auch eines oder das andere der Passionalien des 11. Jahrhunderts könnte Gebhard zum Spender haben.

nicht viel Zeit und Anregung zu gelehrter Thätigkeit gefunden haben. Doch zeigen sich Spuren einer solchen noch im 11. Jahrhundert. Gebhard, welcher im Jahre 1088 auf der Veste Werfen gestorben war, wurde, seiner letztwilligen Anordnung gemäß, zu Admont begraben. Die Pietät der Mönche widmete ihm ein wohl einfaches, schlichtes Denkmal über dem Grabe, mit einer in Versen abgefaßten Inschrift, in welcher seine Verdienste für die allgemeine Kirche und seine liebevolle Großmuth für Admont gepriesen werden.[1]) Wo könnten wir den Autor aber anders vermuthen, als in Admont, und wer wäre berufener gewesen, den Stifter und Vater des Klosters würdig zu feiern, als eben ein Mönch desselben? Ein anderes Monument des Mönchsfleißes begegnet uns in der Handschrift Nr. 42 (saec. XI), welche ein „Psalterium tetraglotton" enthält. Auf dem 16. Blatte dieses Codex ist eine dasselbe völlig füllende Miniatur eingemalt. Eine männliche Figur hält in den Händen ein gestürztes, gegittertes Quadrat, auf welchem die Verse stehen: „Vivet in Admundo sacra concio mortua mundo." Dieselben berechtigen uns wohl, den Schreiber in Admont zu suchen.

Die Regel des heil. Benedict bildet zwar die Grundlage und Norm seines Ordens, aber heilige und gelehrte Geistesmänner waren bestrebt, ihren Sinn und Inhalt zu erklären und für die wechselnden Verhältnisse der Zeit und des Ortes angemessen zu gestalten. Die Satzungen von Clugny (Consuetudines Cluniacenses) bildeten im Mittelalter die Richtschnur des Ordenslebens in Deutschland. Hierher verpflanzte selbe der Abt Wilhelm von Hirschau mit jenen Aenderungen, welche deutsche Cultur und Sitte verlangten. Die Klöster des Schwarzwaldes und Thüringens nahmen die Hirschauer Regel alsbald an. Der Abt Gisilbert von Admont (1090—1101) war selbst Mönch in Hirschau gewesen und war, nachdem er Abt in dem thüringischen Kloster Reinhardsbrunn geworden, von dem Salzburger Erzbischofe Thiemo als Abt in die steierische Abtei berufen worden. Er war es, der den strengen Geist der Cluniacenser Regel mit den Milderungen der Satzungen von Hirschau der ihm nun untergebenen Gemeinde vorschrieb. Wir wollen nun aus diesem Ordensgesetzbuche[2]) dasjenige herausheben, was sich auf das Lesen und Schreiben, auf die Bibliothek und die geistige Beschäftigung der Religiosen bezieht. In Lib. I, cap. II heißt es: „Quomodo se habeant novitii in cella sua et quomodo ibi instruantur. Si quis eorum scribendi vel libros legendi est sciolus, in

---

[1]) Selbe beginnt: „Quid flos Admuntis Gebhardi funere tristis."
[2]) Consuetudines Hirsaugienses. Cod. 497 der Stiftsbibliothek Saec. XII.

cella novitiorum potest a magistro illis injungi hoc opus, si tamen rogaverit eum armarius." Diese Stelle läßt die Deutung zu, daß es dem Bibliothekar erlaubt gewesen sei, sich der jugendlichen Kräfte, etwa zum Abschreiben von Büchern, zu bedienen. Cap. V zählt die Bücher auf, deren Gebrauch in Klöstern in erster Linie üblich war. Diese sind: „Missale. Liber officialis. Evangeliarium. Epistolarium. Lectionarium. Antiphonarium. Graduale. Regula. Hymnarium. Psalterium. Liber prophetarum. Glossarium. Homiliarium. Liber collationum.[1]) Liber litaniarum. Breviarium. Liber consuetudinum. Martyrologium."

Beim Verlangen oder Empfangen eines Buches waren, um das Stillschweigen nicht zu unterbrechen, bestimmte Hand- und Leibesbewegungen (Signa) vorgeschrieben, kurz, es war eine nur den Eingeweihten verständliche Zeichensprache im Gebrauche.[2]) „Pro signo libri saecularis, quem aliquis paganus composuit, pro generali signo libri aurem cum digito tangas. Pro generali signo libri extende manum et move, sicut folium libri moveri solet." Die Schreiberzelle und das Schreibgeräthe, Tinte, Minium, Bimsstein und Feder, hatten folgende Zeichen: „Pro signo scriptorii manus extensas super utrumque genu aequaliter ponas adjungens scribendi signum. Pro signo incausti adde rursum signum scribendi. Pro signo minii signo rubei coloris praemisso item scribentis signum adjunge. Pro signo pumicis cum pugno dextro in interiori parte sinistrae extensae purgantem pergamenum simula. Pro signo pennae signo volandi praemisso iterum scribendi signum adde."

Der Bibliothekar leitete und lehrte zugleich Gesang und Lesung, trug die Namen der Verstorbenen im Gedenkbuche ein und war in seinem Amte unmittelbar nur dem Abte unterstellt und verantwortlich. „Praecentor qui et armarius. Armarii nomen obtinuit, eo quod in ejus manu solet esse bibliotheca, quae et alio nomine armarium appellatur. De ejus autem tam continua occupatione ut aliquid perstringam, tota divinae servitutis ordinatio in ecclesia super nullum pendet, quantum super illum, nec de hoc habet aliquem magistrum nisi solum dominum abbatem. Quod voluerit, ut legatur, legitur, ut cantetur, cantatur tam

---

[1]) Cassiani Collationes patrum. In der Stiftsbibliothek noch ein Codex des 11. Jahrhunderts.

[2]) Der Mönch Frimbert von Admont schreibt gelegentlich des Klosterbrandes (1152): „Fero invisa signa, foris jam conflagrare incendia."

in ecclesia quam extra et ad hujusmodi omnes debent ei semper obedientes esse... Ipse supervenientes breves defunctorum fratrum nostrorum a Priore accipit et nomina eorum in martyrologio scribit."¹)

Die im Schreibfache verwendeten Mönche waren vom allgemeinen Chorgebet dispensirt und durften die canonischen Tagzeiten für und unter sich verrichten. „Sunt autem alii scriptores, quibus injungitur in capellis et alias ad scribendum jugum sedere et regulares horas ibidem canere."²) Der Admonter Irimbert schreibt: „Cum matutina sollempnitas... in choro celebraretur, ego et frater, qui mihi ad scribendum adjutor fuerat deputatus, in capella s. Marie matutinalibus expletis laudibus..."

Wir dürfen annehmen, daß die von Gisilbert zu Admont eingeführten Hirschauer Satzungen im Großen und Ganzen sich hier bis in die Mitte des 15. Jahrhunderts erhalten haben.

Wenn wir uns kein bedeutendes Kloster des Mittelalters ohne Bücherei denken können, denn „Claustrum sine armario quasi castrum sine armamentario", so war eben so nothwendig eine Schule einem solchen Institute. Die Bibliothek enthielt nicht bloß theologische, liturgische und asketische Werke, auch Aristoteles mit den Philosophen, Cicero mit den Rednern, Vergil mit den Dichtern, Josefus Flavius mit den Historikern, Hyppocrates mit den Medizinern, Euclid mit den Mathematikern und Donat mit den Sprachlehrern fanden in jener ihre Stätte, um als Bildungs- und Lehrmittel zu dienen. Wenn wir auch vor dem Beginne des 13. Jahrhunderts keine Lehrer und Schulmeister namentlich nachweisen können, und wenn auch erst in einer Urkunde vom Jahre 1198³) der Unterschied zwischen „fratres literati et illiterati" auftaucht, läßt sich doch aus der Analogie mit andern Klöstern der Schluß ziehen, Admont habe gewiß schon im 12. Jahrhundert seine Schule und zwar eine innere für die theologische Ausbildung der Mönche und eine äußere für den Unterricht von Knaben aus dem Laienstande besessen. Da die nächstgelegensten Hochschulen Wien und Prag erst um 1350 gegründet wurden und außer der Domschule in Salzburg ein ähnliches Institut nicht leicht zugänglich war, mußte der theologische und wohl jeder Schulunterricht im Kloster und da in der ersten Zeit wohl ausschließlich von Mönchen ertheilt werden.

---

¹) Consuetudines Hirsaugienses. Lib. II, cap. 19.
²) Lib. c. cap. 22.
³) Wichner, „Geschichte des Benediktiner-Stiftes Admont" II. 259.

Es kommt häufig vor, daß in der unmittelbaren Nähe der Manns=
klöster Niederlassungen von Frauen desselben Ordens entstanden.¹) Auch
Abt Wolfhold (1115—1137), welchen der Erzbischof Konrad I.
von Salzburg aus dem Kloster St. Georgen im Schwarzwalde nach
Admont berufen hatte, errichtete in der Nähe der uralten Amandus=
kirche am linken Ufer des Admontbaches ein Nonnenkloster, welches
sich bald mit Frauen aus den vornehmsten Adelsgeschlechtern bevölkerte
und in kurzer Zeit durch die Frömmigkeit und hohe Geistesbildung
seiner Bewohnerinnen eine Zierde des Ordens und Landes zu werden
berufen war.²) Die Gründung desselben geschah um 1120 und wir
werden noch hinlänglich Gelegenheit finden, das Schalten und Walten
der „Dominae literatae ad SS. Rupertum et Martinum"
eingehend würdigen zu können. Die ersten Nonnen kamen aus Nonn=
berg in Salzburg und aus St. Martin zu Amthausen im Schwarz=
walde.³) Wir wollen hier nur noch bemerken, daß das Wirken der
Admonter Nonnen sogar den Papst Innocenz II. veranlaßte, ein
belobendes Schreiben (1139, 1. April, Lateran) an selbe ergehen zu
lassen.⁴)

Abt Gottfried I. und der Kreis seiner Gelehrten.
(1138—1165.)

Nach Wolfholds Tode fiel die einstimmige Wahl des Stifts=
capitels auf den Prior zu St. Georgen im Schwarzwalde, Gottfried.
Unter ihm erreichte Admont den Gipfelpunkt der Askese und Gelehr=
samkeit, und sein Ruf erscholl über Deutschland und Italien hinaus
bis an das Gestade des Meeres, so daß zahlreiche Klöster ihre Vor=
stände aus unserem Blasienstifte sich erbaten. Gottfried war nicht
nur selbst so wie sein Bruder Irimbert, ein Mann der Wissenschaft,
er verstand es auch, seine Untergebenen mit den Waffen des Geistes
auszurüsten. Aus seiner Zeit nennen uns die Annalen des Hauses

---

¹) So zu Salzburg, Gurk, Seckau, Klosterneuburg, St. Pölten, Melk, St. Florian, Göttweig, Seitenstetten und Michaelbeuern. Die Beweggründe zu solchen Ansiedelungen habe ich in meinem Aufsatze: „Das ehemalige Nonnenkloster O. S. B. zu Admont", Separatabdruck, Brünn 1881, S. 2, dargelegt.

²) „Coenobium ipsum cunctis pene in Germania sanctimonialium monasteriis celebrius." Chronicon Admontense.

³) Frieß, „Necrologium von Nonnberg" 153.

⁴) Wichner, „Geschichte von Admont" I. 249.

zuerst die Namen von Bibliothekaren. Diese waren Wernher, der 1140 als Abt zu Brül bei Regensburg berufen wurde, und Günther, welcher 1147 die Abtswürde zu Weihenstephan erlangte. Beide erwarben — wohl aus ihrem Erbe — Weingärten zu Würflach in Niederösterreich, deren Ertrag sie für die Liberei des Klosters bestimmten.¹) Ein Hauptaugenmerk richtete der Abt auf die stetige Vermehrung des Bücherschatzes. Seine Mönche waren bemüht, Handschriften zu verfassen, und Gottfried setzte sich in Verkehr mit andern Klöstern, um solche zur Abschrift zu erlangen. Wir kennen aus seiner Zeit die gelehrten Bücherschreiber Perchtold, Lambert, Gottschalk, Salmann, Reinbert und wohl noch andere. „Perhtoldus scriba egregius, qui librorum multitudinem non parvam monasterio nostro propria manu descripsit, Lambertus quoque sollertissimus scriptor, sed et Gotscalcus ... scriptor egregius et Salmannus..."²) Der Codex Nr. 326 der Stiftsbibliothek (saec. XII) enthält die „Historia ecclesiastica gentis Anglorum" des Beda, und der Copist fügt am Schlusse die Worte hinzu: „Memento mei Reinberti, cujus in hoc codice fulget labor, ars studiumque." Der Bibliothekar Gottschalk widmete seine Kraft und sein Wissen auch den nachfolgenden Aebten Liutold, Rudolf und Frimbert. Sein Todestag ist nach dem „Necrologium Admontense" der 17. August eines ungenannten Jahres.

Wenn wir einer Notiz in der Handschrift Nr. 589 (saec. XIV.) Glauben beimessen dürfen, hat schon unter Abt Gottfried I. im Jahre 1152 eine Zählung und Beschreibung des Bücher-Inventars Platz gegriffen. Diese Notiz lautet: „Sub domino Godfrido abbate numerati et solemniter annotati sunt libri a. d. Mº Cº LII."

Die ganze Geistesrichtung dieses Abtes aber, der für sein eigenes wissenschaftliches Walten die Bibliothek des Hauses zu Rathe zog und dem es daher wünschenswerth sein mußte, den Inhalt derselben übersehen zu können, zwingt uns, jene Notiz als eine sichere zu betrachten. Um das Jahr 1153 richtete der Abt an den Mönch O... in Tegernsee, welcher aus der Schule Admonts hervorgegangen war und auf dessen dankbare Bereitwilligkeit man rechne, ein Schreiben, welches ein beredtes

---

¹) „Apud ... villam Wirvila coenobium habet duas vineas, quae ad obedientiam armarii pertinent, quarum unam dominus Werinherus, ejusdem coenobii armarius, postea vero Prulensis abbas ... emit... Alteram vero vineam dominus Guntherus ... armarius, postea apud Wihensteven abbas ... emit." „Admonter Saalbuch" IV. 161.

²) Pertz, „Scriptores" (Vita Gebehardi et successorum) XI. 43.

Zeugniß für Gottfrieds Wissenseifer gibt. Dieses Schreiben lautet: „G(odefridus), dei gratia id, quod est, dilecto in Christo filio O... Columbam imitare Noe, quae emissa retulit ad arcam ramum virentis olivae. Qui naturas ferarum didicerunt et noverunt, hoc aliqui eorum scribunt et dicunt, quod naturali quadam dulcedine ad illa loca frequenter habent recursum, unde primum vivendi sumpserunt exordium. Ita frater et tu, ut emissiones tuae sint paradisus malorum Punicorum,[1]) ad sinum matris tuae Admuntensis ecclesiae, si non corpore saltem animo, saepius debes recurrere, de cujus fonte, quicquid est in te per dei gratiam disciplinae et scientiae, cognosceris habuisse. Vellem itaque dilectissime, ut de famoso illo vestrae ecclesiae armario aliquid, quod apud nos non est, vel scribendum vel a te scriptum nobis transmitteres, quatenus ex vestra abundantia nostra suppleretur inopia et per id tuae apud nos dilectionis recalesceret memoria. Josephi opus excidium Jerosolymorum et celebratum Romae Vespasiani et Titi triumphum, si apud vos est, rogo ut diligenter et veraciter inquiras et nobis per aliquem scribendum transmittere in vera charitate non differas, quia diu est, ex quo apud vos esse idem opus veraciter audivi, sed videre nunquam potui. Labora igitur, ut, quod ab aliis non est factum, a te fiat, ut tibi et a fratribus tuis gratiarum actio et a deo reddatur remuneratio. Vale, dominum abbatem, germanum tuum, ex parte nostra plurimum saluta eique sicut bonus filius, devote obedire et servire cura."[2])

Die Kunde von der asketischen und wissenschaftlichen Blüthe unseres Klosters unter dem Abte Gottfried war über Deutschlands Marken hinaus selbst nach Italien gedrungen, und die Vorsteher ferner Klöster bemühten sich, ihre Mönche in unseres Abtes Schule der Frömmigkeit und Weisheit zu senden, um aus dem Ruhmesgarten des heil. Blasius hoffnungsvolle Pfropfreiser für den Ordensbaum zu gewinnen. Ein Brief des Abtes Leopold von Rosaz bei Udine[3]) an Gottfried gibt darüber ein glänzendes Zeugniß:

---

[1]) Cant. canticorum IV. 13.
[2]) Pez, „Anecd." VI. 364 nach einer Tegernseer Handschrift. Wichner, „Geschichte von Admont" I. 289.
[3]) A. von Jaksch, „Zur Lebensgeschichte Sophias, der Tochter König Belas II. von Ungarn" in den „Mitth. d. Instituts für österr. Geschichtsforschung". Ergänzungsband II. 361—379. Der Verfasser benützte einen Codex (saec. XII) der

„Domino et venerabili N. abbati N. L(iupoldus) Rosacensium fratrum humilis minister et peccator modo cum obedientia orationum holocaustomata. Sanctitati paternitatis v(estrae) fratrem n(ostrum) N. presentium latorem transm(ittimus) solotenus prostrati rogantes, quatinus eundem gratia aedificationis clementer suscipiatis ac viscera misericordiae, in quibus secundum salutem animae s(uae) indiguerit, circa eum ostendere curetis. Quod, si parvitas n(ostra) apud vos hoc obtinere valet, ut saltim unum pro eo habeat, qui et aliis praeesse possit, non modica pro tanta proximi immo fidelissimi subditi vestri compassione a deo merces vobis est speranda. Et revera dignum ac multum videtur esse congruum et necessarium, ut, sicut tota Bawaria vestro bono respersa odore flagrat, vestris exemplis inhianter cupit informari, sic nimirum homines nostrae terrae vestro docti exemplo Egyptorum plagis ac nebulis excussis, Pharaone extincto, mare transmisso quandoque portum salutis et terram valeant attingere repromissionis. Et hoc non lateat dominum et p(atrem) m(eum), quod tanta fiducia, tanta spe vobis teneor astrictus, ut nec locorum longa remotio, nec itineris aestatisque ulla difficultas me quivisset continere, quod ego ipse ad vos venissem, vestris pedibus me jactassem tamdiuque jacuissem, quoad usque petita impetrassem, nisi quod ardor febrium tantus me invasisset, quod vix respirare valeo."

Gottfried stand im regen Verkehr mit den gelehrten Männern seiner Zeit, welche sich auf sein Ansehen stützten und ihm ihre Werke widmeten. In dem „Dialogus inter Cluniacensem monachum et Cisterciensem de diversis utrinsque ordinis observantiis"[1]) erzählt der Autor, er habe in dieser Angelegenheit mit unserem Abte seiner Zeit Meinungen getauscht. „Postea contigit, ut conferrem de his cum domino G(odefrido) Admuntensi abbate, doctae sanctitatis et magnae honestatis viro . . .“; worauf der Cluniacenser antwortet: „Idem abbas magnae liberalitatis et magnae

---

k. k. Studienbibliothek zu Klagenfurt, von welchem er sagt: „Es ist nicht zu zweifeln, daß der Codex in Admont geschrieben wurde. Abt Leopold von Roßaz erscheint in Urkunden von 1152 und 1154. Obwohl in unserem Briefe weder Admont noch Abt Gottfried genannt werden, dürften seine Beziehungen zu diesem Kloster daraus auch erhellen, daß auch die andern Briefe des Formelbuches die Admonter Nonne Sophia und den Abt Gottfried betreffen.

[1]) Martène, „Thesaurus novus Anecdotorum" V. 1607.

benevolentiae famam habet." Mit Bischof Eberhard von Bamberg stand er im Briefwechsel und Gerhoh von Reichersberg widmete ihm sein Werk „Liber contra duas haereses". Die Dedicationsepistel[1]) beginnt „G(erhohus) venerabili Admontensis coenobii abbati fratri G(odefrido) devotum cum assiduis orationibus obsequium." Im Verlaufe der Widmung sagt er noch: „Praesens prooemium tuae paternae sapientiae destinatum tractatui meo in partes distincto censui anteponendum."[2])

Wir wollen hier nur noch bemerken, daß auch Erzbischof Eberhard I. von Salzburg, Bischof Konrad von Passau, und die Aebte Volkmar von Hirschau, Adalbert von St. Emmeram[3]) und Erbo von Prüfning mit Gottfried sich in schriftliche Verbindung gesetzt haben. Die beiden Letzten nennen sich: „Nos vero domus vestrae propagines et vestri spiritus participes." Auch die Convente von Kremsmünster und Michaelsberg bei Bamberg richteten Sendschreiben voll bewundernder Ehrfurcht an den Abt.

Nachdem wir nun dargethan haben, wie Gottfried das wissenschaftliche Wirken bei seinen Untergebenen beförderte und Admont zu einer Universitas litterarum, einer Pflanzschule der Gelehrten gemacht hat, müssen wir noch einen Blick auf seine eigenen Geistesproducte werfen. Seine Werke sind homiletischer und asketischer Art. Der Zweck, welcher ihm zunächst vorschwebte, war die religiöse Belehrung und Erbauung seiner Mönche und Nonnen und er hat wohl die meisten seiner Homilien und Reden nicht nur dem todten Pergamente anvertraut, sondern auch in eigener Person seiner frommen Zuhörerschaft vorgetragen. Wir wissen aus einem Berichte des Mönches Irimbert,[4]) daß der Abt an Festtagen den Nonnen vor dem Gitter der Sprechzelle geistliche Anreden gehalten habe. Gottfrieds Schriften behandeln daher solche Themata, welche die Vollkommenheit des Ordenslebens, den richtigen Sinn der Bibel, die wichtigsten Sätze der Dogmatik und Moral behandeln. Er ist Mystiker und verschmäht rhetorische Künste. In der Lehre von der Gnade und Prädestination folgt er den Spuren des heil. Augustin. Mit Vorliebe sucht er hebräische Eigennamen in

---

[1]) Pez, „Anecd." T. I. P. II. 283.
[2]) Das Opusculum sollte nur einen „Prologus galeatus" zu Gerhohs „Psalmen-Erklärung" bilden.
[3]) Adalbert war 1149 aus Admont nach St. Emmeram berufen worden. Unter Gottfried waren dreizehn Admonter Mönche zur Insel in fremden Klöstern gelangt.
[4]) Expositio in libros Regum.

mystischer Weise zu erklären. Seine Homiliae dominicales et festivales haben sich noch in Handschriften des 12. Jahrhunderts in der Stiftsbibliothek erhalten.¹) Schriftcharakter und Miniaturen sprechen dafür, daß sie zur Lebenszeit des Abtes geschrieben worden seien.

Eine Abhandlung Gottfrieds ist betitelt: „Expositio super benedictiones Jacob" und ist in zwölf Capitel getheilt.²) In der Handschrift Nr. 73, welche die Homilien von Pfingsten bis Advent enthält, folgt Seite 138 eine „Expositio super libros Regum", welche sich auf die vier Sonntage des Advents vertheilt. Der Umstand, daß sie Gottfrieds Homilien unmittelbar und auch in der richtigen Zeitfolge angereiht ist und sich auch dem Inhalte nach von Irimberts gleichbetitelter Arbeit unterscheidet, dürfte genügend sein, in derselben ein Werk unseres Abtes zu vermuthen. Die „Expositio super decem onera in quaedam capita Isaiae" wurde von Bernard Pez zwar dem Irimbert zugeschrieben und unter dessen Namen auch dem Drucke überliefert.³) Allein auch dieses Werk erscheint im Codex Nr. 62, Blatt 144, unmittelbar nach Gottfrieds Homilien und nach seiner „Expositio super benedictiones Jacob", so daß wir auch dasselbe unserem gelehrten Abte vindiciren müssen. Das Werk besteht aus einem Prologe und zehn Capiteln. Der Autor bemerkt in der Vorrede, jeder Mensch sei mit fünf inneren (in anima) und fünf äußeren (in corpore) Sinnen ausgestattet, welche als eben so viele Bürden (onera) die Beobachtung der zehn Gebote erschweren. Er gibt daher auf den Propheten Isaias sich stützend eine Anleitung, wie der Christ jene zehn unabweisbaren Lasten ertragen und als Mittel zum Heile gebrauchen müsse.

Am 25. Juni 1165 schied unser wahrhaft großer Abt aus dem Leben. Die heimischen Annalen sind voll seines Lobes. „... Gottfridus, vir magnae in ecclesia Christi gloriae et auctoritatis ac multorum pater monasteriorum ... anno regiminis sui XXVIII. in bona senectute VII. Kal. Julii diem clausit extremum et ... in festo SS. Apostolorum Petri et Pauli ... corpus ejus terrae est commendatum." „Godefridus vir dignae auctoritatis, gnarus ad omnia maturoque pollens consilio,

---

¹) Codex Nr. 58, 62, 68, 73, 455. Von Bernard Pez edirt Augsburg 1725 in zwei Foliobänden.

²) Der Pez'schen Ausgabe der Homilien als Anhang beigefügt.

³) Anecd. II. I. 427—500. Hieronymus Pez, „Scriptores rerum austriacarum" II. 148 sagt: „(Frater meus) Irimberti ... libellum de decem oneribus ... publica luce ... donavit, tametsi, ut ipse proxime demonstrabit..., libellus non Irimberti sed revera Godefridi sit."

meritis ac religione, decus ac firmamentum monastici ordinis."
„Hic... gregi sibi commisso diligenter invigilavit in tantum, ut... quasi novum denuo initium accipiens locus... famae gloria, observantiae rigore... nobilissima monachorum ac sororum multitudine nescio an super omnia Germaniarum monasteria non invaluerit."[1])

Wen könnten wir würdiger dem großen Gottfried an die Seite stellen, als seinen Bruder dem Blute und Geiste nach, den eben so gelehrten als demüthigen Irimbert. Wie bescheiden klingen seine Worte:[2]) „Ego igitur, qui licet a consortio magnorum doctorum ... tam vitae quam scientiae merito sim extraneus, tamen pro paupertatis meae viribus opto in conspectu dei non apparere vacuus." Im Prologe zum 2. Buche der Könige schreibt er: „Obsecro ergo, quicunque hoc opusculum legerit, ut peccatoris Irimberti meminerit." Er soll schon um 1125 zu Admont Profeß abgelegt haben und soll nicht ohne Einfluß auf die Postulation seines Bruders gewesen sein. Er war ein berufener Forscher in den heiligen Schriften, deren Sinn er in lebendiges Wort kleidend den Ohren und Herzen seiner Zuhörer vermittelte. Sein hochherziger Bruder ermunterte ihn zur schriftstellerischen Thätigkeit und stellte ihm Schreiber und Schreibgeräthe zur Verfügung: „Praeceptoris mei Admuntensis abbatis acceperam admonitionem, ut aliquem commentariolum in librum Regum conscriberem... abbate notarios et membranas affatim praebente."[3]) Einige Zeit hatte er sich im Kloster Seon aufgehalten, denn er sagt in seiner Demuth „Equidem cum in Sewensi monasterio inutiliter consisterem." Seine Hauptaufgabe als einfacher Mönch war, den Nonnen zu Admont und St. Georgen am Längsee[4]) geistlichen Unterricht zu ertheilen. Nach dem Tode des Abtes Helmerich von Michaelsberg wählten die dortigen Mönche unsern Irimbert zu ihren Abt, wo er von 1160 bis 1172 mit vielem Ruhme regirte. Eine Berufung als Vorsteher des Klosters Kremsmünster hatte er schon früher abgelehnt. Im Jahre 1172 fiel die Wahl der Admonter Capitularen auf ihren früheren Mitbruder den hochbetagten Irimbert. „Unanimi deinde electione domnus

---

[1]) Pertz, „Scriptores" XI. 46.
[2]) Praefatio in Josuam. Pertz, „SS." XI. 48, Note 63.
[3]) Prologus in II. librum Regum.
[4]) Schon unter dem Abte Wolfhold war dieses Kloster von Admont aus reformirt worden, indem eine Colonie Admonter Nonnen mit der Aebtissin Uta dahin verpflanzt wurde. Der Abt von Admont führte die geistliche Oberaufsicht.

Irimbertus, abbas sancti Michahelis in Babenberch, noster autem professus, germanus domni Gotfridi abbatis, vir in sacra scriptura adprime eruditus, aetate bene decrepitus, electus in Admuntensem abbatem."¹)

Gleich dem Mannskloster beherbergte das Frauenstift eine ansehnliche Zahl hochgebildeter Persönlichkeiten. Manche aus ihnen verstanden die Sprache Latiums und waren sehr gewandt in der Niederschrift des Gelesenen und Gehörten. „In festis diebus, cum abbas ad eas non potest pervenire, inter eas personae ad verbum exhortationis faciendum dispositae conveniunt, valde quippe sunt litteratae et in scientia sacrae scripturae mirabiliter exercitatae."²) Unsere Nonnen dürfen als Mitarbeiterinnen an den literarischen Werken Irimberts angesehen werden, indem sie theils seine Dictate auf das Pergament übertrugen, theils aus ihrem getreuen Gedächtnisse das Vernommene später niederschrieben. Noch heute weiset mancher Codex unserer Bibliothek die zarten Schriftformen fleißiger Frauenhände. Irimbert erwähnt sogar zwei seiner Helferinnen. Hören wir, was er von dieser Beihilfe selbst sagt: „Quoniam autem sorores Admuntenses capitula quaedam de eodem libro³) Regum ante annos aliquot a me audierant, quae me nesciente ipsae in membranis exceperant, judicavi, non aequum esse, devotionis earum scripta abicere, sed potius, ut ab ipsis excepta fuerant, huic opusculo meo intersere" ... „Tanta autem in hujus operis difficultate earundem sororum utrimque recreatus sum liberalitate, ut duas mihi sorores ab omni occupatione liberas deputarent, quae continue ac diligenter transscriberent, quae a me dicta in tabulis excipi potuissent."⁴) „Ante annos autem aliquot, quia historiam de concubina, quae in duodecim partes est secta, nec non historiam Ruth Admuntensibus sororibus disserueram, duae ex ipsis studii sui impenderunt diligentiam ad conservandam interpretationis meae memoriam ideoque huic opusculo annectere duxi earundem historiarum, sicut ab ipsis sororibus digesta est, explanatiunculam."⁵)

---

¹) Pertz, „SS." XI. 48.
²) Irimbertus im Commentar zu den Büchern der Könige.
³) Commentarius in II. Regum. Prologus II. libri.
⁴) Prologus in IV. librum Regum.
⁵) Prologus in librum Judicum.

In den citirten Stellen spricht Frimbert vorzüglich von zwei Schwestern, die ihm bei seinen Arbeiten behilflich gewesen seien. Er verschweigt deren Namen, allein im Codex Nr. 17, welcher dem Beginne des 13. Jahrhunderts angehört, steht Blatt 393 „Explicatio hujus historiae descripta a sorore Regilinde" und Blatt 420 „Explanatio hujus historiae (Ruth) descripta a sorore Irmingarde". Über die Nonne Irmgard ist nichts weiters bekannt; über Regilind (Regilla, Rilind) sind wir einigermaßen unterrichtet. Als im Jahre 1156 Bischof Eberhard von Bamberg das Nonnenkloster Bergen bei Neuburg an der Donau im Einverständniß mit Papst Adrian IV. und Kaiser Friedrich I. reformirte, war es unsere Regilind, welche sich dieser schwierigen Aufgabe unterziehen mußte. Dort waltete sie noch im Jahre 1160. Daß sie den im Admonter Kloster so herrlich entfalteten Geist des Ordenslebens auch in der neuen Heimstätte zu gründen und wahren mußte, bezeugt ein Schreiben Frimberts an Abt Gottfried „In festo itaque s. Benedicti ad monasterium Bergen deveni, ubi tanta religionis, disciplinae et divinae servitutis emolumenta inveni, quibus et laborum meorum consolationem et inmensam spiritus mei consecutus sum recreationem."[1]) Aber ihr war noch ein glänzenderer Wirkungskreis beschieden, denn Kaiser Friedrich übertrug ihr die Reformation und Verwaltung des Klosters Hohenburg (Odilienberg) im Elsaß. Ihre Nachfolgerin daselbst und Schülerin, die berühmte Verfasserin des „Hortus deliciarum", Herrad von Landssperg gibt ihr das Zeugniß: „Relinda, venerabilis Hohenburgensis ecclesiae abbatissa, tempore suo ejusdem ecclesiae quaeque diruta diligenter restauravit et religionem divinam inibi pene destructam restauravit."[2])

Regilind ist am 4. April 1169 von dieser Erde geschieden.[3]) Wir wollen von ihr nicht Abschied nehmen,[4]) ohne einiger Früchte ihrer keuschen Muse zu gedenken.

---

[1]) Wichner, „Geschichte von Admont" I. 281.

[2]) Regilinds poetische Ader floß auch noch in einer ihrer späteren Nachfolgerinnen zu Hohenburg, der Aebtissin Gerlindis um 1273, deren lateinische Poeme noch 1521 vorhanden gewesen sein sollen.

[3]) Joh. Dietr. a Falckonstein, „Antiquitates Nordgavienses" P. II, cap. IV, 320.

[4]) Brusch in „Monasteriorum Germaniae Centuria I" nennt sie „Virgo virtutibus et litterarum cognitione praestantissima, insignis poetria."

Rilindis ad sorores Hohenburgenses.¹)

> Vos, quas includit, frangit, gravat, attrahit, urit
> Hic carcer moestus, labor, exilium, dolor, aestus,
> Me, lucem, requiem, patriam, medicamen, umbram
> Quaerite, sperate, scitote, tenete, vocate.
>
> O pie grex, cui coelica lex, et nulla doli fex,
> Ipse Sion mons, ad patriam pons, atque boni fons,
> Qui via, qui lux, hic tibi sit dux, alma tegat crux,
> Qui placidus ros, qui stabilis dos, virgineus flos,
> Hic regat te commiserans me semper ubique.

Die gelehrten Nonnen standen mit berühmten Geistesmännern ihrer Zeit in brieflicher Berührung und erhielten von solchen Beweise hoher Achtung. Gerhoch von Reichersberg richtete Worte der Belehrung und des Trostes an unsere Vestalinnen. Dieses erhellt aus seinem Schreiben an eine ungenannte Frau: „Rogas et rogando cogis, filia in Christo carissima, ut, quomodo sororibus Admontensibus aliqua scripsi de illa justificatione dei, qua dicitur in sermonibus suis justificari juxta illud ‚ut justificeris in sermonibus tuis‘ etiam tibi aliquid scribam."²) In jenem hier erwähnten Schreiben an unsere Nonnen sagt er „Quaesivistis, o carissimae, de his sermonibus domini, in quibus justificandus est deus juxta illud, ut justificeris in sermonibus tuis" und erklärt den Sinn dieser Stelle im 50. Psalme.³) Einen Brief der Nonnen an einen ungenannten Propst (sehr wahrscheinlich an Gerhoch) haben wir seiner Zeit veröffentlicht.⁴) Der Mönch und Prior zu Mondsee Lintold, ein guter lateinischer Dichter,⁵) würdigte die Nonnen zweier Sendschreiben.⁶) Die Admonter Todtenbücher verzeichnen noch die Namen von drei gelehrten Nonnen. Zum 20. Mai: Aulheit m(onacha) n(ostrae) c(ongregationis) armaria; zum 4. Juni: Mathil m. n. c. scriba; zum 1. August: Diemudis m. n. c. scriptrix Obwohl das Frauenstift noch im Jahre 1346 fünfundvierzig Köpf

---

¹) „In Christo unica salus" ist der leitende Gedanke.
²) Pez, „Codex ... epistolaris" P. I. 598.
³) L. c. I. 593. Pez ist auch der Meinung, daß Gerhochs Epistel „D fidei robore ac puritate exemplo centurionis evangelici" (L. c. 603) au an die Frauen in Admont gerichtet sein könne.
⁴) Wichner, „Das ehemalige Nonnenkloster O. S. B. zu Admont". Brünn 188 Beilage XVIII.
⁵) Pez, „Anecd." I. „Dissertatio isagogica" IV. Wattenbach, „Deutsch lands Geschichtsquellen". 3. Aufl. II. 265.
⁶) Handschriftlich in der Hofbibliothek zu Wien.

zählte, fehlen uns schon seit dem Ausgange des 12. Jahrhunderts bestimmte Nachrichten über die wissenschaftliche und schreibende Thätigkeit der Klosterfrauen. Wir dürfen aber wohl annehmen, daß Regilind und Irmgart noch später Nacheiferinnen gefunden haben werden, denn viele Codices der Bibliothek aus dem 13. bis 15. Jahrhundert haben die Inscription „Iste liber pertinet ad sorores."

Wir wenden uns nochmals zu Irimbert und dessen literarische Arbeiten. Auch er ist, wie sein Bruder Gottfried, in erster Linie Exeget und Homilet. Er beherrscht vollkommen die lateinische Sprache, versenkt sich in ein Meer von Bildern, beurkundet enorme Belesenheit in den heiligen Schriften und ist mit den besten Auslegern derselben wohl vertraut. Seine Werke, so weit wir sie noch kennen, sind: *A.* „Commentarius in Cantica Canticorum."[1]) Er behandelt nur einzelne Stellen des hohen Liedes. *B.* „Commentarius in librum Josue." Die Zeit der Abfassung erhellt aus den Worten des Prologes: „Cum in Admuntensis monasterii quieta habitatione ... delectarer contemplatione ... intendi animum ad indagandum profundum libri Josue mysterium." Nach Schilderung des Klosterbrandes vom 11. März 1152 fährt er fort „Explanationem libri Josue tertio die ante festum s. Michahelis arripui, quam in tribus libellis distinxi eandemque infra octavam s. Martini utcunque explicavi."[2]) *C.* „Commentarius in IV. libros Regum." Wir haben schon bemerkt, daß der Autor diesen Commentar auf Anregung des Abtes Gottfried geschrieben habe. Dies geschah innerhalb Juni 1151 und April 1152. „Secundam enim partem libri Regum, quae mihi prima fuit, in octava s. Johannis Baptistae inchoavi, quam in festo s. Bartholomaei consummavi. Primam partem in festo s. Augustini incepi, quam in festo s. Remigii explicavi. Tertium librum post Epiphaniam inchoavi, quem in vespera Cathedrae s. Petri consummavi. Quartum denique librum in ipsa Cathedra s. Petri incepi, quem VIII° Idus Aprilis perexplicavi. Incendium enim monasterii Admuntensis in media quadragesima heu intervenerat, quod me ab expositionis mei cursu retardaverat."[3]) „Primam igitur et secundam partem hujus

---

[1]) Gedruckt bei Pez, „Anecd." I. I. 369—424. Codex 530 (sacc. XII) vollständig und Codex 682 (XII) in einem Bruchstücke.

[2]) Die von Pez beabsichtigte Edition ist unterblieben. Das Werk im Codex 17 (saec. XIII.)

[3]) Prologus in secundum librum.

operis in monasterio s. Georii in Carinthia composui, tertiam vero partem in Admuntensi monasterio utcunque digessi."¹) *D*. „Commentarius in librum Judicum." Dieses Opus hat Jrimbert 1152—1154 niedergeschrieben. Im Prologe zum 1. Buche sagt er „Quoniam ergo ... in monasterio Admuntensi librum Josue ... digessi ... hujus quoque libri explanationem attentare disposui positus in Carinthia in ecclesia beati Georii, ubi et primas partes libri Regum primitus explanavi." Die Vorrede zum 2. Buche enthält die Stelle „Et nos in hac solemni die, quae est octava s. Joannis Baptistae ... huic secundo libello operis nostri in explanationem libri Judicum fundamentum ponimus, quo quidem ante biennium in hac ipsa die explanationem libri Regum inchoavimus." Den Schluß des 2. Buches macht die „Historia de concubina in duodecim partes secta", welche, wie wir schon vernommen, die Nonne Regilind aus dem Gedächtnisse nach den Vorträgen ihres Lehrers verfaßt hatte.²) *E*. „Expositio libri Ruth." Gleichfalls den Vorträgen Jrimberts abgelauscht und niedergeschrieben von der Nonne Irmgard.³) Am Schlusse die doxologische Formel „Benedictio Incarnato, Claritas Nato, Sapientia Baptizato, Gratiarum actio Passo, Honor Resurgenti, Virtus Ascendenti, Fortitudo Christo omnia juste judicanti in saecula saeculorum. Amen." *F*. Pez bemerkt in seiner „Dissertatio isagogica" II. p. XVI „Homiliarum in selecta veteris testamenti loca et diversorum de domini et sanctorum festivitatibus sermonum amplissimum volumen, id quod insignem cum doctrina elegantiam in consequentibus tomis ex manuscriptis praestantissimis codicibus Admontensibus singulari ... domini Antonii, praesulis Admontensis ... benignitate et incredibili ... P. Sigismundi Münich, ejusdem ... monasterii eruditi bibliothecarii erga nos studio et amore ad nos perlatis proferemus."⁴) Diese Homilien und Sermone sind in keinem unserer Handschriften-Verzeichnisse angemerkt und es ist einem glücklichen Zufalle anheimgestellt, selbe unter dem Wuste homiletischer Werke zu entdecken. *G*. „Epistola ad Gode-

---

¹) Prologus in quartum librum. Dieses Werk harrt gleichfalls noch des Druckes und ist uns im Codex 16 (saec. XII) erhalten.

²) Der Commentar ist gedruckt bei Pez, „Anecd." IV. P. I. 129—440. Handschriftlich in der Stiftsbibliothek Nr. 17, 650 und 682.

³) Auch bei Pez, l. c. 443—472 und in den oben citirten Handschriften.

⁴) Der versprochene Abdruck ist leider nicht erfolgt.

fridum abb. Admontensem." Irimbert schildert seinen
Empfang zu Bergen und Bamberg, als er als neuerwählter Abt 1160
nach Michaelsberg zog.¹) — In seinen Werken beschreibt er auch die
Feuersbrunst zu Admont und macht uns mit der Disciplin und den
Gebräuchen des Nonnenklosters bekannt.²)

Wir haben schon früher betont, daß Admont nach dem Vorgange
anderer Klöster den Schulunterricht pflegte, wenn auch positive Nachrichten hierüber mangeln. In einer Urkunde von c. 1150³) erscheint
unter den Zeugen ein Gotfridus scolarius. Da auch die meisten
übrigen Zeugen Dienstleute des Klosters waren, dürfen wir nicht Anstand nehmen, in Gottfried einen admontischen Schulmeister zu
erblicken.

Irimberts Nachfolger auf dem äbtlichen Stuhle Admonts war
Isenrik. Er war Prior daselbst, und wurde 1169 als Abt nach
Biburg berufen. Die dortige Bibliothek wurde durch ihn mit Werken
des Augustinus, den Briefen des heil. Paulus und mit Com-
mentaren zu den prophetischen Büchern ausgestattet.⁴) Im Jahre 1178
gelangte er zur äbtlichen Würde Admonts. Das Saalbuch III. sagt
von ihm „Vir tam vitae quam scientiae merito commendandus
et ejusdem loci alumnus literatus." Er ist während des dritten
Kreuzzuges am 10. August 1189 zwischen Nissa und Sophia in Bul-
garien gestorben. Er war ohne Zweifel, wie manche seiner Mitbrüder,
auch ein Mann der Bücher und der Schrift, allein seinen Namen trägt
kein gleichzeitiger Codex unserer Bücherei. Das aber wissen wir, daß
ihm das Verdienst gebührt, das „Directorium antiquissimum Admontense"⁵) angelegt zu haben. Es enthält Bestimmungen über die
innere Hausordnung beider Klöster, über Armenspenden, Anniversarien,
das Spital, die Güterverwaltung. Die Aebte Wolfram und Gottfried II. (1205—1228) fügten später einige Anordnungen hinzu.

An Isenriks Stelle als Abt zu Biburg war der Admonter
Prior Johann getreten. Dieser hat für die Nonnen einen „Liber
matutinalis" zu schreiben begonnen und der Mönch Ulrich die letzte
Hand 1180 an diesen gelegt, wie die Inscriptionen in der Handschrift⁶)

---

¹) Tengnagel-Gretser, „Variorum epistolae monasterium Admontense concernentes". Wichner, „Geschichte von Admont" I. 281.
²) Wichner, l. c. 256 und II. 188.
³) Zahn, „Urkundenbuch des Herzogthums Steiermark" I. 315.
⁴) Hund, „Metropolis Salisburgensis" II. 214.
⁵) Codex C 881 des Stiftsarchives im Jahre 1865 verbrannt.
⁶) Codex Nr. 18.

darlegen: „Notum sit omnibus, qualiter ego frater Johannes, prior Admuntensis, hunc matutinalem librum sumptu[1]) et labore meo perfeci et karissimis sororibus nostris ... contradidi." Am Schlusse aber steht: „Rogo vos, dilectissimae sorores, ut memores sitis Udalrici peccatoris, qui vobis praesentem librum ... magno labore conscripsit. Librum hunc descripsimus anno ... M°C°LXXX°." In einem Missale des ausgehenden 12. Jahrhunderts, welches eine Oratio pro congregatione s. Blasii enthält und daher wohl in Admont entstanden ist, nennt sich der Schreiber Magnus.[2]) In einem Miscellancodex,[3]) welchen in der Schlußschrift der Schreiber dem heil. Blasius widmet, steht: „scripsit Fridericus". Ein glossirtes Evangelium des Matthaeus[4]) gelangte durch Schenkung an das Kloster. Wir lesen nämlich die Notiz „Iste liber pertinet ad s. Blasium Admunti ex traditione domini Reginwardi, plebani de Pelsa."[5])

Die „Vita Gebehardi". Das „Chronicon Admontense". Die „Libri traditionum". Der wissenschaftliche Apparat im 11. und 12. Jahrhundert.

Die Admonter sahen den Ausdruck pflichtmäßiger Dankbarkeit ihrem Stifter gegenüber auch in dem Bemühen, Gebhards Walten und Schalten zu erforschen und so eine Geschichte seines Lebens der Nachwelt zu überliefern. Schon im Anfange des 12. Jahrhunderts gieng ein Mönch daran, einen kurzen Abriß der Vita zu entwerfen und mischte in demselben Prosa und Verse. Ueber die Entstehung derselben in Admont kann kein Bedenken obwalten, denn der Autor schreibt: „... nobis Admuntensibus monachis commemorandi sunt actus et eventus illius antistitis, de cujus stipendiis nos contigit vegetari et de praesentia sepulchri ejus gloriari."[6]) Den folgenden Zeiten genügte aber diese kurze Lebenserzählung nicht, man

---

[1]) Anspielung auf die hohen Preise des Pergaments.
[2]) Handschrift Nr. 786.
[3]) Nr. 380.
[4]) Nr. 288.
[5]) Dieser Reginward dürfte identisch sein mit dem Cleriker Reginhard bei Zahn, „Urkundenbuch des Herzogthums Steiermark" I. 408, 409.
[6]) Notitia ejusdem archiepiscopi Gebehardi bei Pertz, „SS." XI. 25—28.

strebte eine mehr eingehende und umfassende Schilderung an und verknüpfte damit auch das Leben der nächsten Nachfolger Gebhards auf dem Stuhle des heil. Rupert. Wieder war es ein Admonter, dem wir diese Vita zu verdanken haben. Denn in der Vorrede schreibt der Verfasser: „Praeterea quatuor successorum ejus Tiemonis, Chunradi, Eberhardi itemque Chunradi gesta quaeque praeclariora et specialiter erga nostrum Admuntense monasterium larga et multiplicia illorum beneficia huic opusculo inseruimus... Ad haec ordinem seu successionem et laudabilem conversationem abbatum ejusdem coenobii nostri... superaddidimus."[1]) Der Autor stützt sich auf die ältere Vita und wird auch der Tradition gerecht, wie selbe sich im Munde gereifter Männer fortgepflanzt hatte.[2]) Er schließt sein Werk nach dem Jahre 1181. Eine andere Hand setzt die Erzählung bis zum Abt Conrad 1242 fort und eine dritte spinnt den Faden der Hausgeschichte bis Abt Friedrich 1259.[3])

Auch die „Passio Tiemonis" scheint in Admont entstanden zu sein. Die eine in ungebundener Sprache ist in der Mitte, die andere versificirte am Ende des 12. Jahrhunderts verfaßt worden. Der Autor der ersten zeigt insoferne eine höhere literarische Bildung, indem er in seine Arbeit Citate aus Horaz, Vergil, Lucanus, Statius und Salust verwebt, und Wattenbach[4]) bemerkt, daß selbe „eine recht gute Probe von der Formgewandtheit gibt, die man in der Admonter Schule sich damals erwerben konnte". Die metrische Vita wurde von einem Begleiter Thiemos auf dem Kreuzzuge verfaßt. Da dieser Expedition auch unser Abt Gisilbert sich angeschlossen hatte und dieser gewiß Mönche und Dienstmannen seines Klosters im Gefolge hatte, ist es immerhin denkbar, daß einer der rückgekehrten Admonter das Erlebte und Gesehene in Versform gekleidet hat.

Die „Admonter Chronik (Annales Admontenses)" beginnt mit einer Computatio annorum nach Hieronymus, bringt Episoden

---

[1]) L. c. 35.

[2]) „Nos tamen, quae vel ex membranis vel ex veracium seniorum dictis potuimus colligere, in unum compilavimus." L. c.

[3]) L. c. 49—50. Die Vita Gebhardi ist zu Admont handschriftlich vorhanden Codex Nr. 497 (saec. XII) und 475 (saec. XIII). Gedruckt erscheint die Vita außer bei Pertz, „SS." noch bei Canisius, „Antiquae lectiones" VI. 1227—1252. Basnage, „Thes. monument. eccl. et histor." T. III. P. II. 434—448.

[4]) „Deutschlands Geschichtsquellen." III. Aufl. II. 55.

aus der Welt- und Kirchengeschichte und eröffnet die Reihe der Admonter Ereignisse mit dem Gründungsjahre 1074. Von hier an verflechten die Chronisten mit den allgemeinen Weltbegebnissen hervorragende Daten der Hausgeschichte. Wir sagen „Chronisten", weil in unserem Codex 501, welcher die Annalen enthält, die Schriftzüge der ersten Hand bis zum Jahre 1205 verfolgt werden können, während die Fortsetzung bis 1250 nachweisbar zweien andern Schreibern angehört. Selbstständig arbeiten die Verfasser nur in Bezug auf die Hausgeschichte, obwohl sie auch da bisweilen zu andern Quellen, wie zur „Vita Gebhardi", sich wenden. Sonst werden fremde Behelfe, wie Otto Frisingensis, die Annalen von Melk, Garsten u. a. mehr oder minder wörtlich benützt. Daß die Verfasser Mönche unsers Klosters gewesen seien, erhellt aus mehreren Stellen, wie bei den Jahren 1088, 1101, 1102, 1205. Die erste Anlage dieser Annalen dürfte mit dem Ende des 12. Jahrhunderts zusammenfallen.

Durch Schenkung, Erbe, Kauf und Tausch war schon im 1. und 2. Jahrhundert des Bestandes des Klosters ein bedeutender Grundbesitz und durch die Privilegien der Päpste und Landesfürsten ein erweiterter Rechtsbereich erwachsen. Viele dieser Tractationen dürften in der ersten Zeit nur mündlich auf Basis gegenseitigen Vertrauens abgemacht worden sein, und viele der verbrieften Handlungen wären durch den Verlust der betreffenden Documente für die Zukunft in Frage gestellt worden. Daher ergab sich die Nothwendigkeit, derlei Actionen ihrem wesentlichen Inhalte nach auf den Membranen zu verzeichnen und diese in Buchform zu bringen. Auf diese Weise entstanden die Admonter Saalbücher (Libri traditionum). Es gab deren vier und im Stiftsarchive figurirten sie unter dem Titel „Liber manuscriptus I., II., III., IV."[1]) Der Liber III. und IV. ist anläßlich des Stiftbrandes zu Grunde gegangen und dessen wenigstens theilweise Erhaltung ist dem Fleiße des gelehrten Admonter Capitularen Albert von Muchar zu verdanken, welcher Auszüge aus denselben in das Joanneum in Graz gesendet und dieselben auch für seine Geschichte der Steiermark verwerthet hat. Wie viele Lücken hätte die Historie des Landes und des Klosters aufzuweisen, wenn es keinen Muchar gegeben hätte!²) Diese zwei Saalbücher sind am Wendepunkte des 12. und 13. Jahrhunderts entstanden und enthalten keine über diese Zeit reichenden Traditionen.

---

[1]) Das erste und dritte dieser Saalbücher, einer späteren Zeit entstammend, werden wir noch zu würdigen Gelegenheit finden.

[2]) Man sehe und bewundere den Reichthum von Admonter Traditionen bei Zahn, „Urkundenbuch", im ersten Bande.

Diese sind, wenn sie nicht als eigentliche Urkunden mit Datirung, An=
gabe des Ausstellungsortes u. s. w. erscheinen, meist in sehr knapper
Form gegeben und beginnen mit den wiederkehrenden Eingangsformeln:
„Pateat cunctis, sciant omnes, notum sit omnibus" und ähnlichen.

Wir haben in den vorhergehenden Blättern zur Genüge dargethan,
daß die Söhne des heil. Blasius das Panier des Wissens hoch ge=
halten haben und daß die Admonter Schule und der Kreis der Ge=
lehrten daselbst unter den Aebten Gottfried I. und Jrimbert einen
— man kann sagen für jene Zeit — Weltruhm sich zu erwerben
wußten. Wir geben nun an der Hand unserer Bücherverzeichnisse eine
Blumenlese jener Schriften, welche im 11. und 12. Jahrhundert das
Substrat der Studien unserer Mönche dargeboten haben. Es ist dabei
nicht ausgeschlossen, daß nicht einer oder der andere Codex später
in die Klosterliberei gekommen sei, allein das ist gewiß, daß die meisten
Handschriften jener Zeit theils in Admont selbst geschrieben, theils in
uralter Zeit erworben worden sind.

Die heiligen Schriften und deren Erklärungen durften in keinem
Kloster fehlen. Daher gesellten sich zur Bibel des Stifters drei Bibel=
folianten aus dem 10. Jahrhundert. Neben den exegetischen Arbeiten
Gottfrieds und Jrimberts nennen wir: Alcuin, „Expositio
in psalmos poenitentiales". Eucherius Lugdunensis „Liber
formularis spiritualis intelligentiae". Honorius Augustodunensis „Neocosmos seu Hexameron". Mehrere einschlägige Werke
des Hugo de s. Victore. Isidorus Hispalensis „Allegoriae
quaedam sacrae scripturae", „Interpretatio nominum vet. et
novi testamenti", „Expositiones in Pentateuchum, in libros
Josua et Regum" und dessen „Liber prooemiorum". Melito „De
obitu sancte Marie". Philo Alexandrinus „De biblicis anti-
quitatibus". Hrabanus Maurus „In libros Regum". Die Commentare des Rupert von Deuz. Walafrid Strabo „Glossa ordinaria". Die Väter der Kirche finden zahlreiche Vertretung, besonders
Augustin, Cyprian, Gregor der Große und Bernhard.

Auf dem Felde der dogmatischen und polemischen Theologie ver=
zeichnen wir: Boethius „De trinitate". Hilarius Pictaviensis
„Libri apologetici". Hugo von St. Victor „De christianae fidei
sacramentis". Julianus Toletanus „Prognosticon". Petrus
Lombardus „Libri sententiarum". Richardus a s. Victore „De
statu interioris hominis". Moral und Pastoral bildeten im frühen
Mittelalter wohl keine selbstständigen Wissenschaften. Die erste wurde als
Ethik in die philosophischen Vorträge verwebt und die Pastoral wurde

ihren Hauptzügen nach den Werken der Väter, besonders der „Cura pastoralis" des Gregor entnommen. Im Gebiete der Askese und Mystik benützte man: Arnoldus Proveniensis „Vox de propitiatorio". Honorius Augustodunensis „Sigillum s. Mariae". Hugo de s. Victore „De arca Noe mystica". Richardus Sanvictoriensis „De gratia contemplationis". Rupertus Tuitiensis „De meditatione mortis". Tuto Tharisiensis „Liber de suscipiendo deo".

Zum Gebrauche der Prediger dienten: Haimo Halberstadiensis „Homiliae super evangelia et epistolas". Das „Speculum ecclesiae" des Honorius von Autun. Der Chorgesang, das Meßopfer, die richtige Ausspendung der Sacramente, die Weihungen und die mannigfaltigen kirchlichen Gebräuche waren an bestimmte Normen gebunden, deren Kenntniß der praktische Unterricht und liturgische Anleitungen vermittelten. Außer den Missalien, Breviarien, Psalterien und Calendarien des 12. Jahrhunderts stößt man in der Klosterbibliothek häufig auf Neumenfragmente. Liturgische Hilfsmittel waren: Der „Ordo divinorum officiorum". Agobardus „De divina psalmodia". „Micrologus de ecclesiasticis observationibus". Für Fragen des canonischen Rechtes galt Gratians Decret fast als einzige Quelle. Als Richtschnur des Ordenslebens durfte natürlich die „Regula s. Benedicti" nicht fehlen; die „Consuetudines Cluniacenses und Hirsaugienses" waren der praktische Commentar zum Regelbuche und eigene Additamenta zur Hirschauer Regel waren den Ortsverhältnissen Admonts entsprechend hinzugefügt worden.

Besonders beliebt waren Schilderungen aus dem Leben der Kirche und ihrer Heiligen. In Admont las man: Beda „Historia gentis Anglorum". Cassiodorus und Eusebius, „Historia ecclesiastica". Gennadius Marsiliensis „De scriptoribus ecclesiasticis" und das bezügliche Werk des Anonymus Melicensis. Hegesippus „De excidio urbis Hierosolymitanae". Husuardi „Martyrologium". Palladius Galata „Historia Lausiaca". Sulpitius Severus „Dialogi". Victor Vitensis „Historia persecutionis ecclesiae africanae". Der „Catalogus pontificum romanorum" fehlte in keinem Kloster. Der „Liber de virtutibus et miraculis s. Martini" des Gregor von Tours mag oft der Gegenstand auferbaulicher Lectüre in unserem Frauenkloster gewesen sein; war ja doch Martinus, dieser volksthümliche Heilige, neben St. Rupert der Schutzpatron desselben. Große Anziehung übten die Passionalien und berühmte Namen sind es, welche als Autoren einzelner Lebens- und Leidensgeschichten gelten. Aus der Fülle dieser

Verfasser heben wir nur einige hervor: Gozwin, Baudemund, Jonas Bobbiensis, Possidius, Willibald, Erchenfrid, Paulus Fuldensis, Paulus Bernriedensis, Johannes Diaconus, Faustus, Fortunat, Wibert, Lupus, Hincmarus Remensis, Eugippius, Othlo, Wolfhard von Hasenried. Gregors Leben des heil. Benedict fand gewiß aufmerksame Zuhörer und die Schicksale der Gründer Admonts, Hemma und Gebhard, werden immer gern gelesen, gehört und besprochen worden sein.

In einer Ordensgemeinde, aus deren Schooße die Dichterin Regilind hervorgegangen, wurde gewiß auch der religiösen Poesie besonderes Interesse gewidmet. Uns sind zwar keine poetischen Blüthen vom admontischen Parnasse aus jener Zeit erhalten, allein viele Inscriptionen sind Ergüsse der poetischen Ader ihrer Schreiber. So steht am Ende eines Passionals: „Frivola qui profert, dum sacra presbyter offert, / Lectio sacra dei non deputabitur ei." Gerne versuchte man sich in leoninischen Versen. An lateinischen Dichtungen fanden sich in der Bücherei: Bernardus Morlanensis „Carmen de contemptu mundi". Gundachari „Vita s. Priscae metrica". Die schon oben erwähnte „Passio Tiemonis". Die „Quirinalia" des Metellus von Tegernsee. Remigius „De materiis psalmorum". Sedulii „Carmen pascale". Turcius Rufus Asterius „Collatio veteris et novi testamenti". „Vita Euphemiae rhythmica." Marbodus „De gemmis enchiridion".

Aus dem Bereiche der allgemeinen Geschichte wählte man zum Studium die verschiedenen Chroniken, wie das „Chronicon mundi", jene des Regino von Prüm, die „Chronica Augusta", jene des Otto von Freising und eine „Descriptio terrae sanctae" diente als Hilfsmittel zur Bibel-Exegese. Die ausübende Musik gehört in das Gebiet der Kunst, die theoretische, die Lehre vom Ton und Satz ist aber eine wissenschaftliche Disciplin. Diese vermittelten in unserem Kloster Boethius „De institutione harmonica", der „Dialogus de arte musica" des Odbo von Clugny, Aribonis Scolastici „Musica", Guido Aretinus „Micrologus in musicam" und dessen Tractat „De cantu ignoto", Anonymus „De mensura fistularum". Daß Berno und Hermannus Contractus nicht unbekannt waren, beweisen die noch vorhandenen Fragmente.

In der Philosophie steht Aristoteles als Herrscher und Vorbild da; seine Sätze und Axiome übten bedeutenden Einfluß auf die christliche Scholastik des Mittelalters und hervorragende und heilige Männer der Kirche erklärten in dickleibigen Folianten die Schriften des Stagiriten. Es darf uns daher nicht Wunder nehmen, seine Werke und deren Commentare zahlreich in der Bibliothek vertreten zu sehen. Nebenbei griff man zu Claudianus Mamertus „De statu animae", Gerbertus „De rationali et ratione" und zur „Philosophia" des Wilhelmus de Conchis. Nebenher laufen kleine Abhandlungen de logica, de physionomia u. a. An die Philosophie reihte sich die Kenntniß der Natur, ihrer Gesetze und Aeußerungen, die im Gewande der Astrologie versteckte Astronomie und die mathematischen Wissenschaften. Aus dem Studium der Natur und deren Kräfte entsprang die wissenschaftliche Heilkunde. Wenn auch erst die zwei nächstfolgenden Jahrhunderte einschlägige Werke unserer Bücherei zugeführt haben, dürfen wir doch annehmen, daß die genannten Wissenschaften schon früher in Admont Lehrer und Schüler beschäftigt haben werden. Der Klostergarten mit seinen Gewächsen, der nahe Forst mit seiner Thierwelt, die himmelanstrebenden Berge luden ja zur Betrachtung und Untersuchung ein. Die Bewegung der Gestirne bot Anlaß zu mathematischen Uebungen und da es wenig Laienärzte gab, braute der Klosterbruder aus heilsamen Pflanzen der Gebirge stärkende Getränke für die Kranken.

Wir haben schon bemerkt, daß in den Schriften der Aebte Gottfried und Irimbert Anklänge an die alten Classiker wahrnehmbar seien, was jedenfalls nähere Bekanntschaft mit diesen verräth. Thatsächlich enthielt der Admonter Bücherschatz Ciceros Bücher „De amicitia", „De senectute", die „Orationes pro Marcello", „In Catilinam", den Macrobius „In somnium Scipionis", des Pseudo Sallustius „Invectivae in Tullium", Senecae philosophi „Opera de beneficiis", „De clementia ad Neronem", des Seneca Rheto „Excerpta controversiarum".[1]) Selbst Bruchstücke des Teren kommen vor. Auch ein späterer lateinischer Schriftsteller Marcianus Capella mit seinem „Satyricon" fand hier eine Heimstätte.

Lassen die bisher angeführten Schriften den Schluß zu, daß an der Admonter Schule neben oder vielmehr vor den höheren philosophischen und theologischen Wissenschaften die Gegenstände des Quadriviums gelehrt worden seien, so gilt dieses umsomehr von dem Atrium der Schulbildung, dem Trivium, welches Grammatik, Dialectik und Rhetorik umfaßte. Als Lehrbehelf brauchte man Cassiodorus „D grammatica" und Alkuins „Dialogus de rhetorica". Hierhe gehört auch das Vocabular des Bischofs Salomo von Constanz und ein Vocabularius graeco-latinus. Die lateinische Sprache dominirt

---

[1]) Die Handschrift hat die Jahrzahl 1152.

beim Unterricht und wohl auch als Mittel der Conversation unter den gebildeten Klosterbrüdern. Die deutsche Muttersprache war das Organ der Verständigung zwischen den Conversen und mit dem Volke. Aus der Zeit des Abtes Gottfried I. hat sich eine deutsche Profeß= formel der Nonnen erhalten. Selbe lautet: „Ich geheize gehorsam unserm herren dem abbat Gotefride unte allen biu, die mir nach ime gebieten sulen unte staetecheit bierre stetet[1]) ze Admunt unt disen heiligen[2]) unce den tot umbe den ewigen lib." In einem lateinischen Gedichte „De nominibus volucrum, ferarum et plantarum" des 12. Jahr= hunderts stehen deutsche Bezeichnungen, wie habich, storc, levve, ficbon, lorbon. Auch semitische und slavische Idiome gingen nicht leer aus. Wir finden einen „Tractatus de literis hebraicis", ein „Alpha= betum hebraicum" und „Alphabeta Indorum, Persarum, Arabum, Slavorum" u. s. w. Aus dem Gesagten meinen wir hinlänglich dar= gethan zu haben, daß im 12. Jahrhundert die Wissenschaften in Admont eine Freistätte gefunden haben und sich sorgfältiger Pflege erfreuten.

---

[1]) Die „Stabilitas loci" des noch gebräuchlichen Ordensgelübdes.
[2]) St. Rupert und Martin.

Admont im 13. und 14. Jahrhundert.
Die Todtenbücher. "Registrum Admontense." Das dritte Saalbuch. Abt Engelbert. Der Bücherkatalog des Peter von Arbon.

Da die Kirche das Andenken der in dem Herrn Geschiedenen stets heilig hielt, mußte es einer Ordensgemeinde umsomehr daran gelegen sein, die Verstorbenen des eigenen Hauses und der verbündeten Klöster, so wie die Wohlthäter des Gotteshauses mit ihren Namen und dem Tage des Ablebens oder der Beisetzung dem frommen Gedächtnisse zu überliefern. Diesem Zwecke dienten zuerst die Diptychen und Martyrologien, später die Todtenbücher oder Necrologien. Nach den Satzungen von Clugny und Hirschau oblag es dem Bibliothekar, die Eintragungen in diese Bücher zu besorgen. Auch in Admont mag man es so gehalten haben. Wir wissen von der Existenz von fünf admontischen Todtenbüchern des 12. bezw. 13. Jahrhunderts, wovon sich nur zwei erhalten haben. Eines war dem schon erwähnten "Directorium antiquissimum Admontense" angefügt; das zweite und dritte bildete den Inhalt je eines Codex[1]); das vierte mit der Überschrift: "Hic continentur nomina defunctorum fratrum et sororum aliorumque familiarium congregationis s. Blasii et s. Martini" folgt im Codex Nr. 184 dem Martyrologium des Huswardus und dürfte an der Wende zum 13. Jahrhundert angelegt worden sein; das letzte ist ein integrirender Theil der Handschrift Nr. 686 (saec. XII—XIII), welcher Theile der Bibel und Werke des Hieronymus, Eucherius und Isidor enthält.[2]) Alle diese Necrologien schöpften Daten aus älteren Vorlagen, welche leider schon in alter Zeit verloren giengen.

Um diese Zeit finden sich auch schon Spuren archivalischer Thätig-

---

[1]) Diese drei Necrologien befanden sich im Stiftsarchive und wurden 1865 ein Raub der Flammen. Das zweite und dritte hat Pez, "SS." II. 198—209 im Auszuge edirt.

[2]) Die zwei letztgenannten bilden die Grundlage von Frieß, "Die ältesten Todtenbücher des Benediktiner-Stiftes Admont", Wien 1885. Vergl. auch "Archiv für Kunde österreichischer Geschichtsquellen" XIX. 407—410.

keit. Wir haben schon der Saalbücher Erwähnung gethan, deren Zweck darin bestand, von den mündlich oder schriftlich geschehenen Rechts= handlungen (Kauf, Verkauf, Tausch, Schenkung, Stiftung oder Vergleich) die Nachwelt in Kenntnis zu setzen, damit auch diese juridische Waffen zur Hand habe. Man fieng an, dem Grundsatze zu huldigen: „Oblivione cuncta teguntur, quae litterarum municulis non fulciuntur."[1]) Schriftliche Vereinbarungen traten an die Stelle des altgermanischen Handschlages und der mündlichen Versicherung. Da die Originale der Urkunden vielen Gefahren durch Verlust, Raub oder Feuer ausgesetzt gewesen wären, hätte man solche in ferne Gegenden als Beweismittel mitgenommen, verfertigte man vidimirte Abschriften (Transsumpta), bewahrte aber jene so sicher als möglich. Zu Admont war in den ältesten Zeiten ein an die Kirche anstoßendes Gewölbe (sacrarium, Sacristei) der gewöhnliche Bergungsort der wichtigsten Documente. So heißt es in einer Urkunde vom Jahre 1202: „Exemplum actionis hujus ... a domno Chunrado seniore archiepiscopo quondam factae[2]) chyrographum ipsius praesulis sigillo munitum ... in sacrario ... monasterii repositum." Der Aufseher über die Diplome war der Guster (custos, sacrista).

Wenn wir über die wissenschaftlichen Bestrebungen der Admonter im 12. Jahrhundert in Saalbüchern und Chroniken eine überfließende Fülle von Nachrichten gefunden haben, müssen wir leider den fast völligen Mangel einschlägiger Quellen in der nächstfolgenden Zeit con= statiren. Die ganze Zeit war bei uns wenigstens gelehrten Arbeiten und dem Schulwesen nicht günstig. Rechtsstreitigkeiten, Bedrückung von Seite der Klostervögte, innere Zerwürfnisse, laxe Hausdisciplin, die Stürme des österreichischen Zwischenreiches, Hungersnoth (1261—63), welche Abt und Convent sogar zur Auswanderung zwang, vergönnten den stillen Musen nie lange ein trauliches Heim und der Begehr nach Geld und Waffen war mächtiger, als das Verlangen nach Unterricht und Büchern.

In Urkunden von 1185 bis 1207 erscheint der Priester und Magister Fruto (Frodo). Obwohl unsere späteren Hausannalen denselben der Brüdergemeinde zu Admont zuweisen, vermissen wir doch seinen Namen in den Necrologien. Der Rechtsgelehrte Heinrich findet sich in einer Urkunde vom Jahre 1210 unter den Zeugen als monachus et legista und in einem Streite zwischen Admont und

---

[1]) Eingang einer Admonter Urkunde von c. 1180.
[2]) Bezieht sich auf die Pfarre Jaring.

St. Peter 1211 fungirte er als Anwalt seines Klosters.¹) Auch die Todtenbücher nennen ihn mit dem Beisatze m(onachus) n(ostrae) c(ongregationis). Ein Admonter Necrologium hatte die Inscription: „Dietmarus presbyter n. c. armarius et cantor." Er dürfte identisch sein mit dem in einer Urkunde von 1223 vorkommenden Ditmarus cantor. Dem Abte Berthold I. (1229—1231) geben die Hausannalen den Titel „Doctor artium".

Im Jahre 1228 gieng Abt Gottfried II., den unsere Annalen als „scientia litterarum conspicuus" feiern, zu den Vätern ein. Mehrere seiner Anordnungen stehen in dem schon mehrmals erwähnten Directorium, dessen Abschluß ungefähr auf das Jahr 1230 zu setzen ist. Der Beneficenz der Salzburger Metropoliten hat Admont ohne Zweifel manche Bereicherung seines Bücherschatzes zu verdanken. Ein solcher Mäcen war Eberhard II. Zwei Handschriften unserer Bibliothek, welche die Commentare des Petrus Lombardus in die Psalmen und paulinischen Briefe enthalten, sind von der Note begleitet: „Iste liber est s. Blasii Admunt ex donatione domini archiepiscopi Eberhardi."²)

Über das sogenannte „Registrum Admontense" und das demselben angehängte Chartular äußert sich Wattenbach³): „Circa annum 1235 Chunradus abbas Registrum Admuntense Cod. Nr. 475 in folio minore scribendum curavit. Scriptor ejus medium tempus supplevit ex Annalibus Admuntensibus, quos ad verbum exscripsit; deinde spatio relicto privilegia monasterii aliasque chartas . . . exemplavit. Postea alius quidam continuationem brevem usque ad annum 1242, tertius aliam usque ad annum 1259 subjunxit." Hierzu bemerken wir, daß Abt Conrad 1231—1242 regirte, daß auch die letzte Urkunde im Chartular vom Jahre 1242 datirt und daß unter Abt Berthold II. die letzte Hand an dieser Chronik angelegt worden war.

Wir nehmen hier Gelegenheit auf das verlorne Saalbuch Nr. III (Liber manuscriptus tertius) zurückzukommen. Wir verdanken die übersichtliche Angabe seines Inhaltes dem 1784 gestorbenen Stiftspriester P. Michael Seitz, dem es noch vorlag und welcher es in seinem Werke „Archivum monasterii Admontensis" benützt hat. Dieser schreibt: „Liber tertius membranaceus initio s. Gebhardi . . . vitam

---
¹) „Ad instanciam cujusdam fratris Agmuntensis magistri Heinrici qui se pro procuratore ipsius negotii tunc gerebat."
²) Diese Schenkung fällt zwischen die Jahre 1200—1246.
³) Pertz, „Scriptores" XI. 34.

describit, dein successorum aliquos abbatum Admontensium catalogo immiscit, quos ad Henricum II. monasterii nostri abbatem inclusive lectori proponit… Abbatum syllabo codex ille tertius varia diplomata et instrumenta subnectit, quorum tempore postremum anno 1296 est exaratum." Auch einen älteren Benützer dieser Handschrift können wir anführen, den Abt Amand Pachler von St. Peter. Dieser sagt in seinem handschriftlichen „Chronicon Admontense sive antiquitatum… monasterii Admontensis Libri duo":[1]) „Tertius liber manuscriptus continet… vitam et res gestas B. Gebehardi ac catalogum abbatum Admontensium usque ad annum circiter 1290 et ad Henricum II. abbatem. Insuper in eodem instrumenta describuntur… Videtur hic liber conscriptus esse circa annum 1300. Consimilis enim character durat usque ad annum 1296." Fügen wir noch bei eine Aeußerung unseres heimischen Historikers P. Albert von Muchar: „Dieses schätzbare Manuscript ist gegenwärtig (1816) aus Admont verschwunden; wenigstens gelang es meinen Bemühungen und vielen emsigen Nachforschungen bis jetzt nicht, dasselbe aufzufinden." Abgesehen von dem Umstande, daß Pachler und Seitz (und nach) ihnen Muchar) zahlreiche Citate aus der verlornen Handschrift in ihre Werke einflechten, ist uns doch der größere Theil ihres Inhaltes in einer andern Handschrift der Bibliothek zugänglich geworden. Es ist diese der Codex 475, den wir oben als „Registrum Admontense" kennen gelernt haben. Beide Manuscripte decken sich nach der Reihenfolge des Inhaltes; in beiden folgen auf die Vita Gebhardi der Catalogus abbatum und das Chartular; nur geht im Codex 475 der Catalogus bis zum Jahre 1259, während der Liber III. bis gegen Ende des 13. Jahrhunderts die Erzählung fortspinnt. Im Codex 475 datirt die jüngste Urkunde des Chartulars vom Jahre 1242, während Liber III. mit einer solchen vom Jahre 1296 abschließt. Es scheint also Pachler auf richtiger Fährte zu sein, wenn er die Zeit der Abfassung des Letzteren auf c. 1300 ansetzt.

Wir haben bei Besprechung der Saalbücher die Tendenz derselben dahin festgestellt, daß selbe die Rechtsactionen des Klosters und die mannigfaltigen Erwerbungen an Grund und Boden, mögen selbe mündlich oder documental geschehen sein, zum Zwecke des Amtsgebrauches für künftige Zeiten in Evidenz halten sollten. Diese Notizen sind aber ohne chronologische und locale Sonderung niedergeschrieben. Es mußte

---

[1]) Codex A 109 des Stiftsarchives vom Jahre 1667.

daher später doch erwünscht scheinen, den Besitzstand der Abtei nach Ländern, Propsteien (Verwaltungsbezirken) und Aemtern schneller und leichter übersehen zu können. Diesem Ziele dienten die zwei am Ende des 13. Jahrhunderts angelegten Codices praediorum, die als älteste Urbarbücher über die Culturverhältnisse der Steiermark, von Ober- und Niederösterreich, Salzburg, Kärnten und Bayern hochinteressante Nachrichten enthielten. Angeführt waren alle im stiftischen Eigen- oder Lehenbesitze befindlichen curiae, areae, hobae, mansi, villae, feuda, beneficia mit den Namen der Holden, der Art ihrer Dienstpflicht, die Geldwerthe, Maße und Gewichte u. s. w. Diese werthvollen Aufschreibungen sind leider verbrannt und nur in fragmentarischen Abschriften noch erhalten.[1])

In Folge des Concils zu Lyon 1274 wurde nach Salzburg eine Provinzialsynode einberufen, um in der Erzdiöcese den Anordnungen des allgemeinen Kirchenrathes Eingang zu bereiten. Bischof Bernhard von Seckau pronulgirte dann die Constitutionen der Salzburger Versammlung. Das sechzehnte Hauptstück dieser Synode handelt „De vagis scholaribus", von den fahrenden Schülern, welche Klöstern und Schulen gegenüber zur Landplage geworden waren. Dem Clerus wurde jede Unterstützung derselben untersagt. Auch das Salzburger Concil vom Jahre 1291 sah sich veranlaßt, gegen jenes Unwesen Stellung zu nehmen.[2]) Es mögen daher auch Kloster und Schule zu Admont oft derlei unliebsame Besuche erhalten haben.

In Admont war, wie in anderen Klöstern, die Sitte eingebürgert, während des Speisens eine geistliche Lesung zu halten.[3]) Organ und Vortrag des Lectors mußten erbauen. Hauptgegenstand der Lesung war die Ordensregel, die Bibel und die Schriften der Väter. Im Codex Nr. 276, welcher die Homilien Gregors des Großen über Ezechiel enthält, steht am Schlusse die Note: „Anno d. MCCLXXXIV perlectus est iste liber ad collacionem." In Admonter Urkunden findet sich 1288 magister Gregorius und 1293 „maister Gregori

---

[1]) Muchar, „Geschichte von Steiermark" II. 197—203. Wichner, „Geschichte von Admont" III. 498—510.

[2]) Dalham, „Concilia Salisburgensia" 121, 140. Schon im Jahre 1242 hatte Bischof Heinrich von Seckau in einer Urkunde für Kloster Seckau befohlen: „Ne scolares vagi in choro vel circa chorum et in claustro et refectorio assumantur vel stare permittantur." „Steierm. Urkundenbuch" II. 520.

[3]) „Mensis fratrum edentium lectio deesse non debet" sagt schon die Regel c. XXVIII und setzt hinzu: „Fratres autem non per ordinem legant sed qui aedificent audientes."

von Ademunde". Der Titel magister wurde damals nur gelehrten Männern beigelegt. In einem Todtenbuche erscheint Rulandus physicus et monachus Admontensis. Er gehört noch dem 13. Jahrhundert an. Auch ein Eustachius notarius findet sich in einem Documente von 1269. Solche Namen, wenn auch in geringer Zahl uns noch erhalten, sind doch ein Beleg für die Pflege der Wissenschaften in der Klosterzelle.

Seit dem Schlusse des 12. Jahrhunderts hatte sich durch die weise Fürsorge der Aebte und durch den Fleiß der Brüder der Vorrath an Büchern ansehnlich vermehrt und reichlicher flossen die Borne, um den Baum des Wissens und Unterrichtes zu gedeihlichem Wachsthum zu bringen. Zu den schon vorhandenen kamen folgende Autoren und Werke. Aus dem Fache des Bibelstudiums: Mehrere Werke des Isidor. Commentare des Petrus Lombardus. Die „Aurora" des Petrus von Riga. Alcuinus „Super vetus testamentum", desselben „Explanatio libri Levitici". „Epistolae apocryphae beatae virginis et Ignatii." Unter den achtzig Werken des Augustinus und einundvierzig des Hieronymus, welche die Bibliothek handschriftlich aufweist, gelangten viele in diesem Jahrhundert in die Bücherei. Auf dem Felde der Dogmatik, Moral und Pastoral sind zu verzeichnen: Frogninus „Epithoma de immaculata conceptione B. V." Mehrere Schriften des Hugo von St. Victor. Hildebertus Cenomanensis „Moralis philosophia". Martinus Braccarensis „Formula honestae vitae". Peraldus „Summa de virtutibus et vitiis". Smaragdus „Diadema monachorum". Raimundus de Pennaforte „Summa de casibus poenitentiae". An liturgischen Büchern neben den immer wieder neu geschriebenen Missalien, Breviarien, Psalterien und Calendarien der „Liber de missarum mysteriis" des Papstes Innocenz III. Daß die Ordensregel ein stetes Substrat für die Schreibkräfte gewesen, ist einleuchtend, denn auch „scribendo discimus". Das Kirchenrecht fand Vertretung durch Gregors Decretalen, Gratians Decret, Huguccio „Summa decretorum", Johannes de Deo „Summa decretalium" und Ivo Carnotensis „Panormia".

Die Kirchengeschichte gipfelte zunächst in zahlreichen Passionalien und Legenden der Heiligen. Sonst wurde gern gelesen Otto de s. Blasio „Chronica prima" und des Petrus Comestor „Historia scholastica". Bei den Predigern beliebt waren die „Sermones rusticani", wohl so genannt, weil sie der Auffassungskraft des Volkes angepaßt waren. Die religiöse Poesie scheint eifrig betrieben worden zu sein. Als Vorbilder der Nachahmung dienten Alanus ab Insulis

„Anticlaudianus", „Liber Job versificatus", „Tobias carmine elegiaco expressus", Prudentius „Cathemerinon" und desselben „Diptychon utriusque testamenti", Hrabanus Maurus „De laudibus crucis."

Aber auch die **Profandichtung** fand ihre Liebhaber. Hieher gehören metrische Räthsel und Fabeln, „Serlonis versus de instabilitate mundi" und die „Alexandreis" des Gualterus. Selbst die Mythologie war Gegenstand des Studiums. Dieses bezeugt ein Tractat „De genealogia deorum".[1]) In der **Philosophie** behauptete **Aristoteles** den ersten Rang; auch las man Boethius „De definitionibus" und des Apulejus „Perihermeniae". Von alten Classikern wurden gebraucht Dionysius Cato „Disticha moralia", Cicero „De somnio Scipionis" und dessen „Rhetorica ad Herennium", Dares Phrygius „Historia belli Trojani ex recensione Josefi Iscani", Eutropius „Historia romana", Seneca philosophus „De remediis fortuitorum, de formula et honestate vitae, de moribus et disciplina, de morte ad Neronem, de paupertate, de praeceptis sapientiae, de prudentia, proverbia."

Das **bürgerliche Recht**, welches im 12. Jahrhundert zu Admont nur durch die „Lex Bawariorum" und das „Edictum s. Stephani, regis Hungariae", vertreten war, erhielt nun Bereicherung durch die Gesetzbücher Justinians und die Commentare des Azo und Johannes Placentinus, wozu sich die „Ars notariatus" des Conradinus gesellte.

Die **profane Geschichtskunde** vermittelten Honorius von Autun mit der „Imago mundi", Guido de Columna mit der „Historia excidii urbis Trojanae" und Landolfus Sagax mit seiner „Historia miscella". Für die Erlernung der **lateinischen Sprache** war Donat maßgebend und dieser wurde anschaulicher gemacht durch die Schrift des Remigius Mediolacensis „Super Donatum majorem". Als weiteren Behelf brauchte man Johannes Bellovacensis „Nodus in scirpo", Priscianus „De declinatione nominum", Servius Honoratus „De ratione ultimarum syllabarum". Die „Ars metrica et dictaminis", Tractate de figuris et rhytmis. Hier mag auch die Bemerkung stehen, daß im Codex 541 (saec. XIII) ein lateinisch deutsches Wortverzeichniß sich findet.

Naturwissenschaft schöpfte man aus den Quellen des Aristoteles und erst im folgenden Jahrhundert erhielt die Bibliothek namhafte

---

[1]) Incipit „Ad utilitatem omnium scolarium". Er ist verschieden von dem gleichbetitelten Werke des Boccaccio.

Zuwachs in dieser Richtung. Dafür fand die Medicin sorgsame Beachtung. Des Galenus „Liber Tegni", des Avicenna „Canon", des Rogerius „Summa de chirurgia", des Theophilus Abhandlungen „De urinis et pulsibus" und der „Passionarius" vereinigten sich zu einem Arsenal, mit dessen Waffen man die unliebsamen Besuche des Freundes Hain abzuwehren sich bemühte. Mit dieser bibliographischen Blumenlese ist der in der Bücherei vorhandene Lehr= und Lernapparat des 13. Jahrhunderts durchaus nicht erschöpft. Man verschaffte sich diese Bücher nicht in der eitlen Absicht, um Prunk zu treiben mit der Fülle und Auserlesenheit gelehrten Besitzes; sie dienten dem Studium und der praktischen Anwendung, wie zahlreiche Randglossen gleicher und späterer Zeit zur Genüge nachweisen. Die Söhne des heil. Blasius haben also, treu den Tendenzen ihres Ordens, die Fahne des Wissens hoch gehalten und als Träger der Cultur dem Volke und Lande treue Dienste geleistet.

Abt Engelbert und seine Werke.

„Est Engelbertus domini bonitate refertus,
Dulci doctrina peragrans documenta superna."
(Metrischer Aebte=Catalog.)

Die Zeit des thatkräftigen Abtes Heinrich II., des Landes= hauptmannes der steierischen Mark, gehörte mehr dem Mars als der Minerva, mehr den Waffen als den Musen. Wir würden aber irren, wenn wir in selber den admontischen Tempel der Wissenschaft als völlig geschlossen uns dächten. Daß Heinrich selbst mehr als gewöhnliche Anlagen und Bildung besessen, beweiset schon die Thatsache, daß er durch Rath und That weite und hohe Kreise beeinflußte und daß ihm die wichtigsten Ehrenstellen in Kirche und Staat offen gestanden sind. Unter seiner Aegide muß das Schulwesen des Klosters gut bestellt gewesen sein, denn zwei Männer erhielten hier Anregung und Aus= bildung, zwei Männer, deren Ruhm über Oesterreichs Marken hinaus= drang: Gundachar, Abt zu Mondsee und Seitenstetten, und unser Engelbert.

Ueber Engelberts Geburt und Abstammung herrscht tiefes Dunkel. Er soll um 1250 als Glied der Familie Volkersdorf das Licht der Welt erblickt haben[1]) und sei um 1267 der Admonter Brüdergemeinde beigetreten. In einer Urkunde von 1301 wird Ulrich

---
[1]) Nach Bucelin.

der Pötſch „apt Engelbrechtes pruder von Admunde" genannt und da weiters 1325 Conrad der Pötſch in einem Hausdocumente vorkommt und 1382—1388 ein Andrä Pötſch als Gutsverwalter zu Mautern im ſtiftiſchen Dienſte erſcheint, iſt es nicht unwahrſcheinlich, daß unſer Abt zu jener Familie zu zählen ſei, welche wappenberechtigt war. Ob Engelbert mit dem Admonter Diacon gleichen Namens identiſch ſei, welcher in einem Prüflinger Documente von 1283 uns begegnet, iſt fraglich; denn unſer Engelbert war 1276—1285 in Italien, aber es iſt denkbar, daß er inzwiſchen zeitweilig die heimiſchen Laren beſucht habe.

Ueber ſeinen Bildungsgang haben wir Nachrichten, deren Authen‐ cität nichts zu wünſchen läßt. Er gibt nämlich in einem Briefe an den Magiſter Ulrich zu Wien ein curriculum vitae mit einem Nachweiſe ſeiner Schriften. Indem er darlegt, in welcher Art und nach welchem Stufengange er ſeine Studien betrieben, um dieſelben von glücklichem Erfolge gekrönt zu ſehen, will er auch andern Studierenden als Wegweiſer dienen. Im Jahre 1271 ſendete ihn Abt Albert I. nach Prag, wo er die Vorleſungen der Magiſter Ocko und Bohumil über Grammatik und Logik und des Meiſters Gregor[1]) über die „Libri naturales" des Ariſtoteles hörte. „Profeci in tantum", ſagt er, „quod inter socios non fui minimus." In Folge der Wahl Rudolfs zum römiſchen König war zwiſchen dieſem und König Otakar arge Mißſtimmung eingetreten und die Deutſchen wurden in Prag mit ſcheelen Augen angeſehen, ſo daß Bleiben ihnen gefährlich geweſen wäre. „Oportebat nos omnes scolares de Austria et Stiria Bragae studentes de terra recedere et exire." Ungefähr zwei Jahre (1274—1276) blieb Engelbert wieder in ſeinem Kloſter, wo er ſich mit den Membranen der Bibliothek beſchäftigte. Da war es Abt Heinrich, welcher mit dem ihm eigenen Scharfblicke die groß‐ artigen Geiſtesanlagen des jungen Mannes erkannte und den glänzenden Beruf desſelben zu würdigen verſtand. Er ließ ihn nach Italien gehen. Padua wurde nun die Paläſtra für Engelberts Kennen und Wiſſen. Magiſter Wilhelm von Brescia lehrte ihn durch fünf Jahre die Geheimniſſe der Philoſophie.

Mit den Grundlehren des Stagiriten nun vollkommen vertraut, krönte er ſein Wiſſen mit dem Studium der Theologie, indem er noch vier Jahre den Vorträgen der Predigermönche beiwohnte. Alſo zwei

---

[1]) Gregor aus dem Geſchlechte der Zajice von Wartenberg war 1296 bis 1301 Biſchof zu Prag. (Tomek, „Geſchichte der Prager Univerſität" 2.)

Jahre in Prag und neun Jahre in Padua dem Lernen geweiht, solche wissenschaftliche Grundlage werden wenig Gelehrte jener Zeit ihrer Ausbildung gelegt haben. Erst im Jahre 1285 begrüßte er für immer die Hallen des Blasienstiftes, um da das Gehörte und Erlernte in seinen Geisteswerken der Nachwelt anzuvertrauen. „Ad claustrum meum rediens in Admundam totum studium meum posui ad originalia inquirenda et perlegenda, quorum ... pervidi et perlegi numerum competentem." Nach dem tragischen Ende des Abtes Heinrich erwählten im Juni 1297 Admonts Capitularen Engelbert zu ihrem Abte. Auch in dieser Stellung setzte er seine Studien und literarischen Arbeiten fort, und die meisten seiner Werke hat er als Abt verfaßt. Da die Einsamkeit die fruchtbare Mutter des Geisteslebens ist, zog er sich — so berichtet die Tradition — oft und gerne in die felsige Waldwildnis des Johnsbacher Thales zurück, um dort ungestört der frommen Betrachtung und gelehrten Arbeiten obliegen zu können. Als Abt entwickelte er, wie uns viele Urkunden bürgen, eine für das Haus segensreiche Thätigkeit. Allein viele Klosterbrüder konnten den Glanz, die hohen Besuche und das kriegerische Geräusch nicht vergessen, welche Abt Heinrichs Hoflager mit sich brachten; ihnen war des Abtes stilles Walten und sein ewiges Bücherschreiben verhaßt und sie gaben ihrer Unzufriedenheit mehr als einmal ihm gegenüber Ausdruck. Wie wehe mag dieses dem väterlichen Herzen Engelberts gethan haben! Seine traurige Stimmung macht sich in einer Stelle seines Werkes „De providentia dei" Luft mit den Worten: „Istum tractatum in quodam tempore cujusdam magnae tribulationis et afflictionis meae composui, ut in deo spe posita ... flagella discorem cum patientia tolerare." Nahe dem achtzigsten Lebensjahre sah sich der hochverdiente Abt veranlaßt, im Jahre 1327 auf seine Würde zu verzichten.[1]) Erzbischof Friedrich betont in dem bezüglichen Documente, daß Engelbert „propter senectutem et fragilitatem corpoream, ut a curis temporalibus absolutus quietae contemplationi vacare et scribendis libris sollicitius operam dare possit" die Prälatur resignirt habe.

Engelbert, den der Anonymus Leobiensis „vir acuti ingenii et magnae literaturae" nennt, stand im geistigen Contacte

---

[1]) Diese Resignation ist ein Ergebniß neuerer Forschung. Vergl. Dr. Franz Martin Mayer, „Ueber ein Formelbuch aus der Zeit des Erzbischofs Friedrich II." Separatabdruck aus dem „Archiv für österr. Geschichte" 26 und 44. Es dürften daher doch jene Quellen Recht haben, welche Engelbert erst im Jahre 1331 sterben lassen.

mit berühmten und gelehrten Männern, so mit Herzog Albrecht, für dessen Söhne Albrecht und Otto er sein „Speculum virtutum" geschrieben hat, mit Bischof Johann von Chiemsee, der ihm Anregung gab zum Tractate „De electione regis Rudolfi", mit dem Regensburger Bischofe Heinrich von Rotteneck, mit dem Mönche Johann von St. Lambrecht, welcher ihm sein Werk „De eo, quod liceat monachis praedicare" dedicirte und mit Meister Bartholomäus von Verona. Ob dieser überhaupt eine historische Person gewesen und zu Admont sich aufgehalten habe, wird durch kein älteres Document gewährleistet.[1]) Er erscheint in keinem unserer Todtenbücher, kein Saalbuch, keine Urkunde nennen seinen Namen. Der „Unbekannte von Leoben" weiß zu erzählen, er sei „in curiis principum assuefactus, vir in astronomicis et naturalibus expeditus" gewesen. Auf die astrologischen Beobachtungen des Meisters Barthomäus hinweisend, hätte Abt Engelbert den Herzog Friedrich den Schönen vom Zuge gegen Ludwig den Bayer abgerathen. Anderseits kann die Existenz des Veronesen Bartholomäus nicht positiv abgelehnt werden. Engelbert war ja auch in den Naturwissenschaften und in der Sternkunde erfahren. Die Hofbibliothek zu Wien besitzt eine Handschrift des 14. Jahrhunderts unter dem Titel: „Tabulae quaedam cum canonibus et perspectiva domini Engelberti, abbatis Admontensis." Der Inhalt bewegt sich um Mathematik, Geometrie und Astronomie. Da Gelehrte gleichen Faches sich gerne ins Einvernehmen setzen, mag unser Abt, welcher in Italien den Bartholomäus kennen gelernt haben dürfte, denselben später nach Admont zu gemeinsamen Studien geladen haben.

Unter Abt Engelbert bekleidete 1313—1316 der Mönch Gundacher das Amt eines Spitalmeisters. Dieser war ein Neffe des Abtes Heinrich und hatte seine Bildung der Admonter Schule zu verdanken. Ihm hatte Heinrich das Prognosticon gestellt: „Iste juvenis erit in prudentia et industria atque gloria spectabilis famosus."[2]) Diese Vorhersage wurde in der Zukunft glänzend gerechtfertigt. Schon 1313 hatte ihm der Convent von Seitenstetten die Abtswürde angetragen; später wurde er Abt zu Mondsee und erzbischöflicher Rath und Geheimschreiber, 1318 folgte er dem wiederholten Rufe der Mönche von Seitenstetten, wo er bis 1324 ruhmvoll regierte. Friedrich

---

[1]) Nur spätere Schriftsteller, wie Fugger, Megiser, Aventinus, Freiherr von Stadl u. A. stützen sich auf die bezüglichen Angaben des Johannes Victoriensis und Anonymus Leobiensis.

[2]) Pez, „SS." II. 310.

der Schöne ernannte ihn zu seinem Kaplan. Er ließ ein Urbar dieses Klosters (Liber praedialis) anlegen, schrieb eine „Historia fundationis monasterii istius" und einen Theil des „Catalogus abbatum".

Wenden wir uns nun zu Engelberts Schriften. Wenn er seinem Berufe und Stande entsprechend der Gottgelehrsamkeit die erste Stelle anwies und die Dogmen der Kirche, die christliche Moral und Philosophie, die Exegese der heiligen Schrift zum Hauptgegenstand seiner Studien und literarischen Thätigkeit gemacht hat, erscheint er doch auch in den Classikern belesen, schreibt Werke über Naturwissenschaft, Profangeschichte, Sternkunde und Musik. Ihm, der selbst als Dichter auftrat, sind auch die Heldengestalten der deutschen Volkspoesie nicht fremd. Vermöge der Vielseitigkeit seiner Geistesproducte könnten wir ihn den Albertus Magnus der österreichischen Länder nennen. Seinen Namen offenbart Engelbert nur in drei Schriften, in dem Briefe an Magister Ulrich in Wien, im Commentar zum 118. Psalm und im „Speculum virtutum". Bescheiden sagt er: „Engelbertus licet immeritus abbas monasterii Admontensis." Als unbestritten echt können 35 Werke angenommen werden, während bei andern seine Autorschaft mehr oder minder fraglich ist. Sein erstes Werk schrieb er 1276 „De electione regis Rudolfi". Sein letztes Opus war vielleicht der „Tractatus de passione domini secundum Matthaeum", denn in diesem erscheint das Jahr seines Todes (Resignation?) 1327. Ist diese Resignation richtig, so sind spätere Werke nicht ausgeschlossen, weil die bezügliche Urkunde neben Alter und Gebrechlichkeit des Abtes als Grund der Abdication den Umstand anführt, damit er ferner Gelegenheit zum Bücherschreiben habe. Das „Speculum virtutum" dürfte 1306—1310 entstanden sein, denn die Söhne Albrechts, der 1308 dem Mordstahle des Johannes Parricida erlag, waren noch in frühem Jünglingsalter. Die Abhandlung „De statu defunctorum" ist nach 1296 verfaßt, weil in derselben vom Bischof Heinrich II. von Regensburg als „beatae memoriae" die Rede ist.

Wir geben nun eine Uebersicht seiner bekannten Schriften[1]) und theilen selbe in dogmatische, moralische, exegetische, philosophische, historische, naturhistorische und Miscellan-Werke.

Dogmatische Werke.

a) „De gratiis et virtutibus b. Mariae virginis." Incipit: Laetetur anima vestra. In vier Handschriften der Bibliothek noch

---

[1]) Eingehender ist die Literatur Engelberts behandelt bei Wichner, „Geschichte von Admont" III. 511—545.

erhalten.¹) *b)* „De articulis fidei." Incipit: Qui confidunt. Erscheint im Briefe Engelberts an Magister Ulrich. Verschollen. *c)* „De corpore domini." Incipit: Cum propter plures modos. Von Engelbert erwähnt, aber nicht mehr vorfindlich. *d)* „De gratia salvationis et justitia damnationis humanae." Incipit: Indica mihi. Zu Admont in drei Handschriften. Noch unedirt. *e)* „De libero arbitrio." Incipit: Inter plures ceteras quaestiones. Fehlt in unserer Bibliothek und wird schon in Peters von Arbon Catalog vom Jahre 1370 vergeblich gesucht.²) *f)* „De providentia dei." Incipit: De providentia divina. Zwei Handschriften in der Bibliothek.³) *g)* „De miraculis Christi." Incipit: Mirabilia testimonia. Zwei Codices zu Admont. Harrt noch der Herausgabe. *h)* „De statu defunctorum." Incipit: Occasione ejus. Bei uns nur in einer 1653 von P. Engelbert Niggel verfertigten Abschrift noch erhalten.⁴) *i)* „De quaestione illa, utrum deus adhuc incarnatus fuisset, si primus homo lapsus non esset." Incipit: Utrum deus. Zu Admont unter dem Titel „De incarnatione". *k)* „De sensu doloris Christi in passione et de declaratione verborum Hilarii." Incipit: Super quibusdam verbis Hilarii. Fehlt in der Bibliothek. Dieses und das vorangehende Werk noch ungedruckt. *l)* „De passione domini et mysterio crucis." Incipit: Circa magnum pietatis sacramentum. Zu Admont in vier Handschriften vertreten. Noch unedirt.

Moralische Werke.

a) „De summo bono hominis in hac vita." Incipit: Melius est videre. Wird bei uns vermißt.⁵) *b)* „De officiis et abusionibus eorum." Incipit: Cum libros. Wir besitzen nur ein Fragment dieses Buches. *c)* „Dialogus concupiscentiae et rationis." Incipit: Quoniam ut dicit Seneca. Ein Manuscript in der Bibliothek.⁶) *d)* „Tractatus metricus de consilio vivendi." Incipit: Consilium vitae. In Admont dreimal vorhanden. Ungedruckt.

---

¹) Gedruckt Pez, „Anecd." L. I. P. I. 505—762.

²) Herausgegeben von Pez, „Anecd." IV. P. II. 120—148 nach einer Handschrift des Stiftes Schotten.

³) Edirt von Pez, „Bibliotheca ascetica" VI. 49—150.

⁴) Druck bei Pez, „Bibliotheca ascetica" IX. 111—192.

⁵) „Celeberrimi Engelberti, abb. Adm., opuscula philosophica." Ratisbonae 1725. 1—66.

⁶) Ibidem. 68—102.

Exegetische Werke.

a) „Expositio continua super psalmum ‚Beati inmaculati‘ per totum usque ad dominum cum tribularer." Incipit: Vadam in agrum. Bei uns zwei Handschriften.[1]) *b)* „Super antiphonas duodecim O." Incipit: Aspiciebam a longe. Drei Manuscripte in der Bibliothek. Wartet auf die Edition. *c)* „De quaestionibus super antiphonam: Cum rex gloriae." Incipit: De illo laudabili. In Admont in zwei Handschriften. Gleichfalls unedirt. *d)* „Super evangelium ‚In principio erat verbum‘". Incipit: Ad praeceptum tuum. Wahrscheinlich identisch mit dem im Admonter Codex 497 befindlichen Werke „Excerpta in Johannem". *e)* „De passione domini secundum Matthaeum." Incipit: Scitis, quia post biduum. Admont hat über drei Handschriften zu verfügen.[2])

Philosophische Werke.

a) „Magnum commentum super librum Aristotelis de mundo." Incipit: Inter plura. Die „Epistola ad Ulricum" erwähnt dieses Werkes, aber schon 1370 war es nicht mehr vorfindlich. *b)* „De regimine principum." Incipit: Philosophus dicit. Bei uns zwei Handschriften.[3]) *c)* „Speculum virtutum." Incipit: Gloriosis dominis. Dieser Fürstenspiegel, der leider zu Admont schon 1370 sich nicht mehr vorfand, scheint einst weite Verbreitung gefunden zu haben, denn Manuscripte desselben befinden (bezw. befanden) sich in der kgl. Bibliothek zu Brüssel, in der Bibliothek des Lazius, bei den Schotten, zu Wiblingen, zu Villingen und in der Hofbibliothek zu Wien.[4]) *d)* „Tractatus, utrum sapienti competat ducere uxorem." Incipit: Narrat satyrus. Mangelt bei uns.[5])

Historische Werke.[6])

a) „De electione regis Rudolphi." Incipit: Sclavica qui tumidi confregit cornua sceptri. Wie schon der Anfang erkennen läßt, ist das Opus in metrischer Form geschrieben. Engelbert erzählt selbst, daß ihn die Reise nach Italien in der völligen Ausarbeit

---

[1]) Der Prolog edirt bei Pez, „Anecd." VI. III. 6.
[2]) Pez, „Bibliotheca ascetica" VIII. 65—112.
[3]) Gedruckt 1725 zu Regensburg.
[4]) Pez, „Bibliotheca ascetica" III. 1—498.
[5]) Gedruckt 1725 zu Regensburg.
[6]) Die hier angeführten Werke sind zwar mehr moralisch-philosophischen Inhaltes, da sie aber über einer historischen Basis sich aufbauen, möge ihnen diese Einreihung gegönnt sein.

desselben gehindert habe. „Et cum de proelio et victoria ipsius regis contra regem Bohemiae Ottakarum incoepissem secundam partem ejusdem operis de eodem proelio et conflictu, obtulit se casus, quo me cum aliis sociis … ire Paduam oportebat." Er hat später doch Gelegenheit gefunden, das Begonnene zu vollenden. Denn die vielleicht einzige Handschrift dieses Epos in der Münchener Hofbibliothek hat den erweiterten Titel: „… et de proelio regis Rudolfi contra regem Bohemiae Ottocarum."
b) „De ortu et fine romani imperii." Incipit: Consedentibus. Eine Handschrift zu Admont.¹) Buß in seiner Schrift „Einfluß des Christenthums auf Recht und Staat" I., 276—279 gibt eine Charakteristik des Engelbert'schen Werkes: „Seine Rechtfertigung des römischen Reiches als einer die Einzelnstaaten umfassenden höheren Friedensordnung ist ein Muster der mystisch-typologischen Construction des Mittelalters, sowie seine Widerlegung der Gründe gegen das Reich und für die Exemtion der Einzelnstaaten eine sehr glückliche. Ebenso verständig ist seine Erklärung der künftigen Auflösung des Reiches, die er in dem dem Principe seiner Gründung entgegengesetzten Principe findet." Der Anonymus Leobiensis hat Engelberts Werk im Auge, wenn er schreibt: „Inter alia de Daniele et Apocalypsi sumpta materia de Antichristo superlucide disputavit."

Naturhistorische Werke.

a) „Scriptum super librum de inundatione Nili." Incipit: Post librum Aristotelis. War schon 1370 spurlos verschwunden. *b)* „De naturis animalium." Incipit: De naturis. Zu Admont in zwei Handschriften, deren eine in Federzeichnung die Bilder von agnus, hircus, capra und hoedus zeigt, während der Raum für spätere Abbildungen freigelassen ist. Noch unedirt. *c)* „De quibusdam animalibus." Incipit: Super exceptivis. Verschollen. *d)* „De causis et signis mutationis aeris et temporum." Incipit: Qui mutationis. Jetzt ganz unbekannt. *e)* „De causa longaevitatis hominum ante diluvium." Incipit: Quaestionem difficilem. Fehlt in der Bibliothek.²) Am Schlusse ein abermaliger Beweis von Engelberts Bescheidenheit: „Haec de proposita quaestione sufficiant sic ad praesens, donec circa ipsam aliquid forte melius a melioribus videatur, quod nec erubesco recipere nec recuso."

---
¹) Gedruckt 1553 zu Basel, 1603 zu Mainz, 1610 zu Offenbach und in der „Magna bibliotheca veterum patrum". Coloniae.
²) Gedruckt bei Pez, „Anecd." T. I. 491—501 nach einer Zwettler Handschrift.

Miscellan=Werke.

a) „Epistola ad Ulricum scholasticum Viennensem." Incipit: Magnae scientiae. In drei Manuscripten zu Admont.¹) Wir haben diesem Briefe die Kenntniß der meisten Werke unseres Abtes zu verdanken und müssen bedauern, daß mehrere derselben verloren zu sein scheinen, wenn nicht der Scharfblick eines Gelehrten noch eines oder das andere in einem Sammelcodex zu entdecken in der Lage sein wird. *b)* „De fascinatione." Incipit: Cum secundum philosophum. Wir waren so glücklich, diesen Tractat in der Handschrift Nr. 456 (saec. XV) wieder zu finden. Pez nennt denselben „opus elegans et prelo dignissimum". *c)* „Tractatus in musica." Der Anfang variirt in den verschiedenen Handschriften: Propter amorem. Propter instantiam. Der Admonter Codex beginnt: Propter amicorum et familiarum dilectionem.²) *d)* „De passione b. Katharinae." Incipit: Inclita sanctae Katharinae virginis acta. Verloren.

Noch sind einige Werke anzuführen, welche dem Engelbert zugeschrieben wurden, so ein „Tractatus de virtutibus et vitiis", ein „Opus de ss. trinitate", der „Libellus duodecim quaestionum de rebus fidem spectantibus", „Orationes precatoriae ad Jesum et b. virginem", die schon erwähnten „Tabulae cum canonibus et perspectiva" und „Sermones de tempore". Letztere könnten wohl unter den zahlreichen Predigten unserer Handschriften=Sammlung noch verborgen sein. Doch bedarf Engelbert fürwahr nicht weiterer Lorbeeren, um den Ruhmeskranz zu schließen, der um sein hehres Haupt sich windet.

Anonymus Leobiensis erzählt, daß der Beschaulichkeit und der Wissenschaft gewidmete Leben ihres Abtes hätte die Unzufriedenheit mehrerer Conventualen erregt, und diese hätten beim Erzbischofe Klage geführt, daß er über seine Gebete und Bücher die Angelegenheiten der Abtei vernachläßige. Man war bisher gewohnt, diese Nachricht als unverbürgte Tradition ohne historischen Werth zu betrachten. Ein Fund aber, den uns ein Zufall in die Hand spielte, ist geeignet, der Erzählung des Chronisten das Gepräge der Wahrscheinlichkeit zu verleihen. Es glückte uns, von irgend einem Buchdeckel ein Pergamentblatt loszulösen, welches sich als Fragment eines Briefes Engelberts in der Schrift des 14. Jahrhunderts herausstellte. In diesem Briefe, der leider nur

---

¹) Pez, „Anecd." I. I. 428—436. Auch Beiheft zum „Centralblatt für Bibliothekswesen." 1889. 18—21.

²) Edirt von Gerbert, „Scriptores ecclesiastici de musica sacra" II. 287.

in seinem kleineren Theile erhalten scheint, schildert der Abt die Pflichten=
sphäre der Prälaten und die Hindernisse, welche sie in ihrem Amte zu
bewältigen haben. Uns dünkt es, der Brief ist nichts anderes, als eine
nothgedrungene Vertheidigung gegen die Anklagen, die gegen ihn er=
hoben worden sind. Da der Inhalt desselben noch unbekannt ist, geben
wir an dieser Stelle den Brief mit dem von uns gewählten Titel:

Engelberti epistola ad Conradum IV.,[1] archiepiscopum Salisburgensem, de officiis praelatorum.

„Reuerendo in Christo patri et domino Chunrado venerabili sancte Salzburgensis ecclesie archiepiscopo apostolice
sedis legato Engelbertus licet humilis et inmeritus abbas
monasterii Admontensis ordinis sancti Benedicti ejusdem
dyocesis cum obedientia et reuerentia debita orationes in
domino siqua potest. Considerans et ...[2] ex sanctorum exemplis et auctoritatibus scripturarum, quibus sanctorum et doctorum videntur etiam sententie consentire, quod cum actio
simul et contemplatio pertineat ad prelatos tamquam utique
ad refectos secundum diuisionem gratiarum, circa hec duo
diverse inueniuntur differentie in prelatis. Inter quos ...[2]
presunt non inmerito, siquidem cum Moyse nunc populum
sine negligentia regant in infimis, nunc sine desipientia in
contemplatione assistant domino in suppremis, vt nunc actionem propter contemplationem nec negligant, nec contemplationem propter actionem preponant, quasi illam sequantur ut
letam, istam fugiant vt molestam. Deinde alii plus vel minus
a perfectionis huiusmodi medio satis raro et difficili rece-
dentes plus vel minus declinant ad alterum extremorum, ita
vt alii plusquam prouisioni temporalium expediat vacent contemplationi, alii plus quam utilitas animarum requirat, in-
cumbant actioni. Alii vero contemplationi penitus dediti post-
ponunt omnimodam temporalium actionem, qui, utrum sibi
ipsis proficiant, non est certum, quod aliis officiant, non est
dubium. Reliqui vero actioni temporalium omnimodis inser-
uientes et spiritualia nec scientes nec curantes officium necessi-
tatis et prouidentie vertunt in usum voluptatis ac superbie.
Si quis vero nec actioni nec contemplationi in officio pre-
lature deseruire conspicitur, pari sententia cum Sobna scriba

---

[1] Zeit der Abfassung 1297—1312.
[2] Im Originale unlesbar.

Ysaie vaticinio relinquatur. Siquidem tria sunt precipua instrumenta regiminis prelatorum, videlicet scientia, auctoritas et voluntas et scientiam aliquando impedit ignorantia, auctoritatem resistentia, voluntatem voluntas contraria. Inde est, quod sepe prelati quod volunt nec possunt nec sciunt, ubi voluntati reddenda est gratia, impotentie indulgentia, sed ignorantia est in culpa. Aliquando qui presunt, nec sciunt nec volunt, ubi fit potentia contemtibilis, ignorantia reprehensibilis, voluntas contraria dampnabilis. Aliquando autem qui sciunt, vel non possunt vel non volunt, vbi scientia est inutilis, impotentia excusabilis, voluntas contraria semper intolerabilis. Inde fit, vt sepius prelatus perpendens debitum sui officii . . . ."

(Das Weitere fehlt.)

Am 29. Mai 1327 erhoben nach Engelberts Resignation Abmonts Capitularen den Prior Ekhard aus dem Edelgeschlechte der Lauterbeck auf den äbtlichen Stuhl. Von ihm sagt Saalbuch I.: „Vir pius et observantiae regularis restaurator maximus aluit monachorum coronam maximam tum in regula tum in bonis et laudatis moribus omnibusque bonarum artium studiis optime instructam. Fratres quoque sub ejusdem patris regimine summam in conscribendis propria manu libris operam dederunt." Daß zu seiner Zeit das Schulwesen in Admont geblüht habe, erhärtet uns des Abtes Revers über eine Gottesdienst-Stiftung vom Jahre 1329, in welchem die Stelle vorkommt: „Auch schol der oblayer desselben tages von dem . . . selgeraete . . . iedem schueler . . . ein halbez trinchen weines zu seiner phrüent geben." Wir dürfen hier wohl nur an die Zöglinge der inneren Schule denken, welche zu allen religiösen Uebungen, zum Chorgebet und Gesange verhalten wurden und daher auch eine regelmäßige Pfründe aus den Renten der Abtei genossen haben.[1] — Hatte man — ob mit Recht oder Unrecht — dem Abte Engelbert geringe Obsorge für die Temporalien vorgeworfen, so sehen wir in Eckard einen umsichtigen Verwalter des Klostereigenthums. Seiner Zeit entstammen zwei Urbarbücher, deren eines den sämmtlichen Stand des Besitzes und Rechtes, das andere die Güter im Salzburgischen behandelt.

Um Gleichförmigkeit in das Ordensleben zu bringen und dasselbe wieder zur Vollkommenheit früherer Zeit zu erheben, erließ Bene-

---

[1] Vergl. Hagn, „Das Wirken der Benedictiner-Abtei Kremsmünster..." 15.

dict XII. die unter dem Namen Benedictina bekannte bezüglich[e] Bulle am 20. Juni 1336. Um derselben in Deutschland und in de[n] österreichischen Landen Eingang und Wirksamkeit zu verschaffen, tr[at] im Juni 1338 zu Salzburg ein Provinzialconcil zusammen, auf welche[m] viele Aebte persönlich erschienen, andere sich durch Procuratoren ver[]-treten ließen. Letzteres war bei Admont der Fall, in dem Abt E[ck]hard den Magister **Johannes Parisiensis** („noster familia[]-ris") und den Mönch **Heinrich** nach Salzburg abordnete.¹) De[r] Beisatz „familiaris noster", welcher den Meister **Johann vo[n] Paris** auszeichnet, setzt nahe Beziehungen zum Kloster voraus un[d] läßt in ihm eine conföderirte Person vermuthen. Vielleicht wäre e[s] denn doch zu gewagt, in diesem **Johannes** einen Lehrer der A[d]monter Schule zu suchen, obwohl wir aus späteren Beispielen nach[]-weisen können, daß aus Mangel eigener Lehrkräfte auch weltliche Pe[r]sonen die niederen und höheren Studien geleitet haben. Aber auch scho[n] im Jahre 1349 finden wir in einer Urkunde unter den Zeugen na[ch] dem Prior und Pfarrer von Admont einen „**Fridrich schul**[]-**maister daselb**", welcher dem Laienstande angehört hat.

Die Existenz eines geordneten Schulwesens im Stifte wird durc[h] zahlreiche Belege nachgewiesen, aber leider mangeln alle positiven Nach[]-richten über die innere Einrichtung der Schulen, über den Lehrgan[g] und die Lehrmittel. Als 1344 Abt **Ulrich II.** ein Document übe[r] die Stiftung des Wolfgangaltars in der Klosterkirche errichtete, wurd[e] auch stipulirt, daß an einem bestimmten Tage den Lehrern (scolaru[m] rectores) je eine Maß des besten Landweines und den geistliche[n] Schülern (scolares cucullati) die Hälfte verabreicht werden soll[e]. Wieder aus Anlaß einer frommen Fundation, welche 1394 der Stift[s]priester **Otto Metschacher** machte, wurde bestimmt, daß den „**junk**[]-**chern**" 24 Pfennige zu verabzufolgen seien. Unter den Jungherren ve[r]stand man die studirenden Cleriker. Um diese Zeit war der Conventua[l] **Ulrich von Milstat** als Lehrer thätig.

Die Bücherei des Klosters wurde durch Schenkungen vermehr[t]. Meister **Johann von Schärding** spendete 1373 die Summa d[e] vitiis des Peraldus. („Cujus memoria in benedictione sit[") lautet die Dankesformel am Schlusse des Codex.) **Peter von Arbo[n]**, der Bibliothekar des Klosters, verehrte 1374 dem heil. Blasius d[]

---

¹) Schmieder, „Zur Geschichte der Durchführung der Benedictina in Deut[sch]land..." in „Studien aus dem Benediktiner-Orden" IV. II. 286. Das gan[ze] Reformwerk gerieth aber ins Stocken, und erst dem folgenden Jahrhundert war beschieden, eine durchgreifende Renovation des Ordens bewerkstelligen zu können.

„Summa de casibus poenitentiae" des Raimund von Pennaforte. Der stiftische Notar Friedrich hatte einige Werke aus der Bibliothek entlehnt, welche in seiner Obhut durch Feuer zu Grunde giengen. Er leistete aber 1376 Ersatz durch Schenkung zahlreicher Bücher.

Im Jahre 1393 verfaßte der Mönch Georg, welcher als Verwalter der Klostergüter zu Krems an der Donau bestellt war, ein Urbarbuch derselben. Die letzten Eintragungen sind vom Jahre 1401. Als Bücherschreiber erscheint 1397 Johannes Werbhover. Seinem Fleiße verdanken wir Bedae „Expositio super epistolas canonicas". Die Schreiber und wohl auch andere verewigten ihr Andenken nicht nur durch die bekannten Schreiberverse, deren wir später mehrere zu bringen gedenken, sie notirten auch kurz denkwürdige Ereignisse, die ihnen zu Ohren kamen, oder irgend ein medicinisches oder gemeinnütziges Recept. So im Codex Nr. 603 (saec. XIV): „Anno d. MCCCXLVIII factus est terrae motus et civitatis Willach subversio". In der Handschrift Nr. 532 derselben Zeit steht ein „Remedium contra vermes librorum",[1]) welches auf einer Mittheilung des Bibliothekars der Karthause Gaming beruhte. So haben die Klöster einander nicht nur die Bücher zum Abschreiben geliehen, sondern auch die Mittel zu deren Conservirung bereitwillig (ex caritate) geliefert. Auch eine Frucht des finstern Mittelalters! Als weiteres Zeugniß für archivalische Thätigkeit müssen wir auch erwähnen, daß viele Urkunden vom 12. bis zum Ende des 14. Jahrhunderts schon Signaturen in rother kleiner und großer gothischer Schrift (Minuskel und Majuskel) zeigen, woraus hervorgeht, daß das Archiv (in sacrario ecclesiae) wohl geordnet war und auch ein Repertorium zur schnellen sicheren Auffindung nicht gefehlt haben dürfte.

---

[1]) „Remedium expertum in nostris libris antiquis a vermibus corosis et in asseribus exortis. Recipe mirram et pone ad bitumen, quo calefacto perungantur asseres sic corrosi et ultra non erunt. Imo in omnibus libris de nouo ligandis si fiat, nunquam a vermibus corrodentur. Ad idem valet, si coquitur absinthium in aqua et postea adponatur bitumen et coquitur et fiat ut supra. Hec librarius Gemnyk ex caritate."

Peter von Arbon und seine Bücher-Kataloge.

Wie über die Urkunden mußten auch über die Bücher bei stets sich mehrender Fülle derselben Verzeichnisse angelegt werden, welche theils als Nachweise für den Besitzstand, theils als Behelf für die Nachsuche dienten. Schon unter Abt Gottfried I. sah man sich veranlaßt, eine Zählung und Beschreibung der Bücher zu versuchen. Dieser Catalog mag wohl schon frühzeitig abhanden gekommen sein. Überhaupt sind nicht zuviele mittelalterliche Indices librorum der Klosterbibliotheken auf uns gekommen und die noch erhaltenen sind theils nur Fragmente, theils genügen sie in ihrer Anordnung und Beschreibung des Bücherschatzes nicht allen unsern Wünschen. Theils vermißt man in ihnen eine systematische Eintheilung, theils sind die Angaben zu vager Natur, wie „alius liber in nigra pelle" oder „tractatus varii". Die Gewohnheit, Schriften heterogener Art, z. B. theologische und medicinische in einem und demselben Bande unterzubringen, erschwerte die richtige Repertorisirung. Von diesen Mängeln sind auch jene Bücherverzeichnisse aus den Jahren 1370 und 1380 nicht frei, welche den Gegenstand unserer Besprechung bilden. Ihr Verfasser ist der einheimische Mönch Peter von Arbon, welcher zugleich als Vorsänger (praecentor) fungirte. Seine Heimat war zu Arbon am südlichen Ufer des Bodensees. Über die Zeit seines Eintrittes zu Admont und seines Ablebens schweigen unsere Quellen. Er selbst nennt sich Petrus Suevus de Arbona, professus monachus Admontensis. Wir müssen darauf verzichten, den völligen Inhalt beider Kataloge welche er auf Befehl des Abtes Albert II. angelegt hat, wiederzugeben und beschränken uns nur auf das Wesentliche desselben, indem wir au anderweitige Mittheilungen[1]) hinweisen. Der Katalog von 1370 beginn mit einem Prologe, in welchem die Worte Bibliotheca und Armariu erklärt werden, und auf berühmte Büchersammlungen und Bibliophile hingewiesen wird. Daran knüpft Peter eine Instruction für den Ve walter der Bücherei, der wir einige Stellen entnehmen: „Prima autem diligentia armarii studiosi esse debet, ut suo tempore biblio thecam sibi commissam, in quantum potest, augere operar

---

[1]) Wichner, „Die Bibliothek der Abtei Admont mit ... Berücksichtigung d Zustandes ... in der zweiten Hälfte des 14. Jahrhunderts" in „Mittheilungen d historischen Vereines für Steiermark" XX. 67—90. Wichner, „Geschichte v Admont" III. 87—89. Wichner, „Zwei Bücherverzeichnisse des 14. Jahrhunder in der Admonter Stiftsbibliothek" im vierten Beihefte des „Centralblatt für Bibliothe wesen" 497—531.

det… Qui vero negligens in hoc extiterit adeo ut augeat, saltem caveat, ne minuat, hoc est ne libros curae suae commendatos quovis modo perdat vel pereant. Ignem igitur et aquam libris maxime contraria suspecta habeat et caveat. Libros vetustate destructos ligatura reparet et symulachrum[1]) faciat, ut a legentibus honeste tractentur admoneat, certo et tuto loco recipiat. Qui et ubi sint, memoria retineat, nomina vel auctores singulorum sciat. Quodsi major copia librorum fuerit, ut numerus vel nomina memoria comprehendere (et) retinere non possit, brevem vel libellum sibi faciat, cui prologum istum si placet praescribat, in quo omnes et singulos libros nominatim notet per distinctiones quasdam, id est, ut unicuique auctori suam et sufficientem libris ejus paginam tribuat, hoc est Augustino suam, Ambrosio suam, Jeronimo suam, similiter singulis aliis suas.[2]) Quae si feceris, et notitia librorum tibi permanere poterit, et quid habeas vel non habeas scire valebis et certum testimonium coenobium habebit."

Peter theilt die Werke in Gruppen ein, deren jede mit „Haec pagina continet libros N" eingeführt wird. Hier die Reihenfolge: Libri Gregorii, Augustini, Hieronymi, Ambrosii, Origenis, Isidori, Hrabani, Bedae, Bernardi, Hugonis, Ruperti (Tuitiensis), libri veteris testamenti, Psalteria, Evangelia, epistolae, sermones, libri decretorum, sententiarum, historiographi und libri diversorum doctorum. Inzwischen ist Engelbert's Brief an Magister Ulricus eingeschaltet, wobei Peter bemerkt, daß zu seiner Zeit (1370) nur 13 Werke des genannten Abtes in der Bibliothek sich vorfanden. Weiters macht er 8 Bücher namhaft, welche der Notar Friedrich entlehnt hat und demselben verbrannt sind. Er bringt aber auch eine lange Liste von Werken, welche jener als Schadenersatz gespendet hat. Praktisch gestaltet sich der Katalog dadurch, daß die Anfänge (Incipit) der einzelnen Schriften regelmäßig angegeben werden. Dieser Umstand erleichterte uns den Nachweis, daß die meisten der in den zwei Katalogen eingetragenen Bücher auch heute noch vorhanden seien.[3])

Der Katalog vom Jahre 1380 enthält im Allgemeinen dieselbe

---

[1]) Wohl eine Abschrift.
[2]) Von dieser Regel weicht aber Peter selbst häufig ab und nur selten finden sich die nöthigen Rückweise.
[3]) Zwei Werke von hervorragendem geschichtlichem Werthe haben wir leider nicht mehr entdecken können, nämlich: „Historia successorum Caroli Magni." Incipit: Regnante domino, und „Historia Francorum". Incipit: Pippinus.

Gruppeneintheilung aber in geänderter Reihenfolge. Als neue Gruppen erscheinen Legenda sanctorum, libri medicinales, philosophicales, quadriviales, triviales und libri poetarum. Während im ersten Verzeichnisse die Zahl der Bände[1]) 391 beträgt, ist diese im zweiten Kataloge schon auf 640 gewachsen, was einen Zuwachs von 249 Bänden ergibt. Diese Ziffern erfahren aber eine wenn auch nicht bedeutende Herabminderung durch mehrere Eintragungen aus der ersten Zeit des 15. Jahrhunderts. Das aber steht fest, daß Admont eine für jene Zeit höchst achtenswerthe Bibliothek nach Qualität und Quantität ihres Bestandes besessen habe.

Wir wollen nun noch sehen, welche Werke im 14. Jahrhundert zu Admont den Kreis des Wissens erweitert und das Studium und den Unterricht befördert haben. Im Fache der Bibel-Exegese erscheinen neben mehreren Schriften des **Petrus Lombardus** und **Hugo von St. Victor** noch „Biblia B. Virginis", Aegidius Romanus „Hexameron", Albertus Magnus „Biblia pauperum", Brito „Vocabularium biblicum". Die Werke der Väter wurden fleißig copirt. Auf dogmatisch-polemischem Gebiete finden sich Alanus de Insulis „Doctrinale altum de maximis theologicis", „Tractatus varii de inmaculata conceptione B. V.", des **Honorius** von **Autun** „Elucidarius". Zum Studium der **Moral** und **Pastoral** dienten Henricus de Vrimaria „De decem praeceptis", der sogenannte „Poenitentiarius" und die „Libri poenitentiales" des Johannes de Deo und des Petrus Cantor Parisiensis. Da die liturgischen Bücher durch deren täglichen Gebrauch sehr abgenützt wurden, mußte für ihre Erneuerung und Vermehrung Sorge getragen werden. Außer den stets wieder neu geschriebenen Lectionarien, Antiphonalien, Calendarien, Brevieren, welche häufig mit Neumen versehen sind, stoßen wir auf die „Armatura sacerdotum", auf das „Rationale divinorum officiorum" des Guilielmus Durantes und auf Johannes Beleth „De divinis officiis". Im 14. Jahrhundert entstand zu Admont ein Meisterstück der Miniaturmalerei, das „Missale ecclesiae Admontensis". Die „Officia de s. Blasio patrono et pro Gebhardo fundatore" machen es mehr als wahrscheinlich, daß dieses Juwel kirchlicher Kleinkunst einen einheimischen Mönch zum Urheber hat.[2])

---

[1]) Die Zählung nach Werken ist schwieriger, weil viele Bände Miscellanea enthalten, dieselben nicht immer alle angegeben sind und manche Werke mehrfach vorkommen.

[2]) Näheres bei Wichner, „Kloster Admont... und seine Beziehungen zur Kunst." Wien 1888. S. 181.

Für Askese und Mystik galten als An- und Einleitung: Guilielmus de Lancea „Diaeta salutis", des Mathias Farinator „Lumen animae", die Abhandlung „De miseria conditionis humanae" des Lotharius und ein lateinischer „Heilsspiegel". Auch die „Stella clericorum" war sehr gesucht. Bibel und Askese waren die Grundlage für homiletische Leistungen. Die Prediger, wenn ihnen Zeit, Lust und Geschick für eigene Ausarbeitung ihrer Vorträge fehlten, fanden in der Bücherei des Hauses stets oratorische Nothhelfer. Als solche erwiesen sich Conradus de Saxonia, Jacobus de Voragine, Peregrinus und wunderliche Sammelwerke mit noch wunderlicheren Titeln, wie „Viridarium", „Sermones Barnasan dicti", „Sermones aurea lingua intitulati", „Sermones dicti aurum in fimo" und Sermones benannt „Monachus in cappa". Auch Predigten in deutscher Sprache tauchen auf.

Das canonische Recht lieferte die Waffen der Vertheidigung, wenn der Tenor der Privilegien, die Tragweite der Stiftungen, und allgemeine und persönliche Rechte in Frage gestellt wurden. Die Decretalen und ihr Erklärungsapparat spielten die erste Rolle. Als einschlägige Autoren las man Aegidius de Columna, Innocentius IV., Bernardus de Botono, Bernardus de Montemirato, Petrus de Sapsona, Gofredus de Trano und Johannes de Deo. Als weitere Rechtsbücher gebrauchte man des Bartholomaeus Brixiensis „Glossae in decretum Gratiani", die glossirten „Clementinen", Dinus „De regulis juris", die Commentare in Librum sextum decretalium des Johannes monachus und des Guido de Baiso. Von großer Wichtigkeit für Admont, welches der Salzburger Diöcese angehörte, waren die Provinzial-Synoden. Daher durften die institutiones der Erzbischöfe Rudolf und Conrad IV. nicht fehlen. Auch ein und das andere Sammelbuch mußte für die Notare des Klosters immer zur Hand sein, um Klage und Vertheidigung und alle bindenden Verträge legal einleiten und durchführen zu können.

Die Ordensregel und deren Erklärung waren ein beständiger Gegenstand der Lesung und Forschung in den Klöstern. Wohl wissend, daß der Buchstabe an sich todt ist, wenn ihm der Geist nicht Leben einhaucht, war man bemüht, in den Geist der Regel einzudringen und die Satzungen derselben den Forderungen und Verhältnissen der Zeit, des Ortes und der Personen anzupassen. Neben dem Originaltexte des Regelbuches finden wir jetzt schon zu Admont eine deutsche Übersetzung. Zum Verständnisse der Intentionen des heil. Gesetzgebers war die „Expositio regulae" des Bernardus Cassinensis ein sehr erwünschter Behelf; auch erbaute man sich an der Lectüre des Peraldus „De professione monachorum". Auf der Regel fußende Hausstatuten, wie jene im Directorium antiquissimum, sind uns aus jener Zeit leider nicht erhalten.

Wenn in den zwei vorhergehenden Jahrhunderten die Kirchengeschichte in der Stiftsbibliothek gut vertreten war, können wir für das 14. Jahrhundert nur eine geringe Vermehrung constatiren. Denn außer einigen Passionalien und Legendenbüchern erscheinen nur noch die „Legenda aurea" des Jacobus de Voragine und die „Historia Damiatina" des Oliverius. Die geistliche Dichtung weiset auf Bruder Philipp's „Marienleben", das „Speculum salvationis" und verschiedene Bruchstücke lateinischer Poeme. Mehr profaner Art sind „Disputatio animae et corporis metrica" und „Sibyllae Erithreae vaticinationes". Mitten unter geistlichen Schriften erscheint des Fulgentius Fabius Planciades „Mythologicon".

Profangeschichte und Länderbeschreibung wurden nicht ganz vernachlässigt. Bürgen hiefür sind die „Gesta Alexandri Magni", Odoricus de Foro Julii „Historia orientalis", das „Opus de constructione urbis Romae", Brocardus „Descriptio terrae sanctae" und „Marco Polo's Reisen" (in deutscher Sprache). Die aristotelische Philosophie beherrschte alle Schulen und beeinflußte alle Schriften. Kein Wunder, wenn wir in unserer Bibliothek zahlreiche Werke in dieser Richtung entdecken. Wir verzeichnen: Michael Scotus „Super Aristotelem", Boetius Dacus „De somno et vigilia et de summo bono", Alchindus „De somno et vigilia", Alpharabius „De divisione scientiarum", die Commentare des Averroes, Boethius „Summa in Topica", Aegidius de Columna „In librum de bona fortuna" und die „Philosophia pauperum" des Albertus Magnus. An civiljuridischen Werken ist nur die „Summa artis notariae" des Rolandinus zu nennen. Als Hilfsmittel für Grammatik, Rhetorik und Poetik finden sich eine „Grammatica graeco-latina versificata", ein „Vocabularius latinus", des Aristoteles „Rhetorica ad Alexandrum" und Johannes Anglicus „De arte prosaica et metrica."

Die altclassische Literatur erhielt als Zuwachs Cicero „De officiis", Horatius „De arte poetica", dessen Epistolae und Sermones, den Pseudo-Macer „De virtutibus herbarum", „Excerpta ex Livio et Salustio" und des Seneca „Epistolae ad Lucillum." Sehr stark wurde nach dem Vorbilde des Universaldenkers Engelbert die Forschung über die Vorgänge in der Natur innerhalb und außerhalb unseres Planeten betrieben. An einschlägigen Werken benützte man: Albertus Magnus „De rebus naturalibus" und dessen „Perspectiva", Avicenna „Super mineralia", varii libri de geometria, Alcabitius

„Introductorius judiciorum astronomiae", Haly „De electionibus horarum", Zael „Liber judiciorum", Mansor „Liber astrologicus", des Messahala „Liber receptionis", die „Theorica planetarum" des Johannes de Sacrobusto, die „Tabulae astronomicae" des Königs Alphons von Castilien und die „Tabulae locorum Saturni secundum Eumenium." Die Kenntnisse in der Mathematik, Geometrie und Mineralogie fanden praktische Verwerthung im Bergbau, welchen das Kloster seit dem 12. Jahrhundert im Admontthale, zu Gams, Zeiring, in Kärnten und im Salzburgischen betrieben hat. Das Salz zu Hall und Weißenbach, das Gold zu Rauris, das Silber zu Zeiring, das Eisen um Admont, das Kupfer in der Walchen bei Öblarn und der Gagat (pechartige Braunkohle) zu Gams gingen als Handelsartikel nach Österreich, Salzburg und Deutschland.

Mit den Naturwissenschaften Hand an Hand wandelte die **Heilkunde**. Unsere Mönche waren Ärzte für Seele und Leib. Mächtig war das Arsenal contra vim mortis in verbis, herbis et lapidibus. Neben dem Lapis philosophorum war das Elixir vitae Gegenstand emsiger Nachsuche. Die Handschriften jener Zeit waren der Sammelort zahlreicher medicinischer Recepte, denen die Censur „Probatum est" nicht mangeln durfte. Unsere Heilkünstler fanden den Born des Wissens in Serapion „De medicinis simplicibus", in den Versen „De urina" des Aegidius Corboliensis, in den „Prognostiken und Aphorismen" des Hippocrates, bei Platearius „Practica medica", Albuchasen „De conservanda sanitate", in des Constantinus Afer „Viaticum cum glossa Gerardi Carmonensis", Joannitius „Liber medicinalis" und im „Antidotarius" des Rhazes.

Die **deutsche** Sprache fand nur dürftige Pflege. Außer dem erwähnten „Marco Polo" finden wir Predigten, eine Regelübersetzung, deutsche Heilmittel, eine Anweisung zur Bereitung der Tinte[1]) und einzelne Gebetformeln. Zu nennen ist auch eine deutsche Übertragung des Psalms: Deus noster refugium et virtus. Im Jahre 1890 fand sich in unserer Bibliothek das Fragment eines deutschen Gedichtes des 14. Jahrhunderts, welches Dr. **Anton Schönbach** in Graz als zum „Alexander" des Ulrich von Eschenbach gehörig bezeichnete. **Bohemica** sind hier und da — häufig als Randnoten — zerstreut. Selbst auf **Orientalia** stoßen wir, wie auf ein chaldäisches Fragment des Talmud und auf ein Bruchstück aus Ezechiel (cap. I.) mit chaldäischem Targum.

---

[1]) „Recipe III lot galles zeprochen und gewß darauff ains gueten weins ain halbe vnd laß darauff sten XIIII tag. Nym darnach darunter II lot vitriolum vnd I lot gumi, so hastu guete tinckchen."

Admont im 15. und 16. Jahrhundert.

Gelehrte, Schulmänner und Schreiber. Abt Anton I. als Mäcen der Wissenschaften.

Bald nach dem Ableben des Abtes Hartnib Gleußer (1391—1411) entstand durch einen unbekannten Mönch die Series abbatum metrica, welche mit den Worten beginnt: „Est Ysingrinus Admontes ordine primus", und in welcher eine gedrängte Charakteristik der Stiftsvorsteher gegeben ist.[1]) Um diese Zeit lehrte zu Admont der Magister Eberhard, von dem wir, wie von andern noch folgenden, wegen Verlust der Quellen nichts Näheres berichten können. Im Jahre 1409 war Johannes Werdhover der Schreiber einer „Historia translationis corporis s. Antonii" und wohl bald nachher benützte der zu Melk hospitirende Admonter Stiftspriester Augustin Kleewiser seine Muße, um aus einem Melker Codex des David de Augusta „Tractatus de septem religiosorum profectibus" zu copiren. Abt Georg Lueger ließ Urbarbücher der Propstei Mautern (1411), des Amtes zum heil. Geist (1412) und der Herrschaft Gallenstein (1421) anfertigen. Die gelehrte Welt zu Admont repräsentirten (1422—23) der Magister und Jurist Johann von Konstanz, der Baccalaureus in artibus Vitus Praun (1423—1442), Ulricus scholasticus (1423) und (1423—1446) Wolfgangus baccalaureus et paedagogus.[2]) Man sieht, daß das Unterrichtswesen im Kloster nicht schlecht bestellt war.

Dies war vorzüglich ein Verdienst des Abtes Andreas Stettheimer (1423—1466), welcher eine neue Bibliothek ober der Marienkapelle erbaute und zahlreiche Handschriften derselben einverleibte. Es ist sogar wahrscheinlich, daß schon durch ihn mehrere der ältesten Druckschriften ihren Weg nach Admont gefunden haben. Um 1420 schenkte

---

[1]) Gedruckt bei Pez, „SS." II. 210.

[2]) „Pedagogus domicellorum habet domi cellis, fratribus junioribus et novitiis semper intendere, illos corripere." „Registrum procurationis re domesticae pro familia Reichersperg 1462."

der Canoniker zu Spital am Pyhrn Albert Elsendorfer¹) die „Lectura super psalterium" des Anselmus (Laudunensis?). Dieses löbliche Beispiel war nicht ohne Nachahmer. Der Stiftsprior Conrad Elsendorfer schenkte 1426 eine „Expositio psalmorum" mit der Bitte, seiner im Gebete zu gedenken. Ein Miscellan-Codex enthält die Inscription: „Hunc librum comparavit frater Sigismundus et scribere et ligare fecit." Sigismund (1431—1456) trug also die Kosten für Schreiber und Buchbinder. Die sehr zierlich geschriebene Handschrift Nr. 151 (Quadragesimale Bertrandi cardinalis), deren Einbande das Wahlinstrument des Abtes Hartnib eingeklebt ist, nennt als Schreiber (1426) einen gewissen Georg. Da dieser Name damals in Admont mehrere Träger aufwies, dürfte der Codex auch hier entstanden sein.

Auch aus Abt Andreas Zeit haben sich zahlreiche Zinsbücher erhalten. So das Urbar des oberen Ennsthales (1424), die zwei großen noch im Originaleinbande (Buchbeutel) befindlichen Gesammturbare (1434), 770 Pergamentblätter umfassend, das Urbar der Propstei Fritz (1435), ein Gesammturbar (1437), das von St. Gallen (1442) und von Sagritz in Kärnten (1460).

Das Admonter Nonnenkloster war schon längst von jener Höhe asketischer und wissenschaftlicher Vollkommenheit, welche es im 12. Jahrhundert erreicht hatte, herabgestiegen. Die Nonnen redeten und schrieben nicht mehr in lateinischer Sprache, aber dafür kam die deutsche Muttersprache zur verdienten Geltung. Von einer gewissen Barbara stammt ein deutscher Segen,²) welcher mit den Worten beginnt: „Matheus, Lucas, Marcus vnd als himlisch her behuet mich all tag." Wir vermuthen in der Schreiberin eine hiesige Nonne. Eine solche jenes Namens ist 1442 gestorben und im Jahre 1455 ersuchte Bischof Ulrich III. von Passau um die Aufnahme einer Barbara Vorster in den hiesigen Frauenconvent. Als 1451 das Nonnenkloster reformirt wurde, lautete eine Vorschrift des Reformbecretes: „Item so die regel sand Benedicten vil saczung... beschleusst, darumb ermonen wir, das die regel offt in deutsch in dem capitel vnd insunder gelesen werdt." Aus dieser Urkunde geht aber auch hervor, daß die Nonnen damals eine Art Pensionat für kleine Mädchen unterhalten haben, denn es heißt: „Doch aller lon, der von der aribait³) vnd phleg der kinder geben wierdt, sol hinfur in die gemain komen."

---

¹) Dieser ist nach dem Todtenbuche von Spital 1429 gestorben.
²) Edirt 1877 von Dr. Anton Schönbach in einer germanistischen Fachschrift.
³) Weibliche Handarbeit.

Um 1442 erwarb Georg Vinitor de Grecz (Greczer) für drei Pfund Pfennige eine Miscellan-Handschrift. Mehrere leere Blätter benützte er, um andere Werke, wie die „Biblia pauperum" des Albertus M. und „Aliquot dubia circa eucharistiam resoluta" einzutragen. Der Weltpriester und Organist im Stifte, Johannes Glaswein (gestorben 1443) hinterließ der Bibliothek eine Miscellan-Handschrift. Der Pfarrer Lucas Mitterperger zu St. Michael ob Leoben machte um 1443 „Homiliae patrum" dem Kloster zu Geschenk. Beiläufig zehn Jahre später spendete der Stiftspriester Sigismund die „Flores philosophiae" des Eberhardus de Valle Dei. Die „Postillae Nicolai de Lyra in evangelia" und andere Theile des Alten und Neuen Testamentes, welche sich durch prachtvolle Miniaturen (15. Jahrhunderts) auszeichnen, kamen 1457 durch den Weltpriester Conrad Kern von Krailsheim, Pfarrer zu St. Lorenzen im Paltenthale und Secretär unsers Stiftes, an dasselbe. Um 1460 stellte der Ritter Pancraz Rindschaid ein nicht weiter bezeichnetes Buch zum Abschreiben dem Abte zur Verfügung.

Im Jahre 1457 finden wir Gutmann de Mertenstein als inspector scholarum. Er hatte daher die Aufsicht und Leitung des ganzen Schulwesens. Bei Tische wurde 1463 des Hieronymus „Commentar über Jesaias" gelesen. Von 1466 bis 1483 führte den Krummstab der Abtei Johann III. aus dem vornehmen Geschlechte der Trautmannstorfer. Edel nach Geburt, war er es auch nach Geist und Gesinnung. Unter ihm lebten und lehrten Johann Nürnberger, magister artium (1467 † 1482), und die Schulmeister Lienhart (1468—1469), Chunradus (1472—1477) und Laurentius (1477) Die Rechtsgeschäfte des Klosters besorgte 1473—1476 Wolfgang List, licentiatus decretorum et jurista, welcher ein Salar von 16 Pfund Pfennig bezog. Um 1477 legte man abermals ein kleines Copialbuch admontischer Urkunden an, und fügte demselben einen Liber formularis bei. Unter Abt Johann III. entstand auch eine Reihe von Urbarbüchern, die wir hier verzeichnen: das Urbar von Obdach (c. 1465) das des Ennsthales und des Officium s. spiritus (1469), das der Hofmeisterei zu Krems (1470), das von Würflach (1474) und jenes von Reichenau in Kärnten (1480). Der Abt erwarb 1467 durch Kauf die „Historia de excidio urbis Trojae" des Guido de Columna Als Legat seines Bruders Conrad erhielt 1474 der Prior Friedrich Weigel einen „Thesaurus pauperum". Der Stiftspriester Anton Reyßer kaufte 1478 einen Miscellan-Codex.

Aber auch Gutenbergs welterobernde Erfindung kam nun schon

der Klosterbücherei zu Gute. Vom Stiftspriester Caspar Metenpeck erhielt selbe das „Catholicon" des Janua (Argentinae, Mentelin, c. 1462); der Sacristan Matthäus kaufte 1479 des Bartholomäus Pisanus de s. Concordio „Summa de casibus conscientiae" (Spirae, Peter Drach, c. 1470) und dem Abte verdanken wir den „Spiegel des menschlichen Lebens" des Rodericus Zamorensis (Augsburg 1479). Bei Tische las der Lector 1473 das „Decretum Gratiani" und 1480 die „Variae" des Cassiodor.

Johanns Nachfolger in der Prälatur, der italienische Weltpriester Antonius Gratia Dei, welcher auch eine politische Rolle spielte, war in Folge der Uneinigkeit des Wahlcapitels brevi manu dem Convente aufgedrungen worden. Über die Schattenseiten seines Wesens dürfen wir eine Lichtseite nicht übersehen. Er war ein Mann von hoher Bildung, feiner Sitte und nicht geringer Gelehrsamkeit und ein ausgezeichneter Redner. Der Bischof Georg von Chiemsee nennt 1491 in einem Schreiben an den Bischof von Brixen unsern Commendatar-Abt: „Vir tum doctissimus, tum eloquentissimus."[1] Ein Beleg seiner Beredsamkeit ist uns in einer Incunabel (Nürnberg 1490)[2] erhalten. Als nämlich 1486 der Poeta laureatus und Gesandte der Republik Venedig Hermolaus Barbarus aus Anlaß der Krönung Max I. zum römischen König an Friedrich III. eine Gratulationsrede hielt, wurde unserem Anton die Aufgabe zutheil, namens beider Fürsten einen Dankessermon zu sprechen. Diese Rede wurde gedruckt unter dem Titel: „Responsio extemporanea domini Anthonii abbatis Admontensis ad Hermolaum Barbarum, Venetorum legatum, nomine regis Romani data." Auf Antons gelehrte Bildung spielt wohl auch eine Bronzemedaille an, welche im Avers sein Brustbild darstellt mit der Umschrift: „Antonius Gratia Dei Caesareus Orator." Im Revers sieht man Apoll und die Musen auf einem Triumphwagen, welchen zwei Genien und ein Löwe ziehen.

Außerordentliche Bereicherung verdankt diesem Abte die Bibliothek. Die von ihm geschenkten oder hinterlassenen Bücher haben die eigenhändige Einzeichnung: „Anthonius abbas". An Handschriften, deren zwei erste dem 14., die übrigen dem 15. Jahrhundert angehören, verzeichnen wir: „Excerpta ex opere Francisci Mayronii intitulato: Conflatum." Johannis de Deo „Casus in Decretales". Nicolai de Dinkelsbühl „Opera aliquot". „Quadragesimale." „Sermones

---

[1] Gleichzeitiges Copialbuch des Bischofs von Chiemsee im Stifts-Archive.
[2] Hain, Nr. 2419.

de tempore." „Postilla Parmensis." „Acta concilii Basiliensis circa inmaculatam conceptionem B. V. M." Leonardi Bruni „Epistolae." „S. Hieronymi opera." Auch Engelberts Tractat „De regimine principum" wurde auf seine Veranlassung abgeschrieben.

Ein unvergängliches Verdienst erwarb er sich vorzüglich durch Anschaffung von Erstlingsdrucken, unter welchen Italien der Löwenantheil gebührt. Wir nennen selbe in chronologischer Reihenfolge, indem wir die undatirten voran stellen: Clemens de Terrasalsa „Conclusiones super summam s. Thomae". Duns Scotus „Quaestiones super universalibus Porphyrii". Desselben „Opera et Tractatus". (Venetiis.) Montagnana „Consilia medica". Perottus „De generibus metrorum". Ganfredus „Summa decretalium". Leonardus de Utino „Sermones aurei de sanctis" (Augustae in monasterio ss. Ulrici et Afrae 1474). Caraciollus de Licio Robertus „Opus quadragesimale" (Basileae, Richel 1475). Antonius Panhormita „Liber familiarium" (Neapel, Sixtus Reussinger, c. 1475). Bonaventura „Speculum B. V". (Augustae, Anton Sorg, 1476). Wilhelm Ockam „Dialogus" (Parisiis 1476). Paulus Florentinus „Breviarium decretorum" (Mediolani, Pachel und Scinczenceller, 1479). Astesanus de Ast „Summa de casibus conscientiae" (Venetiis, Leonard Wild de Ratisbona, 1480). Dionysius Halicarnasseus „Origines sive antiquitates Romanorum" (Tarvisii, Bernardinus Celerius de Luere, 1480). Jacobus de Dondis „Aggregator" (Venetiis 1481). Duns Scotus „Scriptum in IV libros sententiarum" (Venetiis, Nicolaus Jenson 1481). Rolevink „Fasciculus temporum" (Coloniae, Quentel, 1481). Caesar „De bello gallico et civili" (Venetiis, Octavianus Scotus, 1482). Ptolomaeus „Cosmographia" (Ulmae, Leonard Holl, 1482.) Gabriel Zerbus „Prologus in quaestionibus metaphisicis" (Bononiae, Joh. de Nördlingen und Henricus de Harlem, 1482). Bergomensis „Supplementum chronicarum" (Venetiis, Bernardinus de Benaliis, 1483). Craston „Lexicon graecolatinum" (Vicentiae, Dionys. Bertochus, 1483). Antoninus „Chronicon" (Nurembergae, Ant. Koberger, 1484). Flavius Blondus „Historiarum liber" (Venetiis, Thomas Alexandrinus, 1484). „Livii decades a Luca Porro recognitae" (Tarvisii, Joh. Vercellensis 1485). Nicolaus de Lyra „Vetus et novum testamentum" (Nürnberg 1485). Macrobius „Somnium Scipionis" (Brixiae Boninus de Boninis, 1485). Lud. Pontanus „Consilia" (Papiae Franc. Gyradengus, 1485). „Thucydides ex translatione Laurentii Vallae" (Venetiis c. 1485). „Valerius Maximus" (Venetiis, Dionysius et Peregrinus Bononienses, 1485). Corsettus „Repertorium ad opus abbatis"[1]) (ohne Druckort, 1486). Bartolus de Saxoferrato „Consilia" (Venetiis, Bernardinus Benalius, 1487). Angelus de Clavasio „Summa angelica" (Venetiis, Nicolaus de Francfort, 1487). Sabellicus „In rerum Venetarum libros epitoma" (Venetiis, Andreas de Toresanis, 1487). „Catullus, Propertius, Tibullus" (Venetiis, Andreas de Paltasichis, 1488). Durante „Speculum" (Venetiis, Georg. Arivabenus, 1488). Gerson „Opera" (Argentorati, Joh. Prüss, 1488.) Nic. Panormitanus „Lectura super decretales" (Basiliae, Joh. de Amerbach, 1488). Tartagnus „Consilia" (Venetiis, Bernardinus de Tridino, 1488). Aristoteles „Opera" (Venetiis, derselbe Drucker, 1489). Augustinus „De trinitate" (Basileae, Joh. de Amerbach, 1489). Paulus de Castro „Consilia" (Venetiis, Paganinus, 1489). Franc. Maron „Conflatus" (Basileae, Nic. Kessler, 1489). Angelus Politianus „Miscellaneorum centuriae" (Florentiae, Ant. Miscominus, 1489). Galenus „Opera" (Venetiis, Philippus Pintius, 1490). Eine Miniatur in diesem Druckwerke stellt den Abt Anton vor, kniend vor dem Erlöser. In der Blumenumrahmung dieses Blattes sind die Wappenschilde des Abtes und Klosters angebracht.

In des Abtes Fußstapfen traten — was die Liebe zu den Büchern betrifft — auch mehrere Conventualen. In erster Reihe steht hier Caspar Mülhofer. Durch dessen Schenkung und Nachlaß kamen 1483—1491 in den Büchersaal an Handschriften: ein Miscellan-Codex und „Sermones varii", und an Druckwerken: Heroll „Liber de eruditione christifidelium" (Reutlingen, ohne Jahr). Joh. de Francofordia „Sermones perbreves" (Ulm c. 1472). Gritsch „Quadragesimale" (Nürnberg 1483). Herpf „Sermones de tempore" (Speier c. 1484). Bonaventura „Sermones" (Reutlingen 1485). Petrus de Crescentiis „Opus ruralium commodorum" (Straßburg 1486). Paulus Florentinus „Breviarium decretorum" (Memmingen 1486). Jacobus de Clusa „Lavacrum conscientiae" (Augsburg 1489). „Textus sequentiarum" (1489, ohne Druckort). Henricus de Odendorf „Repetitio capituli ‚Omnis utriusque sexus'" (Memmingen 1490). Man ersieht aus dieser Aufzählung, daß diese Bücher, kaum gedruckt, alsbald ihren Weg nach Admont gefunden haben.

Im Jahre 1485 kaufte Friedrich Weigel ein „Missale" mit

---

[1]) Nicolaus Panormitanus, genannt abbas Siculus.

hübschen Initialen. Er schrieb in das Buch: „Que genuit Christum pro me postulet ipsum. Per miserere mei placatur ira dei." Im zweiten Jahre darnach erwarb er das „Vocabularium" des Brack (1487, ohne Druckort). Aus dem Nachlasse des 1486 an der Pest verstorbenen Nachpfarrers (subplebanus) zu Admont, Johann Metz, erhielt die Bibliothek ein „Speculum salvationis humanae" mit zahlreichen Miniaturen, und nach dem gleichfalls von dieser Seuche hingerafften Prior Georgius de Stira die „Legenda" des Jacobus de Voragine (Ulm, Zainer, ohne Jahr).

Trotzdem die Buchdruckerkunst zahlreiche Schriften mit früher ungeahnter Schnelle in die Welt sandte, gab es noch immer fleißige Mönche, welche in ihrer Zelle Griffel und Feder handhabten und Bücher schrieben. So haben wir von dem Stiftspriester, Magister und Senior Georg von Rottenmann „Sermones festivales". Auch er wurde 1486 ein Opfer der Pest. Gleiches Schicksal hatten die Priester Johannes Eysalar und Jacobus, scholastici domicellorum. Als Substrat für die Tischlesung wurden 1490 die „Moralia Gregorii M." benützt. Im Jahre 1484 entstand ein Urbar der Herrenkammer für St. Peter in der Au und 1490 eines für Elsendorf in Bayern.

Vom Jahre 1491—1501 leitete des Klosters Angelegenheiten Abt Leonhard von Stainach. Im Codex Nr. 27 sind zwei Tartschenschilde mit den Wappen des Abtes und Stiftes eingezeichnet. Derselbe enthält die Decretalen Gregors IX. und man darf wohl annehmen daß diese Handschrift (saec. XIV) von jenem Abte erworben worden sei. Ein gedruckter Valerius Maximus (Venetiis 1494) hat die Einschreibung: „Hoc volumen emptum est a quodam Anthonio Pinzkher, publico notario,[1]) familiari reverendi P. Leonardi .. abbatis Admontensis, qui notarius peste tactus volumen nostro reverendissimo reliquit." Auch ein Appianus „De bellis civilibus ..." (Regii, Franc. de Mozalibus, 1494) zeigt das Wappen der von Stainach. Der Capitular Wolfgang Pelcz spendete 1497 der Bücherei eine Handschrift der „Historia scholastica" des Petrus Comestor. Der schon mehrmals erwähnte und um unser Bücherwesen verdiente Prior Friedrich Weigel, kaufte 1498 ein geschriebenes „Benedictionale", in welchem sich auch deutsche Stellen finden. Ein Geschenk des Conventualen Valentin Stierzler ist (1499) der „Variloquus" des Melber (Hain 11027).

---

[1]) Erscheint auch als Notar bei der Wahl des Abtes.

Um diese Zeit entstand das handschriftliche „Pontificale ecclesiae Admontensis". In einer Collecte desselben wird Maximilianus princeps noster genannt und in einer Oration erscheint der Passus: „Deus, qui locum istum fundasti et in honore Marie et s. Blasii sublimasti." Weil noch in die Regierungszeit des Abtes Leonhard fallend, verzeichnen wir hier noch einige Büchererwerbungen und zwar noch durchaus Handschriften. Sigmund Welzer zu Oberwelz, Hofrichter zu Admont (1501—1503), dessen Tochter Katharina um 1498 im hiesigen Nonnenkloster lebte, schenkte ein Regel- und Gebetbuch des Ordens der Buße, und der Conventuale Bartholomäus Hochmuet erhielt von einem gewissen Florian Steger zu Weißenbach bei St. Gallen „Sermones de tempore et sanctis" und einen Mischcodex.

Häufig begegnet man in solchen Handschriften Notizen über Himmelserscheinungen und Elementar-Ereignisse. So im Codex Nr. 203 (saec. XV): „Anno 1456 mense Junii infra ss. martyrum Primi et Feliciani... visus est de mane in aurora cometa." Folgen dann noch ähnliche Nachrichten aus späteren Jahren. Ein Schulmeister Johannes erscheint 1489—1496, in welch letztem Jahre man ihm einen Ruhegehalt anwies. Ob in Folge einer drohenden Seuche oder aus Anlaß der Schulferien (?) hielten sich im Jahre 1496 die studirenden Cleriker durch 22 Wochen in dem Propsteischlosse Zeiring auf. In einer Rechnung stehen die Posten: „So sind dy herren vnd iunchkherren hye gewesen XXII wochen... dy zerung pringt LXXXXVII pfunt... so haben dy herren... XImal gepadt vnd geschoren, hab ich dem pader im marcht[1]). geben XVII ₰. XX ₰."

Die vielfachen Verdienste des Priors Friedrich Weigel[2]) gaben einem einheimischen Poeten[3]) Anlaß, dieselben zu preisen. Das Poem beginnt: „Facta Prioris calamo Friderici scribere certo." Das Gedicht datirt 1496. Das Frauenkloster besaß damals auch mehrere Handschriften. Im Jahre 1483 entlehnte Caspar Mülhofer von demselben „Homiliae Patrum" (saec. XII) und Codex Nr. 274 „Gregorii M. dialogi" (saec. XII) hat die Eintragung „Monasterii sororum nostrarum 1499."

Wir sind jetzt an der Pforte des 16. Jahrhunderts angelangt.

---

[1]) Oberzeiring.

[2]) Er lebte noch im Jahre 1501 und hatte ex voto die Kapelle St. Sebastian in Weng erbaut.

[3]) Wir vermuthen, daß es Modest Putrer gewesen sei, von welchem wir bald mehr zu sagen haben werden.

Für Admont beginnt eine traurige Zeit. Bauernunruhen, Türkenkriege, die den finanziellen Stand des Klosters auf lange hin schädigende Quart,[1]) die Einflüsse der sogenannten Reformation, welche auch innerhalb der Klostermauer Boden gewann und Sitten und Disciplin lockerte, waren Factoren, welche dem Studium, dem Unterrichte und dem geistigen Schaffen Hemmketten anlegten. Erst mit dem Abte Johann IV. Hofmann (1581—1614) sproßte neues Leben aus den Ruinen. Man würde jedoch ungerecht sein, wenn man sich Admont in diesem Jahrhundert nur als Tummelplatz des Materialismus denken und jede wissenschaftliche Regung als völlig erstorben annehmen würde. So arg war es nicht. Das Schulwesen vegetirte wenigstens, wenn es auch nicht blühte. Einzelne Äbte und Stiftsherren waren hochgebildete Männer und die Freude an Büchern war, Dank der Productionskraft der Presse, nicht geringer geworden.

Aus der ersten Zeit dieses Jahrhunderts ist ein „Directorium divini officii" auf uns gelangt. Selbes ist sehr lehrreich bezüglich der liturgischen Gebräuche des Klosters, der Feste, des Chorgebetes, des Meßritus, der Benedictionen und kirchlichen Prozessionen. Wir nehmen hier Anlaß, von einem Manne zu sprechen, der bis in die zweite Hälfte dieses Jahrhunderts eine Leuchte und Zierde des Conventes gewesen ist. Dieser ist Modest Putrer[2]) aus dem edlen Geschlechte der nachmaligen Freiherren und Grafen Buterer zu Aigen.[3]) Er wurde 1481 als Sohn des Pflegers zu Donnersbach geboren, nahm im Jahre 1495, also kaum 14 Jahre alt, zu Admont das Ordenskleid, absolvirte hier durch 8 Jahre das Noviziat, die niedern Schulen und die Theologie und erhielt 1503 die Priesterweihe.[4]) Er wurde Pfarrer zu Frauenberg (1507), zu Admont (1522—27), zu St. Gallen (1535—37), zu Gaishorn (1542—44); wurde dreimal zum Prior gewählt und starb nach 1554 als Senior des Stiftscapitels. In allen diesen Stellungen fand er Muße zu literarischer Thätigkeit. Von seiner Hand geschrieben sind noch folgende Werke vorfindlich: a) „Commentarii in epistola s. Pauli ad Hebraeos, Philippenses et Colossenses" (1527) b) „Collectio sententiarum" (1530). Ist eine Blumenlese von Aussprüchen der heil. Schrift, der Väter und von Stellen aus Irimberts und Engelberts Werken. c) „Sermones de tempore et sanctis"

---

[1]) Siehe über diese: Wichner, „Geschichte von Admont" IV. 93.

[2]) Er schreibt sich gewöhnlich „Puträr".

[3]) Eine Crescentia Puterer, wahrscheinlich eine Schwester unsers Modest legte 1501 das Gelübde im Admonter Nonnenkloster ab.

[4]) Wir entnehmen diese Daten seiner eigenen Aufschreibung im Codex Nr. 344

(1537). *d)* „Vigilia christiana" (1542), dem Abte Amand gewidmet. Der Autor erklärt darin das Wesen und die Nothwendigkeit der christlichen Wachsamkeit. *e)* „Catalogus doctorum trium ordinum s. Benedicti, Cisterciensium et Carthusiensium" (1548).[1]) *f)* „Epitome concionum" (1552). *g)* Ohne Zeitangabe ist sein „Inventarium auctoritatum Bibliae" (mit nicht ungeschickten Federzeichnungen), eine Art Concordanz in alphabetischer Wortfolge. Hier und da in Handschriften und Inkunabeln stößt man auf Ergießungen seiner poetischen Ader, so auf ein „Distichon heroicum in inthronisationem Maximiliani" und „Pro fundatore quotidianae missae s. Wolfgangi Epitaphium". Als Muster seiner Dichtungsart folgen hier zwei Proben.

In laudem passionis Christi.

Christe da nobis tua passionis
Arma deuotis modulis sonare,
Qui... in sanctis pia iam seraris
                Hostia missis.

Osculo Judae caperis, ligaris
... dire, fugiunt amici.
Testium nugas, colaphos, flagella
                Fers patienter.

Purpuras vestes calamique sceptrum,
Sputa ludentum, capitisque spinas,
Tu crucis pondus crucis atque poenas
                Fers patienter.

Felleum potum manuumque pedumque
Saucios clauos, lateris cruores,
Mortis angores, mala probra quaequae
                Fers patienter.

O Jesu mitis facias beatis
Perfrui votis, mala profugare,
Qui tuas poenas recolunt ubique
                Corde vel ore.[2])

In ein 1502 einem jungen Theologen geliehenes Buch schrieb er:

„Qui cupis Admontes fratercule tu studiose
    Discere, do tibi nunc hunc bono carpe librum.
Ne laceres istum te Blasius arceat almus,
    Sed bene porrectum frater habendo tene.

---

[1]) Diese Arbeit lehnt sich oft wörtlich an Trithemius, „De viris illustribus ord. s. Benedicti" und an Conrad Gesner, „Bibliotheca universalis". Zürich 1545.)

[2]) Einige Worte sind in unserer Vorlage unleserlich.

> Sic libet emptori Modesto, qui dedit istum;
> Vallis Anisus quemque generando tulit.
> Subdidit hunc Benedicti legibus ordo nigellus
> Admontes fratrum cetus honestus vbi.
> Almam pro quo Mariam quandoque saluta
> Lector. Parce mihi monache tuque vale."

Abermals haben wir umfassende Bücher-Erwerbungen zu registriren. Der Conventuale Bartholomäus Hochmuet (1500—1516) gab ge schenkweise: Boethius „De consolatione philosophiae" (Lovanii Joh. de Westphalia, 1487). Bromyard „Summa praedicantium" (Nürnberg, Koberger, 1485). „Epistola de miseria curatorum" (Augsburg, Froschauer o. J.). „Gesta Romanorum" (Hain 775 vom Jahre 1499). Nicolaus de Plove „Tractatus de sacramen tis" (Argentinae, Mathias Flach, 1496). Pelbartus de Temesva „Stellarium coronae benedictae Mariae" (Augustae, Schön sperger und Otmar, 1502) und desselben Autors „Pomerium (gleicher Zeit und Verlages). Petrus Hispanus „Tractatus omnes (Coloniae, 1494). Petrus Lombardus „Textus sententiarum (Basileae, Kessler, 1492). Der Stiftspriester Valentin Stierczle schenkte 1506 einen Miscellan-Codex. Auf merkwürdige Weise gelangt er in den Besitz einer Handschrift der Predigten des Peregrinus Hören wir selbst seine Angabe: „Ego frater Valentinus, monachu et professus Admontensis, comparavi hunc librum a quodam studente eo tempore jacente in magna infirmitate videlice franzos pro 1 fl. den. anno 1502 ad s. Gallum." Demselbe Frater Valentin verdankt die Bibliothek auch den „Mammotrectus des Marchesini (Nürnberg, Georg Stuchs von Sulzbach, 1489 Von dem Weltpriester Matthäus Erenberger, welcher 1504—152 als Seelsorger zu Straßgang, Lembach und St. Veit bei Graz erschein erhielt das Stift — ungewiß ob durch Geschenk, Vermächtniß od Kauf — eine ansehnliche Zahl von Druckschriften. Im Jahre 150 schrieb der Kanzleischreiber Wolfgang Rauscher eine deutsch Regel des heil. Benedict und verfaßte 1508 ein Urbar der Propst Zeiring.

Im Jahre 1508 wurde der Laibacher Bischof Christof v Rauber von Kaiser Maximilian zum Commendator der Abt Admont ernannt, welche Würde er bis zu seinem 1536 erfolgten To bekleidete. Er war ein feingebildeter, ja gelehrter Mann, scheint ab lieber die Luft des Hofes, als jene der Kirche geathmet zu haben. Sei Studien hatte er zu Wien und Padua gemacht und an diesem Or wurde er als Doctor grabuirt. Im Archive zu Oberburg befand sich seine „Oratio habita in doctoratu nostro Paduæ". Da er Bischof von Laibach, Administrator des Bisthums Seckau, Statthalter der niederösterreichischen Lande gewesen, eine große politische Rolle spielte und die materielle Lage Admonts seine Thätigkeit in Anspruch nahm, gebrach es ihm wohl an Zeit, der Schule und Wissenschaft in dem von ihm selten besuchten Kloster besonderes Aufmerk zu schenken. Ueber die höhern Studien sind wir auf lange hinaus ohne Nachrichten. Manche der Conventualen dürften zu Wien und Salzburg Philosophie und Theologie gehört haben und einige erst nach erfolgter Priester=weihe in das Stift aufgenommen worden sein. Da schon im Jahre 1501 der ganze Convent sammt den auswärts Angestellten nur 25 Köpfe zählte, dürfte unter Christof noch eine Herabminderung geschehen sein. Den deutschen Elementarunterricht ertheilten die Schulmeister Niclas (1513), Vital (1527—1532) und Thomas (1537). Doch waren einige der damaligen Ludimagistri auch in der Lage, in den Gegenständen des „Triviums" Unterricht geben zu können. Einem „Soldpuech" von c. 1518 entlehnen wir die Notiz, daß der Schul=meister acht Pfund an jährlicher Remuneration bezog und daß dem Organisten Georg Storch „von wegen des plinten puebm, den er gelernt hat" ein Pfund verabfolgt worden ist. Um dem Verfalle der Wiener Universität vorzubeugen, verordnete König Ferdi=nand I. 1535, daß sämmtliche Klöster einen jährlichen Beitrag zunächst für die theologische Facultät zu leisten hätten. Am 2. October 1539 schrieb Abt Amand an den Bischof von Seckau Georg, der=selbe möge die Schritte der Landesprälaten bezüglich dieser Contribution unterstützen.

Die Bücherei des Klosters bereicherten 1509 Modest Putrer mit einer Handschrift „Tractatus de sacramentis" (saec. XIII) und der Profeße Johann Schalmann (1508—1537) mit dem „Tractatus contra haereticam pravitatem" des Gundisalvus de Villa Diego (Romae, Joh. Hugo de Gengenbach, 1485). Herolt „Sermones discipuli" (Argentorati, Georg Husner, c. 1473) und Surgant „Manuale curatorum" (Argentinae, Joh. Prüss 1506). Der Conventuale Christof Schneeperger kaufte 1517 die „Mar=garita decreti" (Argentorati, 1499). Eine deutsche Bearbeitung der „Summa decreti" des Joh. Friburgensis (Augsburg, Schönsperger, 1495) gab testamentarisch 1520 der Kellerknecht Johannes. In einer Rechnung der Propstei Zeiring vom Jahre 1523 steht die Note: „Thewer Dankh Moshaimer". Thomas von Mosheim war damals stiftischer Verwalter daselbst.¹) Auch in dieser Zeit benützte man Handschriften zu chronikalen Vormerkungen. Wir notiren deren zwei: „Anno 1514 in festo Udalrici Maximilianus, Romanorum imperator electus, fuerat in monte interiori minere ferri,²) ad cuius maiestatis presentiam venerunt legati plures videlicet Sanctissimi, regis Anglie et ciuitatis Basilee . . .". „Anno 1521 XIII. Julii, quando fuerit incensio dierum canicularium, videlicet feria 2da diuisionis apostolorum, contra solitum cursum temporis fuit . . . tempestas frigoris et niuis . . . et durauit in tertium diem in maximum damnum frugum et fructuum Admontensium". Der Aufzeichner dieser Vorfälle war Modest Putrer. Bei Tische las man im Jahre 1529 die Werke des Cyprian.

Die Regierungszeit des Abtes Amand Huenerwolf (1536 bis 1545) ist arm an Daten, die wir für unsere Zwecke verwerthen könnten. Wir erfahren nur die Namen einiger Schullehrer, wie Wolfgang 1538—1543, Mathias (aus Wien) 1543—1545 und Christof Fetsch 1545. Im Jahre 1541 wurde ein Meister Hans angestellt mit der Aufgabe die „Junckher" zu unterrichten. Dieser dürfte die Materien des Quadriviums oder wohl gar Philosophie und Theologie gelehrt haben. Der Weltpriester und Kaplan zu St. Gallen Hieronymus Schickerl verfügte 1542 testamentarisch über seine Bücher zu Gunsten unserer Bibliothek. Fruchtbarer gestaltete sich das geistige Wirken, als Valentin Abel (1545—1568) Infel und Stab der Abtei erlangt hatte. Er verfügte über einen nicht geringen Fond damaliger humanistischer Bildung.³) In seinen Briefen verräth er Kenntniß in den alten Classikern, er correspondirte mit Gelehrten, leistete deren Arbeiten Vorschub und war bemüht, sich in der Literatur seiner Zeit allseitig zu orientiren. Er war ein außerordentlich fleißiger Kanzleimann, in den Rechtsbehelfen wohl erfahren, signirte und repertorisirte die Urkunden und Acten, welche damals in Truhen aufbewahrt wurden. In der neuen Kanzlei ließ er 1563 einen Zubau machen, um die Privilegien und Schriften sicher hinterlegen zu können. Auch hatte er sich eine eigene Handliberei geschaffen. Talentirte Jünglinge ließ er auf seine Kosten studiren. Am 12. October 1546 bestätigt der

---

¹) Die Stiftsbibliothek ist im Besitze von zwei Exemplaren der Theuerdank-Ausgabe (Nürnberg 1517), welche aber eine andere Provenienz nachweisen.

²) Eisenerz.

³) Seine religiöse Richtung, sein Hinneigen zur Lehre Luthers und den Einfluß der letzteren auf den Convent haben wir an einem anderen Orte dargelegt. Wichner, „Geschichte von Admont" IV. 178—182 und 184—187.

Grazer Schulmeister Bartholomäus Schratser (?) den Empfang von 10 floren Rheinisch „die mir sein gnadt von wegen des Khnabens Leonhardt Milperger, so in meiner Khost, leer vnd. zucht ist, geben." In den Jahren 1547—1549 ließ der Abt drei Knaben, darunter seinen Neffen Wolfgang Abel an der Domschule zu Salzburg unterrichten. Bezüglich desselben schreibt er, sein Wunsch sei, daß der „Wolferl" zunächst gut deutsch schreiben, raiten und copiren lerne, aber auch das Latein nicht vernachlässige. Die Wahl des künftigen Standes überlasse er der Neigung des Knaben.[1]) Den Bruder dieses Knaben Georg sandte er nach Augsburg, um sich im Concepte und Schönschreiben weiter ausbilden zu können.[2]) Im Jahre 1551 erscheint Christof Krall aus Admont in der Matrik der artistischen Facultät zu Wien. Es dürfte kein Fehlschluß sein, wenn wir in demselben einen Schützling des Abtes erblicken. Einen solchen hatte auch 1552 der Stadtschreiber zu St. Pölten zum Zwecke des Schulbesuches in Pflege genommen. In einem Schreiben an den Procurator Matthäus Gamp in Wien ddo. 10. September 1553 empfiehlt der Abt diesem den Knaben Georg Dettlmayr.

Neben den gewöhnlichen Beitrag, welchen die Klöster zur Erhaltung der Wiener Universität zu leisten hatten, mußten sie sich auch verpflichten, mehrere Jünglinge als Stipendiaten auf ihre Kosten in Wien studiren zu lassen.[3]) Die Prälaten machten 1554 Schritte, um diese neue Last abzuwälzen. Abt Valentin sandte seinen Kämmerer P. Wolfgang Wolf und den Secretär Christof Thenberger nach Graz, um sich mit dem Abte von Rein in dieser Angelegenheit zu besprechen. „Dieser werde neben dem herren Probst von Rottenmann die handlung der Stipendiaten halber zum pesten zu verrichten wissen."[4]) Aber alle diesbezüglichen Bemühungen giengen in Brüche; die Stipendiaten mußten erhalten werden. Im Jahre 1556 schrieb der admontische Hofrichter Christian Zaler aus Wien an den Abt: „Denen zwaien Stipendiaten hab ich abermalen ir chost biss auf khunftig Michaeli, auch (mit gunst) schuech, hemet vnd leilach ausszalt." Es waren aber drei Stipendiaten Sigismund Schilcher, Sebastian Egger

---

[1]) Derselbe übernahm später das väterliche Heimwesen, den Eisenhammer zu Lainbach bei Hieflau.

[2]) Georg ist 1568 als Secretär des Stiftes gestorben.

[3]) Muchar, „Geschichte der Steiermark" VIII. 528. Krones, „Geschichte der Karl-Franzens-Universität in Graz" 221.

[4]) Memorial des Abtes.

und Johann Joringer. Hofrichter Zaler besuchte die Bursen, welche unter der Leitung der Magister Thomas Löbersorg[1]) und Johannes Strobl standen, und erkundigte sich über das Verhalten der Studenten. Von Seite eines der Stipendiaten liegt uns folgende Quittung vor:

„Ich Sigismundus Schilher, dertzeyt des Gottshaus Admundt Stipendiat bey der hochlöblichen Vniuersität zu Wienn, bekhenn, das ich von dem Edlen vnd Vesten Christian Zaler, gemelts gotthauss hoffrichter, anstat des erwirdigen herrn Magistri Andreae Milicensiz (?) für Disciplin, Habitation vnd holzgelt eingenummen hab sechs Taller, die ich bemelten Magister gegen Quittung schuldig zuzustellen zusag. Zu Urkhundt gib dise meine Handtschrifft: Actum Wien den ailiften Februari im 57° jar.

               Sigismundus Schilher m/p."

P. S. „Mer hab ich auf aintzig mein selbs notturft 1 ℔. vnd wegen herrn Hansen Joringer, so in tödlicher Khrankheit ligt, auch 1 ℔. empfangen."

Noch im Jahre seiner Abdankung 1568 ließ Valentin einen Knaben „Peterl" nebst dessen Bruder in der Schule zu Admont unterrichten, wo sie auch völlig verpflegt wurden. Die Schulen waren zu Valentins Zeit in einem thurmähnlichen Gebäude in der nächsten Nähe der Stiftskirche untergebracht. Im Jahre 1552 wurden in einem Schulzimmer bei fünf Fenstern steinerne Stöcke eingesetzt und das Gewölbe durch eine Steinsäule gestützt. Ähnliche Baubesserungen fanden auch 1563 statt. Die Schüler bildeten vier Classen: a) Die Junker oder Jungherren, nämlich die Novizen und Clerifer, deren Studienplan ihrer künftigen Stellung entsprach. b) Die Edelknaben (Ephebi). Der obersteirische und benachbarte österreichische Landabel war darauf bedacht, seine Söhne zu Admont unterzubringen, wo Abt Valentin stets einen Kreis von Hauscavalieren um sich sammelte. c) Die Sängerknaben. d) Die deutschen Schüler. Die Schulmeister waren häufig befähigt, neben den Elementargegenständen auch Latein, classische Lectüre, Mathematik u. s. w. lehren zu können. Uns ist noch eine stattliche Reihe solcher Schulmeister bekannt. Selbe sind: Georg Sölly (1545—1546).

---

[1]) Eine Familie Loebersorg findet sich im 17. und 18. Jahrhundert zu Weißenbach bei St. Gallen.

Johann Schönsleber (1546—1548). Franciscus N. (1553 bis 1556). Conrad Ryß (Rußius 1558—1560). Lorenz Khranibiter (1554—1557). Christof Eber von Rottenmann (1560 bis 1561). Michael Gobler (1561—1562). Magister Nikolaus Carbonarius (Choler) aus Böhmen (1561). Leonhard Rueland (1562—1563). Caspar Nicander aus Baden (1563—1566). Bernhard Reichart aus Regensburg (1566). Sebald Lechner (1567). Daniel Rischius (1568). Als Praeceptor juniorum conventualium fungirte 1553 Franz Günzler. Auffallend ist es immerhin, daß diese Lehrkräfte so häufig wechselten, was gewiß nicht zum Vortheile des Unterrichtes war. Auch die Kirchenmusik litt unter solchen Verhältnissen, da ja auch die Schüler in der Kirche singen mußten. Daher ist ein Schreiben des Abtes Valentin vom Jahre 1567 an den Dechant zu Spital am Pyhrn für uns erklärlich, in welchem jener diesen ersucht, er möge anläßlich der angehofften Ankunft des Landesfürsten[1]) musikalische Aushilfe schicken, „da wir derzeit nit mit ainer starckhen Schuel versehen sein".

Valentin hatte auch eine Apotheke im Stifte eingerichtet und der Apotheker (1558—1568) hieß Simon. Als Hausarzt erscheint 1546 ein Herr Matthaeus. Als Barbiere, gewöhnlich Bader genannt, kommen seit dem 15. Jahrhundert vor: Hans Vischer (1452). Lorenz (1467—1470). Lienhard Kargl (1480—1490). Sebastian (1487—1490). Erhard (c. 1512). Ambros Perz (1518 bis 1540). Christof Paumberger (1527—1549). Valentin Paumberger (1545—1577).

Im Jahre 1547 hatte Jakob von Mosheim zu Rottenmann dem Stifte einige Zehente abgekauft. In dem bezüglichen Documente sagt der Abt, der von Mosheim habe auch versprochen, „das gotshaus Admundt mit einem tail seiner puecher zu pesserung vnserer libereien zu bedengken". Diese Zusage wurde auch erfüllt, denn aus Mosheims Donation stammen: Boccaccio „Genealogia" (Venetiis, Aug. de Zannis de Portesio 1511). Dionysius Cato „De re rustica, Varro, Columella, Palladius" (Venetiis, Aldus 1514). Euclides „Elementa" (Venetiis, Paganinus de Paganinis 1509). Lucanus „Pharsalia" (Argentinae, Joh. Prüss 1509). Perottus „Cornucopiae linguae latinae commentarii" (Venetiis, Aldus 1513). Plinius „Liber septimus naturalis historiae" (Viennae, Singrenius 1515). Plutarchus „Opuscula" (Basileae, Frobenius 1518).

---

[1]) Erzherzog Carl kam oft zur Jagd in die Gegend von Admont.

„Poetae christiani" (Venetiis, Aldus 1501).[1]) Joh. Jovianus Pontanus „Opera omnia soluta oratione" (Venetiis, Aldus 1519). Stoeffler „Calendarium" (Oppenheim, Koebel 1518). Valerius Maximus „Priscorum exemplorum libri" (Venetiis, Zannis de Portesio 1508).[2]) In Wien kaufte 1556 Abt Valentin des Georg Agricola „Alchimia" mit schönen Figuren[3]) und dem Buchführer Pankraz in Graz ließ er für Bücher 5 Pfund auszahlen. Eine etwas auffallende Notiz steht in einer Reiserechnung des Abtes 1561: „Auss beuelch Euer Gnaden dem puechdrukher geben 1 ℔. 1 ß. 10 ₰." Diese Ausgabe erfolgte in Graz. Ist hier wirklich ein Grazer Buch= drucker gemeint, dann könnte an den ersten bekannten Grazerdruck des Alexander Leopold „Bestättigung des Fürstenthumbs Steyr Perck= rechts Buechl" Graz, 8⁰, 1559 zu denken sein.[4]) In vielen werthvollen Büchern findet sich noch das Monogramm unsers Abtes V·A·A.

Der Vicar zu Öblarn Urban Ranacher verehrte 1566 dem Abte ein „sunderes petpuechl", wofür der Geschenkgeber sechs Thaler Honorar erhielt. Dem Buchführer Pankraz in Graz wurden 1565 für Bücher und Augengläser 10 ℔. verabreicht. Von verschiedenen Per= sonen, wie Gerhard von Mezdorf, Wolfgang Furtmair und anderen, wurden dem Abte die neuesten Erzeugnisse der Presse zu= gemittelt. Der gekrönte Poet und Historiker Caspar Brusch stand in nahen Beziehungen zum Abte. 1553 edirte er zu Basel Engel= berts Werk „De ortu et fine romani imperii", in dessen Vorrede er sagt: „Communicavit librum nuper mihi ... Valentinus Abel, Admontensis potentissimi monasterii magna virtute ac pruden= tia praeditus abbas." Denselben Brusch empfiehlt er 1554 an den Abt Sigismund Kogler zu St. Lambrecht, da derselbe zum Zwecke der Drucklegung „monumenta librorum annalesque" einsehen wolle; auch zahlte er für Brusch dessen Reisezehrung in Judenburg mit 6 ℔. 12 ₰. Brusch scheint von den Almosen der Klöster gelebt zu haben und fand 1599 bei Windsheim den Tod durch Meuchlerhände. Im Jahre 1562 widmete Thomas Pegaeus zu Steyr dem Abte ein lateinisches Carmen.[5]) Im Jahre 1566 legte Urban Ranacher,

---

[1]) Zwei Bände, in dieser Vollständigkeit ebenso selten als kostbar.
[2]) Jacob von Mosheim hatte diese Bücher von seinem Bruder Rupert, Domdechant zu Passau, erhalten.
[3]) Bergbau und Chemie waren seine Lieblingsneigungen.
[4]) Zu Graz kostete damals ein Buch Schreibpapier 20 ₰. und eine Seiden= schnur zur Siegelanheftung von Urkunden 8 ₰.
[5]) Handschrift im Stiftsarchive.

Vicar zu Oeblarn, dem Abte ein nicht näher bezeichnetes Manuscript vor, mit der Bitte, der Abt wolle bei der Drucklegung desselben erlauben, daß es ihm gewidmet sei. Valentin lehnte dieses ab und der stiftische Anwalt Wilhelm Amman schrieb dem Autor: „Seine Gnaden khünnen und wollen nit willigen, daß er Seiner Gnaden namen darein stellen, dann ime herrn Vrban dasselb villeicht er merers, wo er ime solches zueschreibe, nachteil, denn nutz und fürdrung bringen möchte."¹) Dem Hans Perkhamer, welcher 1567 den Linzer Jahrmarkt besuchte, gab der Abt die Weisung: „Wolst dich auch zum Vogl (?) begeben, wen er indert von schönen newen Chronikhen, Historien oder sünsten von freien khünsten, newe mappa, auch des Musculi gulden Khleinot hat vnd mir bringen." Auch nach seiner Resignation als Abt, die 1568 erfolgte,²) blieb Valentin seiner Bücherfreude getreu und verkehrte mündlich und schriftlich mit gelehrten Männern. So bestellt er 1571 durch den Secretär Lukas Windhagauer Bücher in Graz, läßt einen Herrn Khäpler³) grüßen und demselben für die neue Zeitung danken. Solche „neue Zeitungen", nämlich schriftliche Berichte über politische und Localbegebenheiten finden sich sehr oft in Zuschriften an den Abt.

War schon Valentins Zeit für Admonts moralische, wissenschaftliche und materiele Stellung keine besonders günstige, so war dies in nicht minderen Grade unter seinen zwei Nachfolgern Lorenz Lombardo (1568—1579) und Polydorus de Montegnana (1579 bis 1581) der Fall. Beide verdankten ihre Stellung nicht der freien Wahl des Stiftscapitels, sondern sie waren dem Convente aufgedrungen. Über die wissenschaftliche Befähigung des Lorenz äußerte sich der damalige österreichische Klosterrath, „Fr. Laurentius sei der deutschen Sprache kundig⁴), habe aber im Latein mehr nicht als die Grammatik, Syntax wie auch den Katechismus studirt, gleichwohl rede er Latein ziemlich perfect und sei für eine feine Person anzusehen." Höher in scientifischer Rücksicht stand Polydor. Er hatte zu Padua und Venedig mit großem Erfolge („ex pulchro studiorum cursu") seine Studien

---

¹) Damals schon war eine Commission zu erwarten, welche Valentins kirchliche Haltung prüfen sollte.

²) Er war auch der ständige, oft begehrte Rathgeber seines Nachfolgers.

³) An den großen Astronomen Kepler darf hier wohl nicht gedacht werden, weil derselbe erst 1594 in Graz erscheint.

⁴) Er war ein geborner Laibacher und Subprior des Cistercienser-Klosters Sittich in Krain.

gemacht und kam frühzeitig an den Hof des Königs Ferdinand („ubi annos circiter decem sacris officiis addictus transegi").[1]) Er war Dompropst zu Laibach, Propst zu Rudolfswerth, Erzpriester im Saunthale und besaß die Pfarrpfründen von Gurkfeld, Tüffer, Sachsenfeld und Tüchern. Er muß daher ein sehr gebildeter Mann gewesen sein.

Als Schulmeister walteten ihres Amtes im Stifte Petrus Wagner (1572—1579) und Caspar Kylian (1579—1580). Von Peter Wagner wissen wir, daß er auch den Vergil, die Briefe Ciceros, die Grammatik und den Katechismus des Canisius vorgetragen habe. Im Jahre 1576 wurden in der Apotheke und in der Bibliothek neue Fensterscheiben eingesetzt. Zum Bau des Jesuitencollegiums in Graz widmete 1574 das Stift 600 fl. Doch mußten später noch andere Summen diesem Zwecke zugeführt werden.[2]) Studenten fanden auch in Lorenz und Polydor willfährige Unterstützer. Im Jahre 1577 bescheinigt der Student Johannes Thegularius den Erhalt von 1 fl. 26 kr. zur Anschaffung der „Grammatica Despauterii", des „Catechismus major Canisii" und des „Hortulus animae". Einen Knaben Namens Clemens gab 1579 Abt Lorenz in die Jesuitenschule zu Graz. Im selben Jahre ließ Polydor seinen Neffen Andreas durch den deutschen Schul- und Rechenmeister Lazarus Witmann in Graz unterrichten.

Auch dem Administrator Polydor wollten Gelehrte und Dichter ihre Werke widmen, aber die steirischen Landstände wußten dies zu vereiteln. Aus einem Kalender-Manuscripte des Dr. Jakob Strauß ließen sie die Vorrede (Widmung) herausreißen und deren Abdruck verbieten. Dem Baccalaur der Philosophie Joh. Marcovič untersagten sie 1580 den Druck eines lateinischen Lobgedichtes auf Polydor mit der Bemerkung: „Wenn man das Gedicht drucken ließe, käme es heraus, als läge ihnen etwas an dieser Schmeichelei".[3]) Der wahre Grund dieses sonderbaren Benehmens der (protestantischen) Landstände ist in dem Umstande zu suchen, daß Polydor seiner Zeit dem Vorbringen der neuen Lehre im Saunthale einen unübersteiglichen Damm vorgebaut hatte.[4])

Wir kommen nun wieder auf Büchererwerbungen zu sprechen. Dem

---

[1]) Bruchstücke seiner Autobiographie.
[2]) Peinlich, „Geschichte des I. Staatsgymnasiums in Graz." Krones, „Geschichte der Universität in Graz" 230.
[3]) Peinlich, „Zur Geschichte des Buchdruckes ... zu Graz, im 16. Jahrhundert."
[4]) „Totum illum districtum ab haeresium labe immunem conservavi." Aus seiner Selbstbiographie.

Abte Lorenz, welcher früher dem Stifte Sittich angehörte, verdankt die Bibliothek ein geschriebenes „Processionale monasterii Sitticensis" mit Choralnoten. Im Jahre 1569 kaufte er in Graz um 3 ﬂ. 6 ₰ zwei Psalterbüchl. Dem Grazer Buchdrucker Zacharias Bartsch ließ er 1574 für einen verehrten Kalender[1]) 6 ﬂ. 12 ₰ auszahlen und der Buchführer Erhard Widmann von Waidhofen erhielt für ein Werk des Jovius 3 ℔. 4 ﬂ.. Wieder bei Bartsch kaufte er 1575 eine Müllerordnung (1 ﬂ. 10 ₰), eine Münzordnung (1 ﬂ.) und zahlte für sechs schon gebundene Bücher 7 ℔. Dem Buchführer Widmann gab der Conventuale und Pfarrer Wolfgang Daimer zu Leoben 5 fl. für mehrere Bücher, darunter das „Neue Testament" von Emser, das „Enchiridion" des Eckius, die „Summa doctrinae christianae" des Canisius, das Gebetbuch des Veropäus und Leichen- und Hochzeitspredigten. Widmann bezog 1576 für Bücher 12 fl. 7 ﬂ. 20 ₰ und Bartsch, der hier auch Buchbinder genannt wird, erhielt 1 ﬂ. 2 ₰ für einen Kalender und Aderlaßtafeln. Derselbe quittirte 1578 3 ℔. 1 ﬂ. 8 ₰ für gelieferte Bücher.[2]) Der Buchbinder Christof Forster rechnete für das Binden einer Bibel[3]) 7 fl. Von dem Buchbinder Ambros Harrer liegen ebenfalls Conten vor. Auch Widmann erhielt für fünf Kalender und zehn Laßtafeln 2 ℔. 3 ﬂ. 10 ₰[4]) und 1580 für eine Partie Druckschriften 5 ℔. Von dem Weltpriester Christof Fröhlich erhielt der Professe Marcus Widmair 1580 ein „Parochiale curatorum" von Lochmaier (Hain 10167) zum Geschenke.

Mit dem Abte Johann IV. Hofmann (1581—1614) brach wieder des Glückes Sonnenstrahl durch das düstere Gewölke, welches durch achtzig Jahre Admont beschattet hatte. Als Sohn eines Schneiders zu Kremsbrück in Kärnten 1552 geboren, kam er 1561 in untergeordneter Stellung an den Hof Ferdinand I. Der Auditor rotae und nachmalige Cardinal Scipio Lanceloto nahm ihn 1569 nach Italien mit, wo er zu Perugia das canonische Recht studirte. Nach verschiedenen Reisen in Polen und anderen Ländern nahm er 1573 das Mönchskleid zu St. Lambrecht. Abermals nach Perugia gesendet, absolvirte er hier die theologischen Studien und erhielt dann als Kellermeister seines Stiftes den Ruf zur Prälatur von Admont. Er

---

[1]) Wohl jener des Hieronymus Lauterbach.
[2]) Das Buch Schreibpapier kam damals in Graz auf 24 ₰ zu stehen.
[3]) Eine deutsche Bibel, auf Pergament geschrieben, erscheint in einer gleichzeitigen Correspondenz.
[4]) Ein Pfund rothes Siegelwachs bekam man für 1 fl.

war der weise, energische Arzt, der die moralischen und materiellen Wunden dieses Klosters zu heilen verstand. Seine Cleriker sandte er zur weiteren Ausbildung zu den Jesuiten nach Graz und er sorgte für gute Prediger bei seiner Stiftskirche. Er richtete für sich ein Studorium und Privatbibliothek ein. Den Jesuiten zu Leoben schenkte er 1613 zum Zwecke ihrer Lehranstalten 10.000 fl. und die Kirche St. Johann. Zum Cardinal Hippolyt Aldobrandini (nachmals Papst Clemens VIII.) stand er in freundschaftlicher Beziehung; derselbe hielt sich 1599 durch fünfzehn Tage in Admont auf.

Das Schulwesen leiteten: Sebastian Schwarz (1581—1582). Thomas Guetner mit dem bezeichnenden Beinamen „im rathen part" (also Barbarossa 1582—1585). Wolfgang Nitsch (1587 bis 1588). Leonhard Briggelius (1586)[1]. Paul Hebet (1590—1598). Johann Löffler (1596—1599). Zwei dieser Lehrer hatten eine höhere Bildung. Briggelius gab den Clerikern Unterricht „in humanioribus" und in der Kunst zu predigen und Löffler war Student der Theologie aus Bamberg und von ihm sagen unsere Hauschronisten: „Fratres juniores instituit". Unter Abt Johann gab es ein eigenes „Privilegia Gwelbl". Man war schon längst von der alten Sitte, Urkunden in der Sacristei zu bewahren, abgegangen. Vielleicht befand sich dieses Privilegiumgewölbe schon damals im nördlichen Thurme der Stiftskirche und ist das noch in die neuere Zeit hereinragende Thurmarchiv.

Wie seine Vorgänger war auch Johann bemüht, armen Studenten die Pfade zu ebnen. Der Student Georg Dispensator zu Graz bekennt 1583, von dem Verwalter des Admonter Hofes namens des Prälaten für Schuhe, Zehrung, Badkosten und eine Grammatik das Nöthige empfangen zu haben. Derselbe hatte schon durch zwei Jahre Unterstützungen erhalten. Der Bitte des Schülers Elias Puechner um Kleidungsbeitrag wird der Abt gewiß entsprochen haben. Im Jahre 1591 studirte zu Graz der Admonter Cleriker Johannes Heggenstaller. Von diesem liegen mehrere Bescheinigungen für Schuhe und Curkosten vor. Von einem Abte wie Johann ließ sich wohl erwarten, daß die Klosterliberei nicht die Rolle des Aschenbrödels gespielt habe. „Bibliothecam variis libris adornavit et locupletavit" sagen unsere heimischen Annalen.[2] Im Jahre 1582 wurden

---

[1] War 1575 Pfarrschulmeister in Graz.

[2] Es dürfte kaum nöthig sein, hier nochmals zu betonen, daß in Folge des Stifts- (resp. Archivs-)brandes von 1865 alle unsere Daten mehr oder minder lückenhaft sind. Die Aufgabe unserer Darstellung besteht ja darin, aus den noch vorhandenen Quellen ein Bild von Admonts wissenschaftlicher Thätigkeit zu entwerfen.

in Graz 1 ℔. 5 ℔. 24 ₰. für Bücher ausgegeben. Der Buchführer Erhard Widmer[1]) legte 1583 ein Conto von 21 fl. ein. Demselben entnehmen wir allerlei katholische Tractate und Zeitungen: Fleischmann „Reichstag", „Grammatica Lossii", „Quaestiones Donati", „Epistolae Ciceronis" und „Metropolis Salisburgensis".[2]) Eine zweite Quittung Widmers von demselben Jahre lautete auf 50 ℔. Dem Buchbinder Hans Dintermann in Graz wurde ein Verdienst von 2 ℔. 2 ℔. 20 ₰. zugewendet.[3]) Widmer, der ständige Bücherlieferant des Klosters, welcher schon längst neben seinem Buchhandel in Waidhofen ein Filialgeschäft im Grazer Landhause etablirt hatte, hatte auch 1584 eine Summe von 31 fl. dem Stifte zu verrechnen. Für die „Dialectica Toleti" wurden 1585 7 fl. 2 ℔. 24 ₰. bezahlt.[4])

Bisher waren die Grazer Buchdrucker durchaus Protestanten. Mit Georg Widmanstetter aus Bayern kam 1586 der Buchdruck in katholische Hände und blieb in seiner Familie bis gegen Ende des 18. Jahrhunderts.[5]) Buchdrucker Georg verrechnete 1587 dem Stifte 7 fl. 5 ℔. Vielleicht war das noch in der Bibliothek vorhandene Werk von diesem Jahre „Der Euangelische Wetterhan" in dieser Summe begriffen. Mittlerweile hatte sich ein zehnjähriger Gehilfe Widmers, Mathias Federer, ein eigenes Geschäft als Buchführer in Graz gegründet. Damaliger Gepflogenheit gemäß hatte er in seinem Verlage nebst den Büchern auch Schreib- und Kanzleirequisiten. So lieferte er 1588 dem Stifte 2 ℔. rothes Wachs (2 fl.), eine Scheibe grünen Wachses (2 ℔. 20 ₰.), 1 ℔. Brief-Spagat (1 fl.) und 12 Pergamenthäute (6 fl. 2 ℔.). Im Jahre 1590 ließ Abt Johann bei Widmanstetter ein „Büchlein" drucken, wofür ein Restbetrag von 7 fl. zu erlegen war. Sonst lieferte W. noch eine „Lutherisch hebamb", 5 Speculum sacerdotum und 12 Beichtbüchel P. Saxonis. Durch Federer wurden bezogen 4 Exemplare „Dialectica Hunnaei" und in gleicher Anzahl „Rhetorica Sourii". Von dem Bischofe Martin von Seckau erhielt unser Abt 1592 als Geschenk das Werk des Joh.

---

[1]) Wohl identisch mit E. Widmann und E. Widmair.

[2]) Von Wiguleus Hund 1582 zu Ingolstadt edirt.

[3]) Damalige Preise in Graz: Hölzernes Schreibzeug 2 ℔. 24 ₰.; ein Schreibzeug aus Messing 1 fl. 6 ℔.

[4]) Vom Papiermacher in Salzburg wurden fünf Riß Papier um 5 fl. 4 ℔. bezogen.

[5]) Die bei Schlossar, „Grazer Buchdruck und Buchhandel im 16. Jahrhundert" (Leipzig 1879) angeführten Drucke Georgs vom Jahre 1588 können wir um eines vermehren, nämlich Blasius Ellandus „Examen".

Dom. Heß „Gründliche... Erweisung... daß diese allein die rechte... Kirche... sey, bey und in welcher die... Succession zu finden.[1]) 1594 lieferte Widmanstetter in mehreren Exemplaren „Grammatica Emmanuelis", „Holdusii examen ordinandorum", „Fonsecae dialectica", „Toleti physica et logica" und Ciceronis „Epistolae familiares". Von Federer erhielt man 1596 „Huberti institutiones dialecticae", „Hortulus animae", eine deutsche Bibel und ein Brevier in Folio. Ein Conto des Widmanstetter belief sich auf 22 fl. 7 ß. 10 ₰.[2])

Der Stiftspriester Jakob Herzinger, Magister der Philosophie und der freien Künste,[3]) spendete der Bücherei 1598 eine „Ars notariatus" (Argentinae, 1516). Hier mag eines handschriftlichen „Breviarium monastico-Benedictinum" Erwähnung geschehen, welches sehr schöne Initiale in Farbe und Gold enthält und dem 15. Jahrhundert entstammt. Der reich ornamentirte Einband zeigt die Siglen I. H. A. A., also das Monogramm des Abtes Johann.

Unter den schon mehrmals erwähnten Saalbüchern ist das als „Liber manuscriptus I." bezeichnete das jüngste. Autor desselben ist Theodosius Lang, geboren zu Schaffhausen; er machte 1622 wahrscheinlich erst nach erfolgter Priesterweihe Profeß zu Admont, erscheint 1625 als Novizenmeister und ist 1629 als sogenannter Hofprediger (concionator egregius) gestorben.[4]) Das erwähnte Saalbuch behandelte die Geschichte des Stiftes bis zum Jahre 1589 und hatte den Titel: „Descriptio abbatum, qui a Gebehardi archiepiscopi fundatione inde ad nostri hujus saeculi notitiam usque pervenerunt inque Admontana anachoresi celebres vixerunt."[5]) Da die Chronisten unseres Hauses wohl die Schwierigkeit der Lesung der älteren Saalbücher des 12. und 13. Jahrhunderts der vielen Abbreviaturen wegen zu besiegen sich scheuten, benützten sie als jurantes in verba magistri die bequemer zugängliche Arbeit des P. Theobosius und so kam es, daß sich in Geschichtswerken selbst neuerer Zeit Un-

---

[1]) Gedruckt zu Graz 1592 bei G. Widmanstetter.

[2]) Eine Pergamenthaut kostete in Graz 32 kr.

[3]) Wurde 1615 Prior zu Arnoldstein.

[4]) Die Tradition erzählt, Lang sei als Laienbruder in das Kloster eingetreten und habe seine gediegene theologische Bildung anläßlich einer gelehrten Disputation zur allgemeinen Ueberraschung enthüllt. Als Prediger habe er einen solchen Ruf erlangt, daß Ferdinand II. den Wunsch ausgesprochen habe, eine seiner Reden hören zu können.

[5]) Nach Muchars Notiz.

richtigkeiten eingeschlichen haben. Lang ist nur eine verläßliche Autorität in Bezug auf Thatsachen, die er selbst erlebt oder von Augenzeugen gehört hat, nicht so für die ältere Zeit des Klosters, und da er selten die Urkunden zu Rathe zog, ist seine chronologische Reihe der Aebte eine fehlerhafte. Der unter dem Abte Johann lebende Prior Sebastian Nebula (1570—1616) ist deswegen merkwürdig, weil er der Lehrer des Laibacher Bischofs Thomas Chrön (Hren) gewesen war, und 1610 als Bibliothekar erscheint.

Admont im 17. Jahrhundert.

Abt Johann IV. und sein gemeinnütziges Wirken begleiten un… auch über die Schwelle dieses Jahrhunderts. Er eiferte für den ersprieß lichen Erfolg der niederen und höhern Schulbildung. Als deutsch Schulhalter werden genannt: Georg Christof Barner, Studen der Rechte aus Belgien (durch drei Jahre). Peter Pernegge (1600—1603). Heinrich Frone aus Sachsen.[1]) Simon Bend… aus Böhmen, magister artium (1610). Georg Mayr aus Sachsen.[2] Wolf Egger (1610). Georg Jorsch (1614). Da einer diese Schulhalter als Meister der Künste erscheint und ein anderer die Be fähigung zum Notariat erlangt hatte, dürfen wir wohl annehmen daß der von ihnen ertheilte Unterricht über die Rudimenta hinaus gegangen sei. Am 3. September 1608 ertheilte der Cardinal Johannes Salvagus eine Indulgenz für die Kapelle des heil. Gregor in Admonterhofe zu Graz. Da in diesem Hause schon in ältester Zei eine Kapelle des heil. Blasius erscheint, dürfte hier ein Oratorium fü die in Graz studirenden Admonter Cleriker gemeint sein. Gregor M war der Patron für die Jünger der Theologie. 1613—1617 studirt der Stiftsconventuale Melchior Zeritsch in Graz, von welchem der Abt in einem Schreiben sagte, er habe ein „guetes ingenium" Auch fremden hilfsbedürftigen Studenten wandte der Abt seine Obsorg zu. Im Jahre 1603 widmete sich zu Graz auf äbtliche Kosten ei italienischer Knabe Antonio den Wissenschaften. Dem armen Schüle Simon Mair war von dem Vorsteher des Ferdinandeums in Graz P. Marcellus Pollard, 1613 die Aufnahme in dieses Convic unter der Bedingung zugesichert worden, wenn er selbst Bett und Bett zeug mitbringe. In dieser Bedrängniß richtete Mair die Bitte an de Abt: „Wollen mir armen ein khleines Pettlein, leylicher, hill[3] ertheillen, damit ich den winter besten khundte". Johan

---

[1]) Trat nach zwei Jahren als Novize in Kremsmünster ein.
[2]) Wurde nicht ohne Einfluß des Abtes 1608 „Notarius publicus".
[3]) Leintücher und Decken.

erfüllte diesen Wunsch und war noch ferner der Gönner des jungen Menschen. Auch in das Stift verirrten sich bettelnde Schüler des Apollo und der Minerva. In einer Rentrechnung von 1613 stehen die Posten: Einem Poeta laureatus Ritterzehrung 1 fl. 2 ₰., einem Schulmeister 16 ₰.

Im Jahre 1605 widmete **Martinus Dobrovitius**, artium et philosophiae baccalaureus, dem Abte „Theoremata ex universa philosophia deprompta" (4⁰. Graecii). An Bücher-Erwerbungen haben wir wieder zu verzeichnen: Dem Georg Widmanstetter wurde im Jahre 1601 ein kleines Bücherconto ausgezahlt.¹) Der Augustiner **Christof de Montemorello** schrieb 1603 für den Abt ein Antiphonale. Der Buchführer Gerhard Wagner lieferte 1605 ein „Missale Romanum" mit Kupferstichen (14 fl. 30 kr.) und die „Disquisitiones magicae" des Jesuiten **Martin Anton Delrio** (6 fl.).²) Eine Zehentordnung kam auf 1 fl. zu stehen. Widmanstetter verrechnet 1609 für ungenannte Werke 13 fl. 15 kr. Der Propst **Peter Anton** in Mariasaal erhielt 1610 für Druckschriften 13 fl. und gekauft wurden 15 neue Tractätlein à 16 kr. Der Capitular **Benedict Hammerschall** erwarb auf dem Linzer Markte um 7 fl. 2 fl. eine Bibelconcordanz. Im Jahre 1614 erhielt der Buchführer Gregor Fürst 5 fl. 36 kr.

Obwohl unter den Conversen des Klosters gewiß, wenn auch nicht immer, doch meistens, der eine oder andere die Kunst Bücher zu binden verstand, fanden doch auch fremde Buchbinder Beschäftigung. So erhielt **Jaspar Widman** in Graz im Jahre 1600 für 17 Bücher 8 fl. und für das Aufziehen einer „Pambergerischen Mapa" rechnete er 2 fl. 20 ₰.; ferner für zwei Historienbücher 1 fl. und für das Aufziehen eines „Arbor s. Benedicti" 10 kr. Der Schulmeister **Johann Jensbrunner** (1610—1623) zu Admont betrieb neben Gesang und Kalligraphie auch die Buchbinderei. 1614 hatte er den Einband von 13 Tractatl und 44 Thesen zu besorgen.

Wir nehmen nun Abschied von dem verdienstvollen Abte Johann, den unsere Chronisten mit Recht als Restitutor monasterii feiern. Dieses großen Vorgängers würdig war sein Nachfolger **Mathias Breininger** (1615—1628) aus dem Stifte St. Lambrecht. Seine Studien hatte er zu Graz absolvirt. Dort erscheint er 1603 als Mitglied der Congregatio major verbi incarnati et originaliter

---

¹) Papierpreis in Graz das Buch 24 ₰. Ebensoviel kostete ein hölzernes Schreibzeug. Schwanen-Federkiele scheinen damals sehr beliebt gewesen zu sein.

²) Delrio lehrte 1601—1603 an der Grazer Universität.

immaculatae virginis ab angelo salutatae und erlangte 1606 das philosophische Doctorat. Zu St. Lambrecht legte er 1608 die feierlichen Gelübde ab. Seine Cleriker sandte er nach Graz, Salzburg und Dillingen in die Studien. Zu Dillingen studirte 1619 Placidus Melander. Dort schrieb er nach den Vorträgen des Professors P. Wolfgang Metzger S. J. ein Studienheft mit hübschen Federzeichnungen: „Commentaria in universam Aristotelis Logicam". Zu Graz schrieb 1624 Thomas Herkomer nach den Dictaten des P. Georg Dobronicki: „Commentarii in Aristotelis Physica et in libros de coelo". An der deutschen Elementarschule im Kloster wirkte neben dem schon genannten Gensbrunner 1616 Johann Lehler. Sehr wahrscheinlich ist es, daß manche als Cantores aufgeführte Laien, wie Michael Haym und Blasius Götsch, sich auch mit dem Schul=unterricht befaßt haben. In der Lateinschule finden wir 1622 den P. Lukas Agricola (Bauer) als Lehrer. Das Heilwesen wurde von auswärtigen Aerzten besorgt. Der Dr. Flaminius Voniga (1607-1609) wohnte zu Leoben. Jobst von der Pankh war 1614 Leibarzt des Abtes. Nach ihm kam Dr. Justus Spadon und 1628 Dr. Hieronymus Anomäus. In weniger wichtigen Fällen war der zu Admont seßhafte Bader Christof Raminger (1588—1629) zu Hand. Medicamente für die Hausapotheke bezog man aus Graz, Wien, Judenburg und Leoben.

Auch Abt Mathias ließ talentvolle Jünglinge auf seine Kosten studiren, wie 1615 Georg Zimmermann und Hans Weißmann. Der Studenten=Congregation S. Spiritus zu Graz schenkte er 1625 100 fl. Als 1619 in der Hofgasse daselbst ein neues Schulgebäude für die philosophisch=theologischen Studien errichtet wurde, war der Name unsers Abtes als Mitgründers auf einer Gedenktafel verewigt worden. Auch das Gymnasium der Benedictiner zu Salzburg war Gegenstand seiner Aufmerksamkeit und er war 1617 bei einer dies=bezüglichen Versammlung von Aebten zu Radstadt anwesend.

Auch an Huldigungen literarischer Art fehlte es nicht. Die Cleriker von Kremsmünster und Convictoren zu Graz Agapitus Kholperger und Placidus Bernhard widmeten 1615 dem neugewählten Abte Mathias ein Festgedicht.[1]) Raphael Sadeler dedicirte 1622 ihm die „Cura pastoralis Gregorii". Das zu Mainz in 12° er=schienene Büchlein trägt in Kupfer gestochen die Wappen des Prälaten

---

[1]) Hagn, „Das Wirken der Benedictiner=Abtei Kremsmünster für Wissen=schaft..." S. 76.

und Stiftes. In ähnlicher Ausstattung folgte von Seite Sabelers 1624 das zu Bamberg gedruckte und dem Abte geweihte Werk „Petra salis pauperibus relicta...." Auch die Studirenden der Philosophie und Theologie pflegten anläßlich einer Disputation oder Graduirung sich gegenseitig literarisch — meist in lateinischen Gedichten — zu beglückwünschen. Der Admonter Matthaeus Zuelechner[1]) defendirte 1619 zu Salzburg unter dem Präsidium des Jos. Burger: „Analysis theologo-juridica circa juramenti naturam, obligationem, interpretationem et dispensationem." Am Ende der zu Salzburg gedruckten Dissertation steht ein Grußgedicht seines Mitbruders Laurentius Binmiller mit dem schwülstigen Anfange: „Explicat Oebalidas geminos et Orionis iras..." Gleichzeitig richtete der Admonter Melchior Zeritsch ein Poem „Ad religiosum et eruditum F. Casparum Ableithner O. S. B. condiscipulum", welches beginnt „Componunt alii turbas numosque verentur..." Ein Romanus a Lauffen aus dem Stifte Rheinau sandte 1621 dem Admonter Urban Weber eine zu Dillingen gedruckte philosophische Dissertation. Im selben Jahre vertheidigten zu Salzburg Urban Weber und Adam Martinez unter dem Vorsitze des Sebastian Rhoer „Theses philosophicae de anima, vitae, sensus et rationis origine". Diesen Anlaß benützten fünf andere Admonter: Placidus Melander (Schwarzmann), Lukas Agricola, Laurentius Binmiller, Franz Uschal und Thomas Herkommer, um ihre poetischen Versuche an den Mann zu bringen. Die Thesen selbst sind dem Kaiser Ferdinand II. gewidmet. In der Vorrede heißt es: „Tui enim sunt Admontenses et dum ipsi stabunt, Tibi vivent."

Am 13. Mai 1619 erfolgte eine canonische Visitation des Stiftes im Auftrage des Salzburger Oberhirten durch Bischof Jakob von Seckau und Joh. Franz Gentilotti, Propst zu Völkermarkt. Eines der Decrete bezieht sich auf die Bibliothek. Es lautet:

„De Bibliotheca.

Bibliotheca vetus[2]) libris antiquis refecta est, sed cum R. P. D. Abbas pro fratrum usu alios novos coemere et comportare in animum induxerit, destinatus librorum locus asseribus contegatur contignatis, ut humor ex muro profluens illos

---

[1]) Von demselben ist noch ein Studienheft vorhanden: „Commentarius in universam Aristotelis Logicam dictante P. Alberto Keuslin O. S. B."

[2]) Damals war schon der Neubau eines Büchersaales begonnen worden, welchen dann Abt Urban vollendet hat.

non destruat; curam etiam bibliothecae alicui demandabit patrum, qui attendet, ne quid capiat detrimenti." Gelegentlich dieser Visitation sprach auch der Abt den festen Willen aus, wissenschaftlich gebildete Männer heranzuziehen.

Unter der Bezeichnung „Modus vivendi practica" gab der Abt 1622 neue Hausstatuten, wozu jene des Klosters Ottobeuern als Grundlage dienten.[1]) Dieselben enthalten nachstehende

Regulae Bibliothecarii.

1. Bibliothecam claudat diligenter, cujus claves ipse habeat, nec illas ulli sine licentia superiorum tradat, nec quemquam in bibliothecam intromittat superiore inscio et existens in ea, quod tamen ante prandium non facile fiat, clavem relinquat ad seram.

2. Libri omnes eo ordine in bibliotheca colocentur, ut singulis facultatibus suus certus sit locus proprio titulo inscriptus.

3. Omnium librorum habebit indicem distinctarum facultatum auctoribus ordine alphabetico in distinctas classes distributis.

4. In alio etiam catalogo divisis et per classes facultatibus ii libri scribantur, qui in duplo habentur, hi et loco separentur et fratribus, qui opus habuerint, in usum concedantur, quod si aliqui inutiles fuerint, superiorem admoneat, ut cum aliis melioribus commutentur.

5. Nullum librum ex bibliotheca cuiquam dabit, nisi in tabulis ad hunc usum appensis ponendo nomen ad locum libri notetur, quo restituto nomen rursus aufferatur et advertat sedulo, ne quis librum se inscio accipiat. Dabit vero libros petitos ordinarie hora exercitii.

6. Si aliqui libri extraneis accomodarentur, quod tamen sine praescitu superioris fieri non debet, curet ut suo tempore restituantur et in aliquo interim libro notabit, quinam illi libri sint et quibus eos accomodaverit.

7. Singuli libri titulis exterius inscribantur, ut facile cognosci possint, interius vero in capite cujusque haec vel similia scribantur: Ex Bibliotheca S. Blasii Admontes.

---

[1]) Christoph Hüter (Custos) aus Ottobeuren, war 1621—1624 Prior zu Admont.

8. Habebit catalogum singulorum librorum, qui pro usu quotidiano conceduntur, nec illorum loco alios dabit non restitutis prioribus. Qui extraordinarios petunt, habeant prius licentiam a Superiore.

9. Curet, ut bibliotheca valde munda et composita, quam singulis angariis semel verret et bis in anno ex libris pulverem excutiet. Praeterea singulis annis ad festum Joh. B. monebit P. Priorem, ut omnes libri in bibliothecam comportentur, quibus comportatis praesente P. Priore perlustrabit totam bibliothecam, an nulli libri desiderentur.

10. In principio Adventus et Quadragesimae catalogum omnium authorum, qui ratione temporis accomodati sunt, cum assignatione argumenti, de quo agunt, conficiat, quem catalogum Superiori tradat ejusdem ordinationem exspectans.

11. Indicem librorum prohibitorum in bibliotheca habeat et videat, ne forte ullus sit inter eos ex prohibitis aut aliis, quorum usus communis esse non debet; si reperti fuerint separentur, et nulli ad eos accessus pateat praeter eum, qui ejusmodi legendi licentiam habuerit.

Mit dem vierten Absatze dieser Instruction, der von „unnützen" Büchern handelt, kann man sich vom Standpunkte der heutigen Bibliographie wohl nicht einverstanden erklären, denn er mag verschuldet haben, daß Seltenheiten und Holzschnittwerke von großem Werthe ausgemerzt, verstümmelt und vernichtet worden sind.[1]) Ein zur Zeit des Abtes Mathias angelegter Handschriften-Katalog ist bei dem Stiftsbrande 1865 verloren gegangen.

Seit einiger Zeit wohnten Knaben, welche die unteren Schulen besuchten, innerhalb der Clausur. Der Visitator Abt Wilhelm von Ossiach ordnete aber 1625 an, daß denselben andere Localitäten anzuweisen seien. Die Schüler übten den alten Gebrauch, am Vorabend des Dreikönigfestes als Sternsänger Umzug zu halten. Im Jahre 1621 erhielten selbe 1 fl. zum Geschenk. Im Jahre 1627 erfolgte ein gemeinsamer Exodus der in Graz studirenden Benedictiner, Cistercienser und Chorherren. Einer der Professoren, P. Amignon S. J., hatte sich scharfe Bemerkungen gegen die älteren Orden erlaubt und deren Vertreter fühlten sich dadurch gekränkt. In einer Denkschrift unter dem Titel: „Causa discessus religiosorum ex convictu Graecensi..."

---

[1]) Noch jetzt sind in unserer Bibliothek Bücher mit Holzschnitten großer Meister, in welchen einzelne Ornamente theils herausgerissen, theils mit Tinte unkennbar gemacht worden sind.

rechtfertigten sie ihren Schritt.¹) Für das Copiren von Studienheften wurde damals in Graz per Bogen 12 kr. gezahlt.

Was die Anschaffung von Büchern anbelangt, bringen wir wieder einige Notizen. Im Jahre 1615 kostete ein „Julius Cäsar" 1 fl. Dem Buchdrucker Widmanstetter wurden für 120 gedruckte „Carmina" 7 fl. 18 kr. verabfolgt. Ein Buchführer aus Salzburg erhielt 15 fl. Im Jahre 1617 quittirt der Grazer Buchdrucker über 6 fl. und 1618 erscheint ein Bücherconto über 4 fl. 5 ß. Im Jahre 1620 kaufte der Abt das „Martyrologium Romanum" des Baronius (Antverpiae, Plantin 1613). Der Buchführer Grueber aus Augsburg löste 1621 die bedeutende Summe von 242 fl. 7 ß. 18 ₰. Im Jahre 1624 finden sich die Ausgaben von 1 ß. 6 ₰ für ein griechisches Disputationsbüchlein und von 3 ß. 14 ₰ für ein Werk von Gretser. Der Buchdrucker Ernst Widmanstetter, welcher wohl auch den Buchhandel betrieb, lieferte 1627 zwei Bücher des Florus (1 fl. 30 kr.), zwei Werke des Demosthenes (1 fl.), die „Ilias" des Homer (20 kr.), die „Quaestiones Tusculanae" (56 kr.) und eine „Reiss Vhr" (16 kr.)²) Im Jahre 1616 ließ man die Bücher in Judenburg binden; aber 1628 hielt man im Stifte einen weltlichen Buchbinder Namens Andreas Sonder. Für denselben wurden drei Pappbürsten um 1 ß. beigeschafft.

Von 1628—1659 führte Urban Weber (Textor) den Krummstab der Abtei. Zu Kruman in Böhmen am 20. Mai 1599 geboren, legte er 1618 zu Admont die Ordensgelübde ab. Seine ersten humanistischen Studien machte er wohl in der Lateinschule des Klosters. Einige Zeit verbrachte er zu Graz, wo er als Rector der Studentensodalität s. Spiritus erscheint. Dieses mag noch vor seiner Profeß geschehen sein. In den Jahren 1618 und 1619 finden wir ihn an der Universität zu Dillingen, wo Gabriel Bucelin sein Studiencollege war. Hier schrieb er nach den Vorträgen seines Lehrers P. Wolfgang Metzger S. J. Commentare zu Aristoteles. Im Jahre 1620 wurde er in die Matrik der Salzburger Studienanstalt eingetragen; aus dieser Zeit stammt ein Heft mit dem Commentar des P. Sebastian Rhör über das Werk „De anima" des Stagiriten, wozu ihm Fr. Nikolaus Franck aus Einsiedeln das Titelblatt gezeichnet hat. Den Schlußstein seiner theologischen Ausbildung legte er 1622 zu Dillingen. Hier schrieb er nach den Vorlesungen seines Professors einen „Tractatus de vitiis et peccatis, de legibus, de gratia et justi-

---

¹) Hagn, l. c. 217.

²) Wahrscheinlich ein asketisches Werk. Damals verkaufte man zwei Buch Adlerpapier um 18 kr. und eine Papierschere für 50 kr.

ficatione.¹) Nachdem er 1623 die Priesterweihe empfangen und 1625 bis 1628 als Prior fungirt hatte, erhob ihn das Vertrauen seiner Mitbrüder auf den äbtlichen Stuhl, und seine Wirksamkeit als Abt war eine derartige, daß ihn unsere Hausgeschichte mit Fug und Recht als „Tertius Fundator" preisen darf.

Seine Verdienste um das Studienwesen zu Admont sind nicht gering anzuschlagen. Zwar waren schon unter seinem Vorgänger Anstrengungen gemacht worden, das Schulwesen zu verbessern. Urban aber hielt sich den Plan vor Augen, ein öffentliches Gymnasium zu errichten, damit die Jünglinge Obersteiermarks es nicht mehr nöthig hätten, nach Graz zu wandern. Im Jahre 1640 war P. Justinus Haid Präfect der Lateinschule; ihm folgten in diesem Amte 1641 Georg Michelitsch, 1642 Erasmus von Altmannshausen, 1643 Mathias Raibl und 1644 Bonifatius Mayrhofer. Endlich im Jahre 1644 trat das neuorganisirte Gymnasium ins Leben. Der Abt verband mit diesem ein Convict für zwölf Schüler, welche im Stifte die volle Verpflegung fanden. Anfangs waren nur zwei Classen und 1650 kam eine dritte hinzu. Der Studienplan war im allgemeinen dem der Jesuiten in Graz angepaßt. Als Präfecten (Rectores) fungirten Rupert Rehm (1644—1649), Christoph Schmuck (1649), Aegid Rizinger (1653) und Berthold Perger (1655). Die Genannten waren zugleich Professoren der Rhetorik und Poesie. Für Grammatik und Syntax erscheinen die Lehrer Vitalis Willmann (1647), Amand Gartner (1653) und Rudolf Graf Kazianer (1655). Sämmtliche waren Stiftspriester. Als Muster rhetorischer Übungen ist noch vorhanden: „Dialogus inter s. Benedictum et duos condiscipulos... Admontes 1651 habitus in scholae Poeseos museo."

Neben diesen vor einem mehr beschränkten Auditorium gehaltenen oratorischen Übungen finden wir auch dramatische Aufführungen, das Studententheater. Die Stoffe waren der heil. Schrift, der Kirchen- und Profangeschichte entnommen und mit mythologischen Personen und Handlungen untermischt. Die Sprache war mit wenig Ausnahmen die lateinische und es wechselte gebundene und prosaische Rede. Am Schlusse des Stückes wurde gewöhnlich der Abt, als Mäcen der Studirenden,

---

¹) Dieses Heft ist auch deswegen merkwürdig, weil Urban in demselben zweihundertzwei Namen seiner Mitschüler verewigt hat. Auch andere Studienhefte Urbans sind noch vorfindlich, wie ein „Commentarius in ll. de coelo et mundo", „Commentarius in Summam s. Thomae," „Tractatus de incarnatione" und ein zu Graz geschriebener „Tractatus de poenitentia".

gefeiert. Die Verfasser der scenischen Spiele werden selten genannt, sind aber meistens Lehrer des Gymnasiums. Solche Schauspiele, theils im Manuscript, theils im Drucke sind in ziemlicher Anzahl noch vorhanden und bei vielen sind die Namen der Agirenden angefügt. Im Jahre 1652 wurde dargestellt: „Miseria personata"; 1653 „Alea seu fortuna et infortunium", und 1654 „Conradinus, ultimus ducum Sueviae, Neapoli jussu Caroli, ducis Andegavensis, securi percussus, in scenam Admontensem jambis strictioribus datus opera fratris Sebastiani."[1])

Im Jahre 1630 wurde den Novizen gestattet, auch während ihrer Probezeit den Studien zu obliegen und man gieng in liberaler Weise soweit, ihnen in Bezug auf das Chorgebet nur das „Matutinum" und „Complet" zur Pflicht zu machen, für die übrigen Tagzeiten trat Dispense ein. Auch Urban schickte seine Jungherren zum Zwecke der philosophischen und theologischen Studien nach Graz, Salzburg und Dillingen. Im Jahre 1630 zog eine Schaar von Admonter Clerikern unter Führung des P. Adam Martinez zu den Schulen von Salzburg und Dillingen. Der Zug bestand aus eilf Personen mit sechs Pferden. Die Reise führte über Radstadt, Golling, Salzburg, Waging, München, Augsburg nach Dillingen. Die Kosten beliefen sich auf 207 Gulden. Unter diesen Studenten sind uns bekannt: Gregor Miculic, Blasius Schraeger und Maurus Haidmann. Einer dieser Cleriker schrieb 1632 in sein Studienheft: „Hactenus Dilingae, ubi ob imminentiam hostium studia nostra interumpenda fuere ideoque domum etsi non sat hilari animo tetendimus ac patriam uno medioque anno absentes revisimus. Die V. Aprilis occupare voluit Suecus Donaberdam nonnisi VI Dilinga dissitam horis et altera die occupavit, quare nos Dilinga fugam capescere oportuit." Zu Salzburg studirten 1637 Aegidius von Praun und Erasmus von Altenhausen. Die Einschreibegebühr in der Akademie betrug für beide 1 fl. 30 kr. Zu Salzburg schrieb 1630 Justinus Haid die Vorträge des P. Simon Fürbas von Scheyern, nämlich Commentare über die „Libri meteorologici, de coelo, et de ortu et interitu". Desgleichen 1642—1643 Rupert Rem die „Acroamata physica sive libri VIII Physicorum cum IV de coelis" des P. Willibald Lendlin von Ochsenhausen. Gelegentlich des Baccalaureats des F. Erasmus mußten als Beitrag 2 fl. gezahlt werden. Zu Graz schrieb 1630 Fr. Basilius Mastalon, controversiarum

---

[1]) Sebastian Guetrather, 1641—1684.

et philosophiae auditor, nach den Vorträgen des P. Vital Pellizerolli S. J. „Disputationes controversiarum ad praecipua fidei catholicae fundamenta pertinentium."¹) Im Juli 1634 mußten unsere Studenten der Pest wegen nach Hause wandern. Im Jahre 1636 wurden drei Admonter, Friedrich Schumius, Raimund Baron von Rehling und Gebhard Finckenauer als Litentiaten der Philosophie graduirt. Vom ersten ist ein Collegienheft noch vorhanden, in welchem er die „Disputationes in II libros de ortu et interitu" seines Lehrers P. Leonhard Bach in S. J. eingetragen hat. Christoph Schmuck brachte 1640 den „Commentarius logicalis universae philosophiae peripateticae" des Paul Rosmer S. J. zu Papier. Die Ferien dauerten um diese Zeit zu Graz September und October und zu Salzburg Juli und August. Vom Jahre 1649 an wohnten alle unsere Cleriker in Graz im Admonter Hofe, da sie früher zum Theile im Convicte untergebracht worden waren. Matthaeus Solderer und Adalbert Heufler machten 1651 das Baccalaureat der Philosophie. Zu Salzburg defendirten 1658 die Baccalaurei philosophiae Augustin Praun und Coelestin Egger unter dem Präses P. Maurus Oberrascher Thesen unter dem Titel: „Rivi logici ex fonte Aristotelico deducti in unum hortum conclusi." 1626 schrieb F. Basilius Mastalon zu Graz nach den Vorträgen des Jesuiten Alexander Rokha „Quaestiones in Logicam Aristotelis". (Gemaltes Portale mit dem Stiftswappen und den Heiligen Benedict und Blasius.) F. Blasius Schröger hinterließ „Organum Aristotelis ad praelectiones P. Simonis Fyrbas Schirensis exceptum." Salisburgi 1633. Vom F. Friedrich Schumius sind uns mehrere Grazer Studienhefte erhalten. So „Disputationes in libros Physicorum" nach P. Leonhard. Bachin 1635. „Logica P. Bernardi a Thannhausen et Physica P. Leonardi Bachin." 1636. „Tractatus de actibus humanis P. Zachariae Trinckelii" und „Tractatus de sacramentis P. Joannis Gomez Agraz". 1638. F. Erasmus von Altmannshausen schrieb ein Schulheft „Tractatus in Organum Aristotelis". 1637. Ebenfalls zu Graz sammelte 1638 F. Marcus Mabon die „Disputationes in ll. Physicorum" des P. J. B. Zuandonella.

Zu Salzburg waren 1649 folgende Promotionstaxen: Für das Baccalaureat der Akademie 3 fl., dem Pedell 50 kr., den Trompetern 14 kr.

---

¹) Stiftsbibliothek. 4°. Als Titelblatt eine Tuschzeichnung, ein Portal vorstellend, mit den Figuren eines Orthodoxen und Häretikers.

und dem Pulsator 10 kr. Für das Magisterium der Akademie 6 fl., für das gebräuchliche Mahl 3 fl., dem Pedell 1 fl., dem Pulsator 30 kr., den Musikern 40 kr. und für den Mantel (pro epomide) 15 kr. Zu Dillingen erlangten 1657 den Grad des Baccalaureates Edmund Manicor, Gebhard Hoesch, Michael Seitz und Wilhelm Perger.

An der Salzburger Hochschule bestieg der Admonter Raimund Baron Rehling 1644 die Lehrkanzel der Philosophie und 1648 jene der Moraltheologie. Als Assistent fungirte er 1666 und als Präses 1669. Abt Urban, welcher zweimal (1646 und 1655) das Präsidium der 1641 errichteten Salzburger Benedictiner-Congregation bekleidet hatte, und als erster Visitator derselben seines Amtes waltete,[1]) war sehr freigebig, wenn es sich um Beförderung von Unterrichtszwecken handelte. Den Jesuiten zu Krumau und Leoben gab er jährlich Geld zur Anschaffung von Schulprämien, dem Collegium in Graz verehrte er einen landschaftlichen Schuldbrief per 3000 fl., der Universität zu Salzburg schenkte er das um 2000 fl. erkaufte Schlößchen Münchstein daselbst[2]) und wies 1658 der akademischen Bibliothek Geld und Bücher zu. Urban vollendete auch im Stifte den Bibliothekssaal, welcher sich in einer Länge von 111 Fuß erstreckte und bestimmte für die Bücherei eine Jahresdotation von 300 fl.

Es ist einleuchtend, daß einem solchen Gönner der Wissenschaften und Schutzherrn der studirenden Jugend Gelehrte und Schulen Ovationen in Form literarischer Werke dargebracht haben werden. P. Matthäus Weiß von Andechs, Rector der Salzburger Universität, sandte ihm 1628 mit eigenhändiger Dedication ein Exemplar seiner „Logica sive Organum Aristotelis novis commentariis in mente peripatetica illustratum". Der Candidat der Medicin und Magister der Philosophie an der Universität zu Wien, Georg Rineger, widmete ihm 1632 eine „Disputatio medica de purgandi ratione" (Viennae 4°.). Der ehrsame Andreas Peschku „Schuel- und Rechenmaister" in Graz, offerirte ihm 1635 eine Handschrift: „Inotheca seu präparatio vini". P. Roman, der spätere Abt von Seon, bedicirte 1638 unserem Abte die aus dem Spanischen übersetzten Predigten des Anton Perez. Das Gymnasium zu Leoben widmete ihm 1642 das Schauspiel „Joannes Arimandonus, gente Japon., religione christianus, animae dominus ... perfide trucidatus". (4°. Graecii). Hierauf

---

[1]) „Vir de ordine et universitate optime meritus" nennt ihn die „Historia ... universitatis Salisburgensis" 81.

[2]) Hübner, „Beschreibung von Salzburg". Salzburg 1792. I. 473.

folgte 1649 von derselben Anstalt das scenische Spiel „Athleticum certamen Astionis et Epicteti martyrum" (Graecii 4⁰.). Das Gymnasium zu Krumau stellte sich ein mit dem Schauspiele „S. Caecilia, Romana virgo et martyr..." (4⁰. Lincii) und brachte 1653 eine weitere Weihegabe mit dem Stücke „Job timens deum ex humilitate et patientia gloriosus" (4⁰. Lincii). Von höherem Werth als die angeführten Widmungen war jene des berühmten Abtes von Anhausen, Carl Stengel, welcher Admont besucht hatte. Er dedicirte unserm Abte seine „Hierologia" (Ingolstadii 1653, 4⁰.) und preist in der fünf Seiten langen Widmung die hohen Verdienste desselben.¹) Der Pedell der Wiener Universität, Jonas Ritter, dedicirte 1654 „Oratio habita Viennae coram excelso inferioris Austriae regimine in renovatione magistratus civici... per rectorem archigymnasii Viennensis..." (4⁰. Viennae). Das Gymnasium zu Krumau brachte das Schauspiel „Philoplutus sive epulo e divinis fastis toti orbi notissimus"²) und die stiftischen Cleriker zu Graz legten dem Abte ein „Epicinion honoris" zu Füßen. Sein ehemaliger Mitschüler zu Dillingen, Gabriel Bucelin, widmete ihm 1656 die „Annales Benedictini". Vom Jesuiten-Gymnasium zu Leoben wurde 1658 dem Abte unterbreitet das Schauspiel „Die heiligen Barlaam und Josaphat, Indianische Sonnen" (4⁰. Graecii). Als am 28. Jänner 1659 die irdische Hülle unsers Abtes in der Barbarakapelle der Stiftskirche beigesetzt wurde, brachte ihm P. Roman Müller, Prokanzler der Salzburger Universität, die letzte Huldigung einer Leichenrede: „Gloria in conversatione gentis suae oder Herzliches Ansehen im guten Wandel vor seinem Volke" (4⁰. Salzburg).

Die gelehrte Thätigkeit unter den Conventualen fand auch zur Zeit Urbans ihren Ausdruck, wenn auch selbe sich mehr in der Abschrift oder Compilation aus Werken fremder Autoren, als durch selbstständige Operate kund gab. Im Jahre 1650 copirte P. Marcus Mabon, Ritter des heil. Graborbens, die „Feriae academicae" des Georg von Fortiscuto (Duaci 1630, 12⁰.). Im Anhange gab er ein „Drama de phantasiis seu insaniis humanis". Am 6. November 1656 verschied im Alter von fast achtzig Jahren der Senior des Hauses, P. Benedict Hammerschall, zu St. Lambrecht 1576 geboren und unserem Kloster durch die Profeß seit 1598

---

¹) Auf dem Titelblatte, gestochen von Wolfgang Kilian, sieht man das Wappen des Abtes Urban und eine sehr klein gehaltene Ansicht des Stiftes Admont, die älteste, die wir bisher kennen.

²) Handschrift im Stiftsarchive.

angehörig. Er war die lebendige Chronik des Hauses und es ist sehr zu beklagen, daß viele seiner Aufschreibungen verloren gegangen sind. Er hatte noch das alte Kloster vor den Um= und Neubauten durch die Aebte Mathias und Urban gesehen und manche Reformen in capite et membris erlebt; ihm ist manche Nachricht zur Geschichte Admonts zu verdanken, so die Beschreibung der Stiftskirche vom Jahre 1598 und die eingehende Schilderung eines alten Flügelgemäldes.[1]) Eine Chronik des Klosters von c. 1620 ist nur noch in Fragmenten vorfindlich. Werthvoll sind die von ihm gesammelten Decrete der Visi= tationen des Stiftes und seiner Pfarren aus den Jahren 1619 bis 1640, besonders durch die Beschreibung der einzelnen Kirchen. Er war ein fleißiger Abschreiber. Mehrere Handschriften (Autographe) der Biblio= thek und des Archives enthalten, um nur Einiges zu notiren: „Con- stitutiones Cassinenses et Sanlambertinae," „Bullae variae summorum pontificum," ein „Necrologium Admontense" 1607 bis 1651, des Jakob Rosolenz bekannten „Gegenbericht" (wider David Rungius), zwei Spottlieder auf Luther und eine „Relatio de ad- mirandis quibusdam apparitionibus in domo probationis (S. J.) s. Annae Viennae factis". Von einem ungenannten einheimischen Autor wurde ein „Panegyricus de viris illustribus monasterii Admontensis"[2]) verfaßt, welcher in schwülstiger Form das Lob der Aebte und hervorragender Mönche verkündet.

Wieder finden wir Anlaß, den Erwerb von Büchern zu verzeichnen. Zu Dillingen wurde 1630 gekauft: „Compositio pacis inter principes imperii".[3]) Der Buchbinder Balthasar Schneider (in Graz?) über= reichte eine Rechnung über 29 fl. Unter den gebundenen Büchern erscheinen „Opera Drexelii", „Annales" (welche?), Bonacina, Barbosa, Gold- ast, Suarez u. a. Im Jahre 1635 druckte Christoph Katzenberger in Salzburg 300 Exemplare eines Carmen für den Abt. Von dem Buch= händler Johann Unersperg auf dem Linzer Markte nahm man Men- doza „In libros Regum", Puteani „Diva virgo", Paraei „Historia profana", „Martyrologium romanum" und Kempis „De imitatione Christi". Christof Hofmann zu Salzburg quittirte 1636 über 21 fl. 8 ß. für geschriebene und gedruckte „Ordinari Zeitungen" und im Jahre 1643 erhielt Joh. Karl Khan in Graz als Bestallungs= gebühr für „wöchentliche gedrukte Ordinari Zeitung" einen Startin Sausaler Wein. Geschenkweise erhielt die Bibliothek um 1638

---

[1]) Vergl. Wichner, „Geschichte von Admont" IV. 229—232.
[2]) Cod. Bibliothecae, Nr. 910.
[3]) Fürstentag zu Regensburg.

zwei Handschriften und zwar vom Hofrichter Thomas Ernst von Ereustein ein Formelbuch und durch den Stiftspriester Aemilian von Troilo das Stammbuch des Karl von Troilo.¹) Ein „Missale romanum" kam 1649 auf 7 fl. 30 kr. zu stehen. Zu Admont finden wir 1643 eine eigene Stifts=Buchbinderei jedoch außer der Clausur.²) Eine ebenso ansehnliche als werthvolle Vermehrung unsers Bücher= schatzes erzielte Abt Urban durch den Ankauf der Bibliothek des Joh. Caspar von Dornsberg, welche besonders reich an italie= nischen Werken war. Wir müssen der Masse wegen darauf verzichten, nur einige derselben namhaft zu machen und bemerken nur, daß jedes einzelne Buch das im Kupfer gestochene Ex propriis mit dem Wappen des vorigen Besitzers aufweist.³)

Vertreter der Sanitätswissenschaften unter dem Abte Urban waren die Doctoren der Medicin: Nikolaus Holzäus (1631), Gabriel Nasibl (1632—1638), ein gewisser Carchosius und Magyr, Georg Fux alias Rinegger (1634—1648), Joh. Christoph Pföderl (1648) und Wolfgang N. (1652). Die Wund= ärzte (Bader): Johann Stibich (1629—1646) und Johann May (1646—1663). Die Pharmaceuten: Jakob Bayrmiller (1641 bis 1644), Joh. Christoph Winger (1644—1646) und Bartholo= mäus N. (1646).

Am 10. Februar 1659 beriefen Admonts Capitelherren den Prior Raimund von Rehling zur Prälatur. Im Jahre 1625 lesen wir seinen Namen in der Matrik des Salzburger Gymnasiums. Zu Ad= mont machte er 1633 die feierlichen Gelübde und schenkte bald nachher aus seinem Patrimonial=Vermögen 3000 fl. der Salzburger Universität. In den Jahren 1635—1636 studirte er in Graz, wo er nach den Vorträgen des P. Leonhard Bachin, S. J., die „Disputationes in VIII libros Physicorum" niederschrieb. Sein Talent führte ihn auf die Lehrkanzeln der Salzburger Hochschule, wo er 1644 bis 1646 Philosophie, 1648—1651 Moral vortrug, 1666 als Assistent und 1669 als Präses gewählt wurde. Von Früchten seiner Muse und

---

¹) Ein von Theodor de Bry mit Kupferstichen ausgestattetes Werk „Em- blemata... Stam- und Wapenbuchlein", Frankfurt a. M. 1592, benützte Karl von Troilo, um auf den eingeschalteten leeren Blättern durch seine Studiengenossen deren Namen, Devisen und Wappen durch Schrift, Feder und Pinsel verewigen zu lassen. Die Eintragungen umfassen die Zeit 1599—1609 und geschahen zu Siena, Triest, Bozen, München, Dillingen und Freiburg i. Br.

²) Ein französisches Federmesser kostete 1650 zu Graz 12 Groschen.

³) Auch aus dem 16 Jahrhundert sind viele Bücher mit dem in Holz geschnit- tenen Expropriis eines gewissen Francus vorhanden.

Muße sind bekannt: „Relatio logica" (gedruckt zu Salzburg 1646) und ein leider verlornes Manuscript asketischen Inhaltes, betitelt: „Geistliches Taubenhaus". Im Archive liegen auch die Concepte seiner Reden, die er 1673 bei der Visitation des Nonnenklosters Studeniß gehalten hatte. Wir bringen hier einige Notizen aus Raimunds Memorabilienbuche, welches aus seinem letzten Lebensjahre 1678 datirt und seinem Eifer für Wissenschaft und Unterricht das schönste Zeugniß gibt. „Auf die Bibliothec sollen jährlich 300 fl. angewendet worden seyn, wan aber nur 100 Taller sollen jährlich gerechnet werden, bringt dies von 16 Jahren 2400 fl." Ferner notirt er, daß seine Cleriker in zwei Jahren zu Dillingen 3000 fl. und zu Salzburg 6000 fl. erfordert haben. Für „Theses et gradus" giengen auf 3000 fl. Für das Theater in Salzburg spendete er 1500 fl. und für die dortige Bibliothek 1800 fl. Der Bau des Studentenstöckels im Admonterhofe zu Graz nahm 3300 fl. in Anspruch.

An der Salzburger Universität lehrten zur Zeit des Abtes Raimund die Admonter Adalbert Heufler zu Rasen, Professor der Philosophie 1658, der polemischen Theologie 1665, Decan der philosophischen Facultät 1659—1660 und Prokanzler 1667—1668; Edmund Manincor von Cassez, Dr. der Theologie, Professor der Ethik 1667 und der Polemik 1677; Michael Seitz, Professor und Decan der Philosophie 1667—1668.

Der Hauptzug der Admonter Studenten gieng von nun an nach Graz, wo das stiftische Haus bequemeren und billigeren Unterstand bot. Wir sind in der Lage, einen großen Theil dieser Kloster-Alumnen nennen zu können. In Rechnungen des Admonterhofes erscheinen: 1660 Richard Kleier, Christian Salvador, 1662 Rochus Schroz, Hilarius Frölich, Willibald Hafner, Edmund Manincor, Gebhard Hösch, 1663 Gabriel Beckh, 1666 Victorin Deichtgraber, Emmeram Schütz, 1657 Roman Vucovič, Dominik Hüttegger, Hermann Mörz, Caspar Schmidlin, 1668 Ernst Bohr, Leopold von Staindler, Albert Baron von Rost, Franz von Staindler, Vital von Wallich, Max von Clavenau, Placidus Baron Andrian, Raimund von Vierholz, Modest von Prevenhuber, 1671 Bernhard Hiebler, Godfried Baron Gold, Blasius Lendlmayr. Leopold von Staindler schrieb eine „Logica compendiosa" nach den Vorlesungen des P. Stephan Zeikowitsch, S. J. Diese Studenten standen unter Aufsicht eines Präfecten, gewöhnlich eines jüngeren Priesters. Zu Salzburg betrieben ihre Studien 1669 Urban von **Prevenhuber** und 1672 **Andreas Guigler**. Unsere Cleriker zu Graz unterhielten sich in freier Zeit mit Bolzschießen im Schlosse St. Martin oder machten Ausflüge auf den Schöckel, nach Vorau, Fürstenfeld, Marburg, Studenitz und Gonobitz. Im Jahre 1663 defendirten unter dem Präses P. **Ferdinand Acatius**, S. J., die Admonter Baccalaureen **Constantin Geyer**, **Hilarius Frölich** und **Gabriel Beckh** „Conclusiones ex universa philosophia" zum Zwecke des Doctorates. Als Rectores congregationis majoris B. V. fungirten 1661—1662 **Edmund von Manincor** und 1665 **Christian Salvador**, artium et philosophiae magister. Unter den Ausgaben für unsere Cleriker erscheinen 1665 Rauchgeld[1]) in der Schule 3 fl. 45 kr., Opfer 1 fl. 6 kr., dem Schulheizer 1 fl. 30 kr. und Komödiengeld 3 fl. 30 kr.[2]) Im Jahre 1673 betrugen die Gebühren zur „Erlangung des Grades" für vier Fratres 60 fl. Zu Salzburg war 1667 **Godfried Baron Gold** in der Matrik der Universität und des Convictes eingetragen. **Urban Prevenhuber** vertheidigte daselbst 1669 „Theses ex universalibus Porphyrii" und 1672 zahlte er 30 kr. als Einschreibegebühr in die juridische Facultät. 1661 datirt ein Studienheft des F. **Ferdinand Eder**, eine „Logica et Dialectica Thomistica" nach Professor P. **Kilian Halmschmidt** von Lambach. Unsere Salzburger Studenten suchten öfters in Abtenau Erholung.

Das von dem Abte **Urban** reformirte Gymnasium im Stifte fand auch unter **Raimund** sorgfältige Beachtung. Als Präfecten finden wir 1674 **Constantin Geyer**, zugleich Professor der Rhetorik und Poesie. Als Professor der Humaniora wirkten c. 1661—1669 **Michael Seitz** und **Willibald Hafner** und in den unteren Classen um 1674 **Dominick Hüttegger**. Leider sind die bezüglichen Quellen aus jener Zeit verloren gegangen. Im Jahre 1667 zählte die Anstalt 39 Schüler, darunter mehrere Adelige. Für den Unterricht wurden beigeschafft acht Lehrbücher der Syntax und eine Rhetorica. Ueber das Studententheater sind wir ohne alle Nachricht.[3]) Den deutschen Schul-

---

[1]) Die von einem Priester der Stadtpfarre besorgten „Incensationes" zu Weihnachten, Neujahr und am Dreikönigsfeste.

[2]) Beitrag zu den Kosten der akademischen Theaterstücke, welche mit vielem Pomp ausgestattet waren.

[3]) Der Abt war gewiß ein Freund der dramatischen Kunst. Dem Komödianten **Hans Ernst** in Graz ließ er 1665 eine Gnadengabe von 63 fl. zukommen und 1660 hob er im Vereine mit mehreren Cavalieren ein Kind des Schauspielers **Johann Jainkle** in Graz aus der Taufe.

Unterricht besorgte 1666 Johann Schamayr. Das Archivswesen war einem geeigneten Stiftspriester anvertraut. Zwischen 1650—1660 erscheinen Engelbert Niggel und Christoph Schmuck als Archivare. Letzterer trug 1659 in ein Copialbuch 744 Privilegien ein. Das Archiv war in einem gewölbten Gemache des nördlichen Kirchthurms sicher untergebracht. Die Agenden der Bibliothek besorgten Anselm Grueber und Aegid Nizinger. Die laufende Dotation der Bücherei betrug jährlich 300 fl. Doch gieng man öfters über diese Summe hinaus, denn in den Jahren 1660—1662 wurden zusammen 1346 fl. verausgabt.

Unter Abt Raimund waren mehrere Capitularen literarisch thätig, wie dies ihre theils gedruckten theils handschriftlichen Werke bezeugen. Der im Jahre 1659 gestorbene Marcellin Breinmann schrieb einen Theil der Chronik des Frauenklosters Göß bei Leoben.[1]) Von dem 1660 abgelebten Roman Hopfgartner sagt die Todtenrotel: „Arbitraria ejusdem studia, quibus delectabatur plurimum, diversae matheseos species numerebantur".[2]) Auf dem Felde der Paläographie und Naturwissenschaft scheint Engelbert Niggel († 1661) Hervorragendes geleistet zu haben. Die Rotel verkündet sein Lob mit den Worten: „In verbis, herbis et lapidibus funebre ejus symbolum. Abstrusorum verborum antiquioris scripturae prope peritus archivo destinatus in multum sensum enucleavit, herbarum notitiam plurimum amavit, lapides e terrae visceribus frequens eruit in iisque venas minerales nec infelix sedulo perquisivit." Auch Werke alter Autoren schrieb er fleißig zusammen. So verdankt unsere Bibliothek ihm die Abschrift (Jahr 1653) von des Abtes Engelbert Tractate „De statu animarum post mortem", von welchem jetzt zu Admont keine ältere Handschrift vorhanden ist. Unter dem Collectiv-Titel: „Manuale varia ad vitam religiose instituendam necessaria complectens documenta" vereinigte er abschriftlich Theodomari Cassinensis „Epistola de observantia monasterii sui", „Regula monachorum", Julii Priscianensis „Tractatus de professione monastica", Peraldi „Tractatus ejusdem materiae" und Johannes Venetus „De vitio proprietatis". Roman Bucovič schrieb 1661 einen „Libellus meditationum". Dem verdienstvollen Rupert Rem († 1663) widmet die Rotel den Nachruf: „De musis et musica optime meritus, studiosae juven-

---

[1]) Veröffentlicht von Dr. von Zahn in „Steierm. Geschichtsblätter" Jahrg. 5.

[2]) Seine mathematischen Studien müssen sehr beachtenswerth gewesen sein, weil unsere Roteln gewöhnlich nur das asketische Moment zum Ausdrucke bringen.

tutis diurnus magister aliquod dolori temperamentum reliquit, quod vivat etiamnum in discipulis". Marcus Mabon ließ 1666 einen Tractat drucken, dessen Inhalt jedoch unbekannt ist. Von dem zwar erst 1714 gestorbenen Michael Seitz nehmen wir hier Notiz, weil seine gelehrte Wirksamkeit in die Zeit des Abtes Raimund fällt. Er war Doctor der Theologie und Professor und Decan der philosophischen Facultät in Salzburg. Von ihm liegen zwei Werke im Drucke (Salzburg 1668, 4º.) vor. Diese sind: „Botri vindemiae philosophicae de corpore et anima". „Controversiae philosophicae de tempore, loco, materia, modo".[1]) Um diese Zeit waren im Noviziate des Stiftes rhetorische Uebungen im Schwunge. So wählten Sigfried Graf Herberstein (1672) und Karlmann Vierholz (1674) die Krippe von Bethlehem zum Gegenstande des Vortrages und Meinrad Purwalder feierte (1673) den Patron des Klosters, den heil. Blasius, in einer Rede.

Abt Raimund ließ fremden Studenten gerne Unterstützung leisten. Der Rector des Ferdinandeums in Graz, P. Leopold Rott, S. J., bestätigte 1660 den Empfang von 100 fl. für die zwei Alumnen Joh. B. Brunner und Mathias Wilhelm Finkenauer. Für den Studenten Josephus Tranquilus zahlte der Abt beim Buchbinder Samuel Maber in Graz ein Bücherconto. Beihilfe erhielten die Knaben Ramschißl, Welser und Amelreich. Daß es dem Gönner und Freunde der Wissenschaft und ihrer Jünger an literarischen Huldigungen nicht fehlen konnte, läßt sich erwarten. Im Jahre 1662 widmete das Gymnasium zu Leoben dem Abte das Schauspiel: „Divus Joannes Damascenus, cultus sanctorum imaginum defensor". (Graecii 4º.) Ein ungenannter Prediger bedicirte ihm 1666 „Schuldige Lob- und Ehrenpredig von dem hochheiligen ... Benedicto" (Salzburg).

Das Leobener Gymnasium verehrte 1667 das Stück: „S. Gebehardus, Salisburgensis archiepiscopus et monasterii Admontensis fundator." (Graecii 4º.) Karl Ignaz Zinner erfreute 1671 den Abt mit einem „Epinicium Paschale, d. i.: Österlichen Triumph, welchen der ewige Sohn Gottes ... erhalten" (8º ohne Druckort). Die Jesuitenschule zu Leoben erschien 1672 mit der Komödie: „Fortitudo victrix in terris, coronata in coelis sive Pelagius martyr ..." (4º. Graecii). Michael Crabenz, Pfarrer zu Gröbming,[2]) bedicirte: „Geistliche Frey-Taffel oder Seelen Schenk Tisch" ...

---

[1]) Das erste Werk ziert ein Kupferstich von G. A. Wolfgang.
[2]) Starb 1680 als Opfer der Pest.

(Gebetbuch) für die Frohnleichnams-Bruderschaft zu Gröbming, 12⁰ ohne Druckort und Jahr.) Johann Mathias Deichgruber eignete 1675 dem Prälaten zu: „Disputatio juridica desumpta ex Libro IV. Tit. 31. Codicis de compensationibus." (4⁰. Viennae.) Nachdem noch im April desselben Jahres ein unbekannter Augustiner für überreichte Thesen 18 fl. erhalten hatte, erfolgte die letzte Widmung an den am 15. Juli 1675 verblichenen Abt in der Leichenrede des Christoph Jäger aus St. Lambrecht: „Mors immortalis oder Unsterblicher Ehren-Preiß ... Herrn Raymundi von Rehlingen ..." (4⁰. Grätz). Hier mag noch Erwähnung gemacht werden eines „Poema in diem natalem Raimundi", welches die in Graz studirenden Admonter (ohne Jahr) verfaßt hatten. Dasselbe ist auf Pergament geschrieben und mit fünf schönen Miniaturen geschmückt. Allein nicht nur der Abt, auch einzelne Capitularen erhielten ähnliche Ovationen. Dem gelehrten Edmund Manicor widmete 1662 eine marianische Studenten-Sodalität in Graz Georg Püttners Werk „Mitrata corona montium ..." (8⁰. Graecii).¹) Den Prior Friedrich Schumius überraschte der Convent 1674 mit einem „Carmen natalitium", dem ein hübsches Miniaturgemälde beigegeben ist.

Wir haben schon hervorgehoben, daß unter Abt Raimund die Büchersammlung des Hauses eine bestimmte Dotation genoß und daß daher der Bibliothekar nicht mit gebundenen Händen dastand. Wir sind in der Lage, einige Ankäufe und Geschenke für die Bibliothek verzeichnen zu können. Im Jahre 1663 verrechnete Franz Widmanstetter 702 fl. für gedruckte Thesen und Carmina und der Buchhändler Taschner in Graz bezog 13 fl. 4 ₰. Ferdinand Widmanstetter quittirte 1665 über 3 fl. für 200 Fastnachtslieder und 18 fl. wurden für aus Rom gelieferte Bücher gezahlt. Der Abt kaufte 1667 das Werk des Volusius „Aurora pacis religiosae divinae veritati amica." (Moguntiae 4⁰. 1665.) Nebenher werden notirt 24 Exemplare „Von unserer lieben Frau" um 6 fl. Sonderbare Buchtitel finden sich in einer Rechnung des Georg Lakner vom Jahre 1671: „Stillschweigen." „Ob die Weiber Menschen seint." „Kurtzweilliger Zeitverbreiber." „Vielvermehrter Hocus Pocus." „Wurmbschneider." „Laubstörkher Gusmon." „Gepflickte Finken oder Studenten Confect." Der Abt erwarb 1670 Spizelei „Sacra bibliothecarum illustrium arcana retecta". (Augustae 1668.) Für die „truckhte Zeitung" erhielt 1674 der Postverwalter in Graz 12 fl. Wie von den früheren Aebten

---

¹) Es ist eine versificirte Geschichte der Admonter Aebte.

Johann, Mathias und Urban bewahrt die Bibliothek eine Anzahl von Büchern, welche auf dem Einbande das Wappen Raimunds (resp. seiner Vorgänger) aufweisen. Für die Buchbinderei im Stifte wurden 1673 zwei Wappen in Messing gestochen. Der Buchbinder Paul Hörner in Graz verrechnete 1669 für Papier und Einbände 34 fl.¹)

Abt Adalbert (1675—1696).

Dieser, ein Sprößling der adeligen Familie der Heusler zu Rasen und Hohenbühel, hatte am 26. November 1631 zu Castelfondo in Tirol das Licht der Welt erblickt. Die ersten Studien machte er zu Admont, denn die Rotel sagt von ihm: „Tenerior adhuc surculus in Admontensi Parnasso ab Apolline rigatus." Im Jahre 1648 widmete er sich durch die Profeß dem Hause des heil. Blasius. Die ersten Schritte in das Heiligthum der Gottesgelehrtheit machte er zu Graz, wo er 1651 in das Sodalitätsbuch der „Congregatio major B. V." eingetragen erscheint. Zwischen 1652—1657 verweilte er zur höheren Ausbildung zu Rom, wahrscheinlich als Alumne des Collegium germanicum, und als er rückkehrte, schmückte ihn der theologische Doctorenhut. Nun wurde er eine der Zierden der Salzburger Universität. Dort finden wir ihn 1658—1660 als Professor und Decan der philosophischen Facultät, 1665—1669 als Lehrer der Polemik und 1667—1669 als Prokanzler. Abt Bernhard Gustav von Fulda und Kempten, berief ihn 1670 als Statthalter (Locumtenens) und diese ehrenvolle Stellung vertauschte er 1675 mit Mitra und Insel der Abtei Admont. Über seine allfällige schriftstellerische Thätigkeit sind wir nicht unterrichtet. Die Decrete der von ihm als Archidiacon des Enns-, Palten- und Liesingthales 1691 zu Admont gehaltenen Synode (und wohl anderer solcher Versammlungen) sind nicht mehr vorfindlich. Solche Decrete enthalten regelmäßig eine Ansprache des präsidirenden Abtes.

Betrachten wir zunächst das Schulwesen zur Zeit des Abtes Adalbert. An der unteren (deutschen) Schule lehrten Caspar Khugleisen, Wolfgang Mathias Weingartner und durch 33 Jahre (1668—1701) Georg Leopold Lachsenberger, den unsere Annalen als „homo egregius" bezeichnen. Das Gymnasium des Klosters gewann immer mehr an Ansehen und schon stellten sich

---

¹) Im Jahre 1667 standen in Graz die Preise für 1 Ries Steyrer Papier 3 fl., 1 Ries Grazer Papier 1 fl. 50 kr. und 1 Ries Fließpapier 45 kr.

adelige Schüler ein, so 1681—1682 Franz Adam von Stainach, und 1684—1687 ein Baron Jauerburg und ein Graf Steinpeiß. Als Professoren bzw. Präfecten wirkten Vital Wallich, Friedrich und Carlmann Vierholz, Benedict Wellacher, Augustin Grillitsch, Berthold Stabler und Adalbert Heufler, ein Anverwandter des Abtes. Für die Schule findet sich 1683 eine sonderbare Ausgabe, denn neben einem Büschel Gansfiele (18 kr.) und einer Grammatik wird notirt ein „Knieriembl"! Wieder stoßen wir auf das Studententheater. Im Jahre 1696 gelangten zwei Dramen zur Aufführung. Das eine als „Drama tragicum" bezeichnet, trägt den Titel: „Belisarius triumphans invidiae et fortunae sarcasmus." (4⁰. Styrae.) Das andere[1]) hat die Überschrift: „Divus Adalbertus prodigiosa B. V. Mariae ope ex aegroto sanus. Tragicomoedia... Adalberto abbati..., dum a gravi convaluisset morbo..., in scenam data a juventute gymnasii sui Admontensis... 1696."

Dem Studium der Philosophie und Theologie widmeten sich unsere Zöglinge zu Graz und mehrere zu St. Lambrecht. In Graz studirten: 1678 Friedrich von Vierholz, Sigfried Graf Herberstein, 1678—1682 Meinrad und Lambert von Purwalder, 1678 bis 1683 Theodorich Baron Welden, 1681—1682 Carlmann von Vierholz, 1682 Berthold Stabler, 1682—1684 Benedict von Wellacher, 1683—1688 Adalbert Heufler zu Rasen, Dominik Angerbrandt, 1687—1691 Marian Lendlmayr von Lendenfeld, Coelestin Romoser von Romosegg, 1688 Josef von Heufler,[2]) 1688—1690 Leo von Hirsch, 1689 bis 1690 Aemilian Plamesperger, 1690 Paul Zapf, Albert Baron Rechbach, 1690—1694 Augustin Grillitsch, Friedrich Stabler, 1690—1695 Alan Pfeifer, 1692—1697 Aegid Zeiringer, 1692—1698 Josef Baron Teuffenbach, Anton von Mainersberg, 1693—1697 Desiderius Händl, 1694—1699 Amand von Catharin. Von Studienheften aus jener Grazer Zeit finden sich in der Stiftsbibliothek: „Tractatus in VIII ll. Physicorum dictanto P. Antonio Augusti S. J." „Tractatus P. Ferdinandi Krimer in librum III. decretalium." „Tractatus P. Joannis Despotovich de actibus humanis." Alle drei den Vorträgen nachgeschrieben von F. Ildephons Lehrer. Der Admonter Cleriker Augustin Grillitsch hinterließ zwei Hefte: „Tractatus de jure

---

[1]) Manuscript in der Bibliothek.
[2]) Starb im selben Jahre und wurde in der Jesuitengruft beerdigt.

et justitia secundum mentem S. Thomae" des P. Jacobus Romanus S. J. und „Tractatus de angelis" des P. Despotovich. Im Jahre 1677 zahlten zwei Fratres an Disputationskosten 2 fl. 30 kr. Für die Recreation wurde 1679 durch Beischaffung eines Kegelspiels und Billards (Spieltafel) gesorgt. Als die Türken nach dem Entsatze von Wien 1683 in die untere Steiermark eindrangen und vom Raabthale aus Graz bedrohten, flüchteten unsere Cleriker zu Fuße nach Admont. Für den Fr. Benedict Wellacher wurden 1684 philosophische Thesen in 70 Exemplaren aufgelegt und pro gradu F. F. Adalberti et Dominici 30 fl. gezahlt. Im Schuljahre 1686 erscheint die Ausgabe von 6 fl. 12 ₰. für acht Thesen und von 1 fl. 1 fl. 18 ₰. für drei Lichtschirme, welche der Buchführer Erhard lieferte. Der Thesendruck kostete 1689 für Coelestin Romoser 8 fl. und 1690 für Marian Lendlmayr 7 fl. Im Jahre 1691 defendirte Lendlmayr unter dem Präses P. Ferdinand Krimer „Quaestiones theologicae in secundam secundae divi Thomae de jure et justitia." Zu St. Lambrecht hatte der Abt Franz von Kaltenhausen eine philosophisch-theologische Lehranstalt errichtet. Dieselbe frequentirten auch Admonter Cleriker und zwar 1689—1690 Odo Schweinzer, 1689 bis 1693 Edmund Scheuchenstull, 1699 Christoph Gartner, Johann von Prevenhuber und Georg von Peball. Das Kostgeld betrug per Kopf und Jahr 100 fl. Einer dieser Cleriker schrieb die Vorlesungen des Professors P. Modest Lienbacher über „Physica seu philosophia naturalis" nieder. Im 16. Jahrhundert waren die Klöster verpflichtet worden, auf ihre Kosten Jünglinge (Stipendiaten) an der Wiener Universität studiren zu lassen. Nun finden wir zu Graz arme Studenten, welchen das Stift Admont Wohnung und Verpflegung in seinem Hofe angedeihen ließ und auch deren Kleidung und Lernmittel bestritt. Sie erscheinen in den Acten unter den Namen Alumnen. Solche waren 1692—1693 Christoph Hafner und Ferdinand Gartner, 1693—1695 Mathias Ferlinz und 1694—1701 Karl Stibelreuter.

Auch dem Abte Adalbert fehlte es nicht an Söhnen seines Hauses, welche demselben durch Wissenschaft und literarische Thätigkeit zur Zierde gereichten. Dem 1675 gestorbenen Anselm Gruber widmet die Rotel den Nachruf: „Omnis scientiae cornucopia et viva quaedam bibliotheca, ut nemo prope sciret, quod ille ignoravit." Von Berthold Perger († 1676) sagen die Annalen: „Explicatum psalterium et elucubrationes chronologicas suis confratribus testamento reliquit." Einen großen Ruf als asketischer

Schriftsteller genoß Simon Huebmann († 1676). Von ihm erschien im Druck: a) „Kurtze Unterrichtung des gantzen Fundaments der wahren Vereinigung mit Gott: Durch welche ein liebende Seel mit Christo ihrem Heyland vermählet wird..." (8°. Salzburg 1662.) b) „Schatz-Gruben b. i. Tractat von den herrlichen Früchten des Leydens Christi: Wie in selbigen zu finden und außhalb zu schöpfen alles Heylsames und Köstliches unserer Seele." (8°. Salzburg 1665.) c) „Geistliches Braut-Bethlein aufgerichtet und bestellt durch drey mit Jesu Vereinigungen, als beß Gewißens, beß Herzens und beß Willens." (8°. Salzburg 1669.) d) „Weyhnächtlicher Frühlings-Lust, in welchem ein andächtige Seel sich in dem Glauben erfrischen, in der Hoffnung verstärken und mit der Lieb erlustigen und erneuern kann..." (8°. Salzburg 1672.) e) „Philosophia coelestis tradita ab aeterna sapientia, id est: doctrinae salutares dictatae ... S. Gertrudi ..." (8°. Salisburgi 1673.) f) Nach seinem Tode in deutscher Übersetzung: „Himmlische Wißenschafft angegeben von der Ewigen Weisheit und himmlischen Gesponß seiner Geliebten Brauth Gertrudi..." (4°. Salzburg 1680.) g) „Geistlicher Myrrhen-Berg oder Uibungen von dem Leyden Christi mit grundbeweglichen Lehren bekräftigt." (8°. Grätz 1673.) h) „Geistlicher Sonnenspiegel zu Gott, Jesu und Maria." i) „Lob-Opffer das Christ-Kindlein zu verehren." (Von einem Drucke der zwei letztgenannten Werke ist uns nichts bekannt.) Einige dieser mystischen Bücher hat Huebmann für die Nonnen von Goeß verfaßt, deren Supremus er 1653—1674 gewesen war. Felix Egger[1]) nennt ihn: „Sanctae quietis et contemplationis studiosissimus."

Von Dominicus Hüttegger († 1678) haben sich deutsche Predigten erhalten. Unsere Haus-Annalen spenden ihm das Lob: „Copiosa scientiarum segete redundabat". Ein emsiger Schreiber von Collectaneen war der 1679 gestorbene Christoph Schmuck. In vielen dickleibigen Quartbänden trug er zusammen, was er und oft mit Recht als denkwürdig erachtete, wie gleichzeitige Begebenheiten im Kloster und in der Welt, Naturerscheinungen, Gedichte, Komödien. Wir nennen einige dieser Aufschreibungen unter dem von ihm gewählten Titel: „Horilogium diversarum sententiarum, proverbiorum, discursuum, historiarum, concionum" (1645). — „Joci, facetiae, risus, anecdota" (1673). „Flores Mariani" (1674—1678). „Antithesis monastica sive diversitas inter bonum et malum statum religiosorum desumpta ex variis et probatis authoribus" (1677). —

---

[1]) „Idea ordinis hierarchico-Benedictini" II. 553. Campidoni 1717.

Der Capitular Theodorich von Welden schrieb 1680 ab das „Calendarium annale Benedictinum" des P. Aegid Ranbeck. Von Magnus Purwalder besitzen wir noch handschriftlich „Centuriae selectorum notatorum ex variis autoribus" (1682, 2º. 2 Bände) und „Notata concionatoria" (1689). Ueber Friedrich von Vierholz († 1684) äußert sich die Rotel: „Non musices tantum, sed tam humaniorum quam severiorum musarum scientiis excoctum caput".

Ein hervorragender Lehrer und Prediger war Edmund Manincor von Cassez († 1685). Von ihm sagt die „Historia universitatis Salisburgensis" (pag. 337): „Verbi divini doctor et concionator suo tempore longe celeberrimus magnorum virorum precibus frequens e suggestu disseruit. Nec minor erat in eo scholasticarum scientiarum peritia". Zu Salzburg lehrte er Ethik und Polemik und erwarb sich den theologischen Doctorstitel. Auch war er Rath des Fürst-Abtes von Corvei. Seine Werke, so weit unsere Kenntniß reicht, sind: *a)* „Maximae juris celebriores deductae ex jure canonico, civili . . . (8º. Graecii 1662).[1] *b)* „Der unüberwindliche Held und immerwachsende General . . ." (Predigt zu Ehren des heil. Benedict, gehalten zu St. Peter in Salzburg. (4º. Salzburg 1675). *c)* „Filius prodigus oder der Verlohrne und Verthunliche Sohn. Das ist: 15 Predigen über das Evangelium Lucae am 15. Capitel . . ." (4º. Salzburg 1676). *d)* „Horoscopus sacer seu conciones pro novo anno". (1681, 4º. Ort?) *e)* „Fasciculus sacer seu conciones extraordinariae festorum". (4º. Zeit und Ort des Druckes unbekannt.) *f)* „Repertorium seu Concordantia in Corpus juris". (Unvollendetes und verlornes Manuscript.) *g)* Nach seinem Ableben erschien 1691 zu Köln (4º.): „Dominicale Auß drey Jährigen Fasten-Predigen. Erster Theyl: Nundinae sacrae oder geistlicher Jahrmarkt. Ander Theyl: Cura sacra oder Geistliche Apotheken. Dritter Theyl: Praeco sacer oder Geistlicher Prediger." Friedrich Schumius († 1686), Doctor der Theologie, war die verkörperte Askese. „Asceseos ac theologiae mysticae peritissimus". (Annales.) Seine Schriften bewegen sich auf dem Gebiete der Contemplation und der Geisteslenkung im Ordensleben. Unter den zahlreichen Manuscripten dieser Richtung mögen mehrere ihm ihre Entstehung verdanken, aber mit Sicherheit gilt er als Autor folgender zwei Tractate: *a)* „Instructio privata ad fratrem religiosum disciplinae cupidum". *b)* „Praxis

---

[1] Mit einer Ansicht des Stiftes von P. Kilian.

quotidiana meritorie per totum diem operandi". Unter dem Titel: „Centifolium Marianum" schrieb Josef von Heufler († 1688) ein nicht näher seinem Inhalte nach bezeichnetes Werk und Georg von Leuzendorf verfaßte († 1695) ein „Exercitium devotionis in ss. trinitatem". Von Magnus Purwalder existiren zwei Manuscripte: „Centuria I. selectorum notatorum ex probatis authoribus" 1687 und „III Centuriae notatorum pro concionatoribus" 1689. Als vorzüglichen Pharmaceuten lobt die Notel den 1694 hingegangenen Conversen Wolfgang Steuber. Ein ungenannter Admonter verdeutschte 1696 ein Werk des Theodor, Bischofs von Veglia. (Gedruckt in lateinischer Uebertragung 1685 zu Padua unter dem Titel: „Discursus morales seu quadraginta deceptiones peccatoribus detectae".) Mitglieder-Verzeichnisse des Stiftes finden sich, einen größeren oder geringeren Zeitraum umfassend, vom 16. Jahrhundert an meist mit Fortsetzungen von zweiter oder dritter Hand. Aus dem 17. Jahrhundert sind deren noch zwei vorhanden, welche sich in der Epoche 1627—1700 und 1633—1693 bewegen. Letzterem ist eine „Chronotaxis Admontensis" angefügt, welche die Geschichte des Klosters von 1674 bis 1692 zum Vorwurfe hat. Der Autor ist unbekannt.

An literarischen Gaben wurden dem Abte Adalbert zugeeignet: Von dem Gymnasium zu Leoben das Stück „Providentiae divinae in simplicitate de astutia triumphus in Madilto et Melindo, fratre natu maximo et minimo" (4°. Graecii 1676); von dem Buchdrucker Johann Hübschlin zu Feldkirch Bucelins Werk „Benedictus redivivus.." (Feldkirch 1679, 2°.); vom Jesuiten-Collegium in Leoben (1680) „Fasciculus florum ex quinque... virtutibus... Adalberti... coenobii Ad Montes abbatis contextus et in Natalis recursus aggratulationem oblatus";[1] vom Convente zu Admont 1692 ein „Carmen panegyrico-eucharisticum";[2] vom Gymnasium zu Leoben das Schauspiel „Poena talionis... seu Theobaldus et Guntarius" (4°. Graecii 1694) und von dem salzburgischen Kammer-Kanzlisten Johann Georg Niedermayr „Schau-Platz der... Tugenten und unerhörten Miraclen des... irrländischen Apostels... Patritii".[3] Auf den Sarg des verewigten Abtes († 17. Mai 1696) legte der Lambrechter Hieronymus Jahrvogl

---

[1] Manuscript mit fünf schön gemalten allegorischen Bildern und dem Wappen des Abtes.

[2] Jeder Vers bildet ein Chronogramm.

[3] Handschrift (ohne Jahr) mit Tuschzeichnungen.

(Avisannus) als letzte Dedication die Leichenrede: „Hellglantzendes Tugend-Liecht von dem Todtenschatten verfinstert..." (4⁰. Steyr 1696).

Auch einzelnen Stiftspriestern wurden literärische Gaben gewidmet. Besonders freigebig in dieser Hinsicht war Joh. B. Gallanda, Student in Wien. Im Jahre 1689 offerirte er dem P. Vital Wallich „Vermummtes Welt-Spiel an beygefügten Theatro in löblicher Poeten-Musa" (4⁰. Wien), dem P. Theodorich von Welden „Letzte Gerichts-Posaun oder Beschreibung des erschröcklichen jüngsten Gerichts" (4⁰. Wien) und dem P. Ferdinand Eber „Sieben angezündte Weyhrauch-Kertzen aus den fürnehmbsten Werken unsers ... Erlösers ... zusammengetragen" (4⁰. Wien). Dem Prior Emmeram Schütz verehrte er 1693 „Die sündliche Menschen-Boßheit vnd höchsten Vndanck anjetzo lamentirende vnd klagende Erde" (4⁰. Wien) und den P. Theodorich von Welden erfreute er mit dem Werke: „Auff Teutsche Vers beschriebener dunckler Spiegel oder Seelen-Seufftzer von denen zweyen in der Ewigkeit begriffenen Wörtlein Immer vnd Nimmer" (4⁰. Crembs 1694).

Vertreter der Heilkunde, Chirurgie und Pharmacie waren zur Zeit Adalberts in Admont die Doctoren: Adam von Lebenwaldt (1655—1671),[1] Johann B. Gremian (1675) und Joh. B. Möst (1681—1703); die Bader Michael Schober (1681) und Michael Schmidt (1683—1717). Die Inspection über die Apotheke führte 1683 der Conventuale P. Urban Prevenhuber und zeitweilig P. Franz Staindler. Als Pharmaceuten erscheinen 1682—1690 Jakob Gartner und 1692—1694 Franz Ignaz Kettner. Im Archive machte sich Anselm Lierzer von Zechenthal um 1690 um die Ordnung der Urkunden verdient, indem er selbe neu signirte und auf dieselben Zettel mit dem bezüglichen Regest klebte. Die Bibliothek, welcher Abt Urban einen neuen großen Saal eingeräumt hatte, genoß schon damals ziemliches Ansehen in der Ferne. Merian in seiner „Topographia provinciarum austriacarum" (Frankfurt a. M. 1678) spricht von einer „ansehnlichen herrlichen Bibliotec". Als Bibliothekare fungirten 1674 Aegid Rizinger und nach ihm Ignaz von Clavenau. Von dem Abte selbst schreiben unsere Annalen: „Bibliothecam ab antecessoribus suis instructam copioso librorum numero adjecto ampliorem reddidit."

---

[1] Demselben hatte 1661 Abt Raimund das „Theatrum orbis terrarum" des Ortelius geschenkt, welches Werk später wieder (vielleicht durch Vermächtniß) an die Stiftsbibliothek gekommen ist. Es trägt das Autograph Lebenwaldts über obige Schenkung.

Wir sind abermals in der Lage, über Erwerb von Büchern Daten zu liefern. Im Jahre 1680 wurden für die „Wiennerischen Novelen" 15 fl. gezahlt. Der Abt kaufte Michael Hertzins „Bibliotheca germanica sive notitia scriptorum rerum germanicarum" (Erfurt 1679).[1]) Eine Frau Barbara Regina Gromian erhielt 1681 für 62 Bücher 248 fl.; ein anderes Conto belief sich auf 42 fl. Das Jahr 1682 war ziemlich reich an Erwerbungen. Aus den Rechnungen der Buchhändler Johann Christoph Erhard genannt Fischer, Joh. B. Mayr und Melchior Haan können wir nur Einiges notiren: „Bibliotheca Patrum" (4 fl. 30 kr.), Cabassutius „Notitia conciliorum" (5 fl.), „Annales Carnioliae" (4 fl.), Kircher „Ars magna lucis et umbrae" (9 fl.), Riccius „Praxis fori ecclesiastici" (9 fl. 30 kr.), „Die ganze Erdkugel" (6 fl.), „Revelationes s. Birgitae" (5 fl. 30 kr.), eine Bibel (11 fl.), Willis „Opera medica" (6 fl. 30 kr.), Lonicerus „Kräuterbuch" (3 fl. 30 kr.), Kriegsroman (2 fl. 30 kr.), Merlo-Horstius „Septem tubae" (2 fl. 30 kr.) und Geminianus „Conciones" (6 fl. 30 kr.).[2]) Der Abt ließ sich auch die neuesten Zeitungen einsenden, unter andern das „getruckte Wällische Wiener Blätl" und die „Folieti separati". Unter den Ausgaben für 1690 finden sich: „Allocutio veritatis christianae ad regem christianissimum", „Leben des Papstes Innocens XI.", „Bullarium Casinense" (11 fl. 5 ß.) und „Tractatus tractatuum" (175 fl.). Politische Broschüren und Flugblätter durften nicht fehlen; so kommt 1692 vor: „Relation wegen der wider das Leben des Königs in Engelland angesponnen Mordthat." Im Jahre 1695 erwarb der Abt: Gonzalez „Tractatus de recto usu opinionum probabilium" und Matthaeus de Moga „Quaestiones morales". Hieran reihen sich, um nur Einiges anzuführen: „Effeti di guera et tratti di Leopoldo I.", Cardinal Bona „Opera" (5 fl. 2 ß.), Barbosa „De jure ecclesiastico" (7 fl. 4 ß.). „Der nach der französischen Pfeifen tanzende Polakh". Im Jahre 1696 kaufte man die „Situation und Beschreibung von Namur". Durch den Conventualen Vital Wallich gelangte 1691 in die Bibliothek: Caracciolus de Licio „Quadragesimale" (Venetiis 1472). Unter dem Abte Adalbert oder unter seinen zwei nächsten Nachfolgern kam eine ansehnliche Sammlung werthvoller Werke an das Stift. Diese Bücher haben das Ex propriis (Kupferstich) des

---

[1]) In Graz kosteten 1678 drei Buch vergoldetes Papier 1 fl.
[2]) 1682 Preise in Graz: 1 Ries beschnittenes Postpapier 3 fl., das unbeschnittene 2 fl. 4 ß., 2½ Pfund rothes Siegelwachs 3 fl. 6 ß., 90 Schwanenkiele 4 fl. 4 ß. und 250 Hamburgerkiele 1 fl. 2 ß.

Dr. Johann Franz Haydt, Syndicus in Leoben, mit den Jahres=
angaben 1676—1685. In dieser Collection, deren Erwerbungsart nicht
bekannt ist, finden sich auch Handschriften und Inkunabel, wie: ein
deutscher Commentar zum dem Albertus Magnus unterschobenen
Werke „De secretis mulierum" (15. Jahrhundert), zwei geschriebene
Korans[1]) und ein „Theuerdank" auf Papier mit colorirten Bildern
(Nürnberg 1517).[2]) Auch einzelne Stiftsmitglieder sahen es als Ehren=
sache an, ein geistiges Arsenal für ihre eigene Fortbildung anzulegen.
Von dem P. Anselm Luerzer ist ein Katalog jener Bücher vor=
handen, welche er 1683—1691 gekauft hatte. Dieses Verzeichniß führt
über neunzig Werke an. Wir nennen einige derselben: Ludovicus
Blosius, Laurentius Justinianus, Lohner, Laymann,
Tamburini, Marchant, Engel, durchaus Autoren, welche auch
heute noch gesucht werden. Der Katalog enthält dann noch „Corpus
juris can. et civilis", „Concilium Tridentinum", „Constitutiones
Salisburgenses", „Landhandvest von Steiermark", Beckmann „Idea
juris", Predigtwerke von Mansi, Faber, Engelgrave, Segneri, Bignon,
die Werke des Abraham a. s. Clara, Langius „Polyanthea",
„Dictionarium italicum et germanicum" und viele andere. Der
Erstehungspreis war 278 fl. 6 ß. 16 ₰. Dieses Beispiel steht nicht
vereinzelt da, auch andere von Anselms Mitbrüdern legten sich Hand=
bibliotheken an. Im Stifte bestand eine Buchbinderei. Dieselbe bezog
1683 ein Viertelpfund Zinnober um 1 fl. 15 kr. und 1689 wurde für
die Reparatur eines messingenen Klosterwappens 1 fl. verausgabt.

Die Aebte Gottfried III. und Marian. (1696—1707.)

Diesen war nur eine kurze Dauer der Regierung beschieden, doch
war ihr Walten so segensreich, daß die Nachwelt Anlaß hat, ihr An=
denken dankbarst zu feiern. Am 9. October 1696 fiel die Wahl der
Stiftscapitularen auf Gottfried Baron Gold von Lampoding.
Dieser, geboren am 28. Juli 1650 zu Salzburg, vergelübdete sich 1667
zu Admont und erscheint im selben Jahre in der Matrik der Uni=
versität und des Convictes zu Salzburg. Zu Graz setzte er 1669—1671
seine Studien fort und war dort Mitglied der Congregatio major

---

[1]) Die Bibliothek besitzt noch weitere fünf Handschriften des Koran aus dem
17. Jahrhundert, welche aus der Kriegsbeute von Wien und Ofen herstammen mögen.

[2]) Ein Exemplar auf Pergament befindet sich in der schon früher erwähnten
Sammlung des Johann Caspar von Dornsperg.

B. V. M. Er wirkte 1681—1683 als Pfarrer zu Hall, 1688—1689 als Subprior, 1691—1696 als Ökonom und war auch im Lehrfache, vermuthlich am Hausghmnasium, thätig.

An diesem übten unter Gottfried das Lehramt Aemilian Plamersperger und Aegid Zeiringer. Als Schüler der Lehranstalt erscheinen: 1699 Wolfgang Paris Graf Überacker, Joh. Victor Baron Prank und 1700 Christoph Wilh. Freiherr von Rauber, Franz Rochus von Auer, Christian Josef Herr von Stubenberg, Jos. Anton Baron Hegi, Ign. Jakob Reichsgraf Bucelleni, Georg Wilh. Erasmus Graf Saurau, Joh. Georg Baron Sauer, Franz Jos. Baron Cambach, Sigism. Jos. Baron Neuhaus. Die Studenten übten nach alter Sitte auch die dramatische Kunst. Im Jahre 1699 gab man anläßlich der Prämienvertheilung das Drama tragico-comicum: „Veritas de terra orta et justitia de coelo prospiciens seu Cloaldus, veritatis tuendae amore securi subditus et justissimo dei consilio morti ereptus." (4°. Steyr.) Als Abt Gottfried 1700 nach erhaltener Benediction von Salzburg zurückkehrte,[1]) gieng in die Scene das Drama symbolicum: „Amores sacri sive Chrysandi et Montradae felix Hymenaeus." (4°. Graecii 1700.) Unter Chrysandus war der Abt, unter Montrada das Stift symbolisirt.[2])

Der Abt führte für seine Cleriker im Stifte selbst einen philosophischen Lehrcurs ein. Coelestin Romoser von Romosegg las 1702—1703 daselbst über Logik und Metaphysik.[3]) Wir sind noch im Besitze eines „Ordo diurnus" für die geistlichen Philosophen, aus welchem zu ersehen ist, daß an Schultagen durch drei Stunden Vorlesungen stattgefunden haben und nahe an sechs Stunden den Studien zu widmen waren. Selbst an Ferialtagen mußte eine und eine halbe Stunde studirt werden. Bringt man dann noch die in einem klösterlichen Institute unabweisbaren religiösen Übungen in Anschlag, muß man zugeben, daß die jungen Geistlichen keine Zeitverschwender gewesen seien. Wir lassen nun diese Stundeneintheilung wörtlich folgen, wie selbe als einst geübt beschrieben wird.

---

[1]) Die Ursache der verspäteten Abtsweihe hat der Verfasser in seiner „Stiftsgeschichte" IV. 323—324 dargelegt.

[2]) Die Buchdruckerei der Widmanstetter'schen Erben in Graz bescheinigt in diesem Jahre den Erhalt von 5 fl. für 100 Exemplare einer gedruckten „Comödi". Dem geringen Preise entsprechend dürften nur der Gang der Handlung und die Namen der „Agentes" gedruckt worden sein. Also ein Theaterzettel damaliger Zeit.

[3]) Zwei seiner Disputationsschriften werden wir später erwähnen.

Distributio temporis

observata a F. F. Studiosis Philosophiae Admontes vacantibus 1701 et 1702 sub R. D. Godefrido abbate.

„Praemisso Matutino, a quo abesse solis diebus recreationum licuit, horae dimidium meditationi consuetae, reliquum vero temporis usque ad sextam lectioni spirituali dandum fuit. Hora sexta omnes simul accessere oratorium ad audiendum Sacrum, a quo reduces vacarunt studiis usque ad mediam nonam.

A media nona usque ad mediam decimam lectio, quam Circulus[1]) per reliquum horae dimidium usque ad decimam subsecutus est. Hac audita recitandae horae canonicae, horis vero recitatis studia repetenda fuere usque ad signum prandii vel coenae diebus jejunii. A meridie se recreare licuit usque ad tertiam quadrantem ad primam, reliquum temporis usque ad secundam sibi denuo studia vendicarunt. Horae spatium a secunda ad tertiam tenuit lectio scholastica, cui usque ad mediam quartam successit Circulus; residuum horae dimidium usque ad quartam recitandis vesperis cum completorio ac recreationi concessum est.

Ab hora quarta usque ad quintam continuatum studium subsequa coena vel collatio excepit. Ab hac reversis recreatione frui licuit usque ad mediam octavam, quam tamen pridie dierum recreationis a septima ad mediam octavam matutinum cum laudibus pro die sequenti, diebus vero sabbatinis, dominicis, festis et festorum vigiliis completorium hora septima solvit. In mediam octavam incidit examen conscientiae cum reliquis more alias consueto.

Diebus recreationum somno indulgere usque ad sextam concessum fuit. Hora sexta excitati peragendis exercitiis spiritualibus a media septima usque ad septimam intenti erant dato primo quadrante meditationi, altero vero lectioni spirituali. Hora septima audiendo Sacro interfuere omnes indeque remeantes dimidium horae studiis impenderunt. Hora octava concessam recreationem prosequi licuit usque ad decimam. Hora decima recitatae sunt horae canonicae, reliquum tempus antemeridianum prandio clausum fuit. A meridie recreationi finem imposuit hora quarta tenentibus locum a quarta usque

---

[1]) Besprechung des Vorgetragenen mit Einwendung und Vertheidigung.

ad signum coenae studiis. Soluta coena digressio ad recreationem facta instituto media octava examine conscientiae terminata fuit." Folgt dann noch die Ordnung für Sonn= und Festtage, an welchen, wenn auch im geringeren Maße, Studien betrieben werden mußten.

Die theologischen Vorlesungen hörten unsere Cleriker zu Graz. Dort studirten: 1695—1696 Bonifaz Kuchler, 1695—1697 Christoph von Gartner, 1695—1700 Willibald Pock, 1696—1702 Wolfgang Tettenpacher, Meinrad Schopf, 1696—1703 Ambros von Dietmayr, Sebastian von Guetner, 1698 Roman Schauer, 1698—1702 Sigismund Münich, 1700—1702 Georg von Peball. Im Jahre 1700 erlangte ein ungenannter Admonter das Baccalaureat der Philosophie zu Graz. An Disputationsexpensen erlegte 1701 das Stift 30 fl. Als stiftische Alumnen zu Graz erscheinen 1697 bis 1699 Josef Deinicher und 1699—1701 Karl Stibelreuter. Auch nach Salzburg giengen Admonter Cleriker. Coelestin Romoser defendirte dort 1698 unter dem Präsidium des Joh. B. Ebberth „Controversiae selectae ex universo jure canonico, civili et feudali".[1] Im Jahre 1701 disputirten Christoph Gartner und Joh. B. Prevenhueber über „Theses de virtute et sacramento poenitentiae". Als Professoren der Universität wirkten Coelestin Romoser und Alan Pfeifer aus Admont.

Am 2. Februar 1701 starb im Kloster Goeß der dortige Supremus Ignaz von Clavenau. Zu Admont war er Gymnasiallehrer („Insigne hujus Lycaei decus et ornamentum" sagt Ziegelbauer) und Novizenmeister. Die Todtenrotel nennt ihn „Virum in omni pene scientia profana aeque ac sacra eruditissimum et summis cathedris parem, theologiae mysticae magistrum peritissimum". P. Albert Baron Rechbach hielt die Trauerrede, welche noch im Manuscripte vorhanden ist. Während seiner Lebenszeit ließ er (1689) nur ein einziges Werklein drucken, ein Lied über den Ursprung des Gnadenortes Frauenberg bei Admont. Erst im Jahre 1720 erschienen zu Salzburg Clavenau's nachgelassene Werke unter dem Titel: „Ascesis posthuma". Der ansehnliche Quartband enthält Folgendes: „Vita s. Patris Benedicti moraliter exposita." „Elucidarius in regulam ejusdem et in formulam professionis Benedictinae." „Tractatus de obligatione religiosorum tendendi ad perfectio-

---

[1] Das Thesenbild zeigt die Wappen der Klöster Admont und St. Peter und die Patrone derselben.

nem." „Tractatus de sacrificio missae." „Tractatus de doctrina christiana." „Instructio de humilitate consequenda." „Fasciculus documentorum spiritualium pro tyrone religioso." „Tractatus de regendo homine exteriore." „Exercitatio ad singularem et continuam devotionem erga Christum et beatissimam ejus virginem matrem." „Tractatus de triplici modo orandi cum exercitio pro recollectione menstrua." „Variae considerationes et actus anagogici." „Tractatus de arte rhetorica cum appendice de eloquentia sacra pro concionatoribus." Diesen Tractaten geht eine Biographie des Autors voraus.[1]) P. Vital Wallich schrieb „Ornamentum vitae, Schöne Lebenszierde..." (Rede bei der Beisetzung des Abtes Edmund zu St. Peter. 4°. 1702. Salzburg.)

Im Jahre 1699 widmete der Buchdrucker Johann B. Mayr in Salzburg dem Abte: „Gratulatio heroico-poematica ad... Godefridi, electi et neo-confirmati abbatis... monasterii Ad-Montes..., exspectatissimam benedictionem" (2°. Salisburgi). Aus gleichem Anlasse verfaßte der Stiftspriester Ambros von Dietmayr: „Virtus coronans et coronata sive Godefridi, abb. Admontensis, mitralis deauguratio plausu epico celebrata". Derselbe schrieb auch 1702 „Applausus pro tertio anniversario electionis abb. Godefridi". Der Applausus begann mit den Worten: „Evolve nubibus". Der Admonter P. Alan Pfeifer widmete dem Abte eine zu St. Peter gehaltene Predigt: „Triumpf des glorwürdigen... Patriarchen Benedicti..." (4°. Salzburg 1702).

An Bücher-Erwerbungen sind zu verzeichnen: 1697. Ausführlicher Bericht von der polnischen Wahl". „Curieuser Geschichtskalender". „Abriß der bey Zenta vorbeygegangnen Schlacht". „Relation, waß Herzog Eugenius von Sauvien in Bosnia verricht". „Pacta pacis".[2]) In Rechnungen des Jahres 1699 kommen vor: Conto des Buchführers Josef Erhart in Graz 30 fl., „Friedensinstrument zwischen dem römischen und türkischen Kaiser". „Beschreibung des Einzuges der römischen Königin zu Wien und des gehaltenen Feuerwerks". Die deutsch gedruckten Zeitungen kosteten 7 fl. 4 ₰. Für die „Cronica der ottomanischen Porten" stehen 1701 20 fl. in der Rechnung. Eine ständige Ausgabe war die für das „Diarium von der Armee". Die

---

[1]) Seine Biographie auch bei Ziegelbauer, „Historia rei litterariae ordinis s. Benedicti" III. 427—430.

[2]) Ein Ries kärntnerisches Kanzleipapier kostete damals in Graz 3 fl. Der Druck von 40 Todtenrotteln 1 fl. 40 kr.

Buchbinderei im Stifte verausgabte 1698 für zwei Buschen Foliobrettl und vier Buschen kleine Brettl 3 fl. 18 kr.

Dem am 8. November 1702 zu den Vätern gegangenen **Gobfrid** folgte als Abt **Marian Lendlmayr** von **Lendenfeld**. Zu Liezen 1666 geboren, machte er die humanistischen Studien (Poesie und Rhetorik) zu Admont und wurde diesem Stifte 1683 durch die feierliche Profeß einverleibt. 1685—1691 studirte er zu Graz, wo er als Sodale der Studenten-Congregation B. V. M. erscheint und „Quaestiones in Secundam Secundae divi Thomae" vertheidigte.[1] Er folgte dann dem Rufe als Lehrer nach Salzburg. Dort las er 1692 bis 1695 über Logik, erlangte am 9. Mai 1696 die Würde des theologischen Doctorates und trug bis 1702 die speculative Theologie vor. Er war Decan der philosophischen und theologischen Facultät, Assistent und Prokanzler der Universität. Ueber sein Wissen und Lehrmethode heißt es in einem ihm gewidmeten Buche: „Quis illud satis admirari valeat, quod, licet in recentiorum schola enutritus, antiquam tamen et genuinam divi Thomae doctrinam in omnibus amplexus eandem non solum publice solidissimis rationibus propugnaverit, Doctor insignis, Thomista egregius. De facillima ejus ac efficacissima argumentandi methodo quid dicamus, quam stupebant domestici, venerabantur exteri, depraedicabant universi." Von seinen literarischen Leistungen sind uns bekannt: a) „Quaestiones philosophicae (4°. Salisburgi 1695);[2] b) „Tractatus theologici de sacramentis in genere, de baptismo et confirmatione..." (8°. Salisburgi 1699); c) „Tractatus de deo uno" (8°. Salisburgi 1700); d) „Tractatus de deo trino" (Gleiches Jahr, Druckort und Format); e) „Tractatus de virtute et sacramento poenitentiae" (8°. Salisburgi 1701); f) „Tractatus theologicus de angelis" (8°. Salisburgi 1702); g) „Tractatus theologicus de vitiis et peccatis" (gleiche Auflage); h) „Tractatus de ss. eucharistiae sacramento" (8°. Salisburgi 1699);[3] i) „Verus Edomita, d. i. Der heil. Bertholdus warhafftig von Edom kommend..."

---

[1] 8°. Graecii 1691, mit einer von Lespier gestochenen Ansicht des Stiftes.

[2] Mit einer Ansicht des Stiftes Kremsmünster von B. Kilian. Die Defendenten waren Professen dieses Klosters.

[3] Die Grundlage dieser und ähnlicher Tractate, wie „De jure et justitia", „De actibus humanis," „De incarnatione" u. s. w. bildete die große Summe des Aquinaten. Aufgabe der Professoren war, die Sentenzen des Doctor angelicus näher zu erklären, was sie auch in ihren mehr oder minder selbstständigen Tractaten zu leisten sich bemühten.

(Predigt, gehalten zu Steyrgarsten, 4⁰. Linz 1706); *k)* „Allocutio pastoralis facta a... Mariano, monasterii Admontensis abbate, ... ad parochos et vicarios suos in archi-diaconali synodo die 17. Nov. 1706 Admontes congregatos" (4⁰. 1707 ohne Druckort); *l)* „Tractatus de jure et justitia" (8⁰. Einst in der Pfarrbibliothek zu Palfau).

Das Gymnasium im Stifte entfaltete sich zu immer reicherer Blüthe. Marian vollendete den schon von seinem Vorgänger begonnenen Neubau der Schulräume.¹) Unsere Annalen berichten: „Primo sui regiminis anno (Marianus) gymnasium Admontense a praedecessore reparari coeptum ipse magnifice satis suis absolvit numis, ut conflua posthac Admontes magno numero etiam illustrissimo procreata sanguine studiosa juventus commode possit liberalibus imbui disciplinis." Die Zahl der Schüler war im Jahre 1705 43, 1706 62 und 1707 85. Die Lehrkräfte waren nicht zahlreich; es docirten nur drei Professoren, je einer in den drei Abtheilungen Humaniora (Rhetorik und Poesie), Syntax und Grammatik, Rudimenta (Princip und Parva). Lehrer der ersten Abtheilung war 1704—1712 Christoph Gartner, der zweiten 1705—1706 Johann Prevenhuber und in den untersten Classen um diese Zeit Ambrosius Dietmayr. Diese Schule gestaltete sich, wenn auch nicht officiell, wie die 1744 zu Kremsmünster errichtete Ritter-Akademie, doch thatsächlich zu einer Unterrichtsanstalt für den Adel. In den Verzeichnissen der Studenten lesen wir die Namen: Joh. Sigmund Graf Lengheim (1704—1706), Joh. Leopold Herr zu Schärfenberg (1705—1706), Franz Josef Graf Wurmbrand (1703—1707), Franz Carl Graf Wurmbrand (1704 bis 1708), Max Christoph Herr von Schärfenberg (1705 bis 1708), Carl Josef Graf Lengheim (1705—1711), Franz Sigmund Christian Baron Welsersheimb (1705—1710), Joh. Ernst Baron Rechbach (1705—1708), Ant. Alois Baron Rechbach (1705—1708), Matthäus Carl Baron Rechbach (1705—1708), Martin Balthasar Lierzer von Zechenthal (1705), Carl Jos. Romoser von Romosegg (1705—1706), Caspar Balthasar Romoser von Romosegg (1705—1708), Carl Graf Stubenberg (1706—1711), Jos. Jakob Baron

---

¹) Auf dem von Vischer 1674 edirten Kupfer — das Stift darstellend — erscheint das den zweiten Hof östlich abschließende Gebäude als Schule. Wahrscheinlich war im ersten Stocke die Volksschule untergebracht und es wurde dann der zweite Stock für die Lateinschule adaptirt.

Wintershofen (1708—1711), Leop. Friedrich Baron Prank (1706—1708), Jos. Anton Baron Geraldin (1706—1712) und Joh. Georg von Zurtschenthal.

Zu Graz studirten Theologie die Admonter: Maurus Knechtl (1703—1705), Rudolf Graf Ueberacker (1703—1706), Magnus Tumpenberger (1704), Peter Thin (1704—1705), Fortunat Sartori von Ehrenbühel (1704—1706), Honorius Rebhaber (1704—1707), Bruno Nebel von Türkheim (1706) und Carl Hettinger (1707). Zur bequemeren Unterbringung der stiftischen Studenten und fremden Alumnen wurde 1705—1706 im Admonterhofe ein an die Kapelle anstoßender Tract neu gebaut. Für Erholung außer der Studienzeit war stets gesorgt. So erhielt 1704 der Marqueur im Ballhause 12 fl. für die Reparatur eines Billards. Da man vom Schloßberge aus die Flammen der von den Kuruzzen angezündeten Häuser beobachtet hatte, retirirten am 28. Juli 1704 unsere Cleriker zu den heimischen Laren. Abt Marian bewährte sich auch als Mäcen armer Studenten in Graz. Als eigentliche Alumnen finden sich in den Acten: 1703—1706 Josef Schengl und 1707 Balthasar Lierzer. Diese bezogen die völligen Kosten ihres Unterhaltes vom Stifte. Auch andern Studenten wurde Unterstützung zugewendet. So zahlte man 1704—1705 das Kostgeld für den Hörer der Logik Anselm Bartholomäus von Weißenberg. Der Student Franz Caspar Möst erhielt 1706 einen Beitrag von 5 fl. zu den Kosten des gradus magisterii. Als 1704 der Student Joh. B. Lusner graduirt worden war, reichte er folgendes Conto ein:

„Für 95 gedruckte papierene Theses à 9 kr. 14 fl. 15 kr. Für 9 Tafete[1]) 4 fl. 30 kr. An Victualien auf die Jausen 4 parr Dauben 40 kr., 1 parr Hiendl 30 kr., 2 parr Andtn 44 kr., 6 Zibroni 27 kr., eingesodene Citroni 15 kr., Krebsen 1 fl. 6 kr., 3½ ℔. Putter 32 kr., ½ Mäßl Mell 12 kr., Zugger 17 kr., Ähr und Rämb 9 kr., Kerschen 7 kr., Buern 5 kr., Muscädel 7 kr., Spanische Weirl 9 kr., Spanische Ammerln[2]) 7 kr. In Wein ist aufgegangen: 4 Viertl Luettenberger 40 kr., 2 Viertl Welischer 1 fl., 2 Viertl Spanischer 2 fl. Wällisches Brodt 21 kr. Für Kochen, Salz und Schmalz 2 fl. Dem Pater familias wegen Spallierung[3]) 1 fl. 25 kr., dem Pidelln 2 fl. Facit 33 fl. 25 kr."

---

[1]) Auf Taffet gedruckt.

[2]) Marellen, eine Obstgattung.

[3]) Decoration des Disputations-Saales.

Vermöge Testamentes (ddo. 1703, 21. Februar Graz) machte der Dr. Philosophiae et Medicinae Joh. B. Wagner eine Studentenstiftung. Das Wesentliche dieser Fundation war: Zwei Stipendien, jedes zu 100 fl. Das eine für Verwandte des Stifters bis zum vierten Grade der Descendenz und in Ermanglung eines solchen für einen Laibacher, beziehungsweise Krainer, das andere für ein steiermärkisches Landeskind. Der Genuß beider Stipendien war einem beginnenden Hörer der Philosophie durch sechs Jahre, daher auch für das Studium in einer andern Facultät zugewiesen. Nur Immoralität oder nicht genügender Fortgang in den Studien konnten eine Entziehung des Stipendiums bedingen. Die Präsentation für das krainerische Stipendium stand dem Magistrate der Stadt Laibach zu, das Collationsrecht für beide Stiftungen räumte der Fundator ausdrücklich dem Stifte Admont ein und Wagner sprach auch den Wunsch aus, daß die Stipendiaten im Stiftshofe zu Graz Wohnung und Verpflegung finden sollten. Im Genusse des krainerischen Stipendiums stand Franz Heinrich Wagner auf Lebenszeit, später 1740—1747 Jak. Ign. Wagner.

Durch Sprachenkunde ausgezeichnet und Meister in der Kalligraphie war der Stiftspriester Hieronymus Pirot († 1706), ein geborner Lothringer. Die Rotel sagt von ihm: „Hieronymus bonis artibus et linguis sex non perfunctorie instructus scribendi insuper ad typi pene invidiam peritus." Demselben verdanken wir auch eine Beschreibung der vom Abt Mathias neugebauten Klosterkirche zu Admont. Er hatte auch 1678 eine Reise nach Venedig unternommen. Aus Anlaß der Benediction des Abtes Marian widmete der Salzburger Buchdrucker Joh. B. Mayr „Litigium inter Styriae montes et Juvaviensem Parnassum a divina sapientia compositum..." (2⁰. Salisburgi 1703). Dieselbe Feier gab dem Georg Gebler und dem Joh. Knaus Gelegenheit zur Dedication des Werkes: „Infula mystica jussu Apollinis a musis elaborata" (4⁰. ohne Ort und Jahr). In einem Collectaneenbande der Bibliothek (Manuscript) finden sich „Chronogrammata in obitum Mariani abbatis 1707". Der Autor ist unbekannt, wie der Verfasser einer 1707 zu Graz in 200 Exemplaren gedruckten Lobpredigt in Quarto.[1]) Der oben erwähnte Dr. Med. Joh. B. Wagner vermachte dem Stifte seine Bibliothek.[2])

---

[1]) Der Druck kostete per Bogen 5 fl. 30 kr.
[2]) Aus diesen und anderen Legaten erklärt sich der nicht geringe Reichthum der Stiftsbibliothek an medicinischen Werken.

Für die „ordinari gedruckte Grätzer Zeitung" zahlte man 1704 3 fl. 45 kr. Das Wienerische „Diarium" kam 1706—1708 auf 18 fl. zu stehen.[1]

Abt Anselm Lierzer (Luerzer) von Zechenthal. (1707—1718.)

Als Sohn des salzburgischen Hof-Kammerrathes Balthasar L. von Z. hatte er 1661 zu St. Gilgen das Licht der Welt erblickt. Die Gymnasialstudien absolvirte er zu Salzburg, wo er auch Vorlesungen über Rechtskunde hörte. Seine Profeß erfolgte 1682 zu Admont, und Theologie studirte er in Graz, wo er 1684 Mitglied der Congregatio major B. V. gewesen ist. Seine Studien wurden von einem so ausgezeichneten Erfolge gekrönt, daß er Amt und Würde eines Doctor theologiae und Iuris utriusque, sowie eines Protonotarius apostolicus und Comes Palatinus erlangte.[2] 1688 verwaltete er das Pfarramt in Weng, 1690—1692 war er Archivar und Hofmeister im Stifte und 1695—1707 war er Pfarrer zu Kammern. In dieser Eigenschaft fungirte er mehrmals als Secretär des Admonter Archi-Diaconates. Als Abt war er 1709—1711 Präses und 1712 Assistent der Salzburger Universität. Er schrieb einen „Tractatus juridicus de capellis monachorum"[3] und einen Aufsatz über die Rechtsverhältnisse der Pfarre Kammern. Im Drucke erschien: „Oratio... Anselmi... monasterii Admontensis abbatis... congregationis Benedictino-Salisburgensis visitatoris,... universitatis Salisburgensis neoelecti praesidis... coram inclyto senatu academico... ipso solemnis suae in ecclesia academica promulgationis die 17. Junii 1709" (4°. Salisburgi 1709).

Dem Kapuzinerkloster zu Falkenburg bei Irdning schenkte Abt Anselm zahlreiche Bücher. Auch an mehrere stiftische Pfarren wie Palfau, Landl und St. Gallen vertheilte er kleine Bibliotheken. „Sunt" sagt er in der bezüglichen Widmung, „inter hos libros aliqui pro instructione vicariorum in oeconomicis, infirmis assistendi et infirmitatibus spiritualiter et corporaliter consulendi, item jocosi honesti, historici, geographici, discursus ducendi, per

---

[1] Gewisse ihrer Zeit sehr gesuchte Sammelwerke und politische Blätter wurden fleißig gehalten. So finden sich 106 Bände der „Acta eruditorum" (1682—1767) und die „Relationes" des Francus (Latomus und Engelhard) von 1591—1757.

[2] Noch liegen im Archive notarielle Ausfertigungen von seiner Hand.

[3] Manuscript in Folio in der Stiftsbibliothek.

hos otium in tali solitudine vitandi et se honeste semper occupandi". Für St. Gallen betrug die Zahl der Werke 230.

Zu Palfau erbaute der Abt eine Eremitenklause und wies dem Einsiedler Christoph Bräse unter andern Agenden auch den Schulunterricht zu. Er gab demselben 1714 eine eigene Instruction, deren 16. Punkt lautet: „Ist sein Verrichtung haubtsächlich, die Khinder lesen und schreiben, dan auch in Zucht und Ehrbarkheit, aus dem Catechismo, Spies und andern geistlichen Biechern zu unterweisen, die ihme gegeben werdten."

Am Hausgymnasium wirkten zu Anselms Zeit: Christoph Gartner, Sigismund Münich, Magnus Tumpenberger, Fortunat Sartori, Placidus Mausenberger, Gebhard Pöck, Emmeram Thinn und Wilhelm Graf Saurau. Die Zahl der Schüler war im Jahre 1708 95, 1709 115, 1710 105, 1711 80, 1712 70, 1713 37, 1714 45, 1715 40, 1716 36, 1717 39 und 1718 40. In den Katalogen erscheinen folgende adelige Schüler: Carl Jos. Graf Herberstein, Philipp Anton Irimbert von Königsbrunn, Franz Victor von Klafenau, Otto Friedrich von Klafenau, Franz Georg von Königsbrunn, Johann Lazarus und Joh. Adam von Zurschenthal, Joh. Carl Baron Molzan, Max Willibald Baron Stainach, Jos. Franz von Klafenau, Wolfgang Carl und Josef Sträubl von Weitenau, Anton Jos. Victor Graf Heinrichsberg, Friedrich Claudius Baron Schneeweiß, Georg Rudolf Jos. von Beth, Jos. Caspar von Albeck, Jos. Felix und Ignaz Anton Ferr von Fernthal, Jos. Gottfried Graf Sauer, Anton Andreas Graf Gaisruck, Carl Josef und Georg Christoph von Peball, Franz Honorius Graf Trautmansdorf, Victor Pius Graf Steinpeiß, Sigmund Graf Sauer, Ferd. Graf Wurmbrand, Peter Anton Graf Attems, Theophil Maria Baron Brombheim, Ant. Jakob Scherern zu Hohenkreuzberg, Nikolaus von Dapp, Anton und Franz Locher von Lindenheim, Adam und Josef Fraid von Fraidenegg, Josef und Anton Rascher von Weieregg, Anton Reiter von Rittersfeld, Josef Graf Kuefstein, Max und Ludwig Graf Kuenburg, Johann Baron Dücker, Jos. von Ramhart, Josef Ochs von Sonau, Carl und Josef Graf Herberstein, Josef Graf Lengheim, Gabriel Baron Patachich, Ferd. von Scherein, Sigmund Graf Barbo von Weixenstein, Felix Graf Lamberg, Carl Graf Saurau, Luwig Baron Patachich, Carl Graf Gaisruck, Ignaz Graf Wurmbrand, Ludwig Graf Attems, Michael Graf Sidenitsch, Leopold Graf Fuchs, Leopold, Theophil und Ignaz Lierzer von Zechenthal, Wolfgang Fraid von Fraidenegg, Daniel Graf Engelshausen, Franz Baron Ludwigsdorf, Ignaz und Cajetan von Lendlmayr, Ferdinand Graf Kazianer, Georg und Nicolaus Graf Mels, Anton Graf Frangipan, Michael Graf Zinzendorf, Anton Baron Paradeiser, Anton Graf Neuhaus, Josef Graf Turri, Anton Sträubl von Weitenau, Max von Aichen, Jakob von Wurmb, Max, Wilhelm und Leopold von Goldbach, Josef von Luchauchich, Erasmus Baron Briggenthal. In dem kurzen Zeitraume von eilf Jahren studirten also an der Admonter Lateinschule 31 Grafen, 10 Barone und 40 Adelige. Im Jahre 1712 waren im Stifte 23 Convictisten. Um 1707—1708 erbaute der Abt ein eigenes Gebäude für scenische Darstellungen der studirenden Jugend und stattete dasselbe aus mit den dem Geschmacke seiner Zeit entsprechenden Decorationen, Apparaten und Costümen. Das Theater befand sich in der Nähe des auch von Anselm angelegten sogenannten Hofgärtchens. Ein Hauschronist sagt darüber: „Pro exercitio illustrissimae gymnasii nostri juventutis studiosae theatrum comicum e fundamentis erexit, quod utut angusto spatio adeo tamen honeste, commode et ad regulas artis punctualiter elaboratum est, ut productae ibidem repetitis vicibus exhibitiones primos etiam Styriae nostrae proceres et magnates sese eo conferentes in stuporem traxerint et admirationem." Die Leitung, Inscenirung und Wahl der Schaustücke lag in der Regel in den Händen des Professors der Rhetorik, welcher den Titel Pater comicus führte. Der Hauptzweck der theatralischen Darstellungen gipfelte in der Absicht, die jungen Leute im öffentlichen Auftreten, im rednerischen Vortrage, in Haltung, Bewegung und Action zu üben; der Nebenzweck war aber, die im Stücke liegende Moral den Spielern und den Auditorium einzuprägen. Von den damals gegebenen Schauspielen sind uns zwei erhalten. „Triumphus animi deo confisi, hoc est Theoginus in deum sperans, ab hoc nunc jam chalybe secandus, morti subductus et in libertatem vindicatus" (4⁰. Salisburgi 1709). „Celsus, juvenis christianus, contra naturam et tyrannum Christo usque ad mortem fidelis". (Dem Grafen Carl Weichard Brenner gewidmet, 4⁰. Salisburgi 1710.) Am Feste der heiligen Katharina war es Sitte, die ganze Studentenschaft zu bewirthen.

An der philosophischen Lehranstalt wirkten als Professoren Honorius Rebhaber und Marian Springer. Theologische Gegenstände lehrten Cölestin Romoser und Magnus Tumpenberger. Derselbe schrieb 1714 einen Commentar über „De vitiis et peccatis" des heil. Thomas. Für die Theologen des Hauses galt (wie noch gegenwärtig) Thomas von Aquin als Patron und dessen Fest wurde mit feierlichem Gottesdienst begangen. Bei der Mittagstafel wurden Lehrern und Schülern zwei Extraspeisen servirt. Für die im Stifte studirenden Philosophen und Theologen verfaßte 1711 Abt Anselm eigene Statuten, die wir hier folgen lassen:

Statuta.
Distributio et ordinatio pro RR. PP. et FF. Theologis et Philosophis studii domestici in monasterio Admontensi.

1. Ad surgendum mane excitabuntur media 4ta, persoluturi hora 4ta cum reliquis conventualibus Matutinum in choro; licebit tamen omnibus diebus recreationum edomire usque ad 3^{tium} quadrantem ad sextam, nisi necessitas chori juxta judicium A. R. P. Prioris pro particulari casu aliter exigat.

2. Finito Matutino unum quadrantem meditationi, alterum lectioni spirituali impendent; postmodum recitabunt Primam canonicam cum Tertia et Sexta. Erunt autem meditatio et lectio spiritualis, oratio breviarii, studium, examen conscientiae semper in communi, uti Graecii, nihil in privato seu in cellis, et ab omnibus simul peragantur non dispersim, semper servato stricto silentio, exceptis duntaxat horis conversationum vel diebus recreationum. Orabunt autem horas Theologi non bini et bini, sed simul omnes in Theologia, et Philosophi in Philosophia.

3. Hora sexta omnes procedent ad audiendam missam et sint omnes simul in uno loco flectentes. Accedent autem ad chorum, sacrum, refectorium, capitulum semper in ordine senioratus, unus post alterum, nunquam confusi, cum omni modestia recedendo similiter et post illos semper R. P. Director, nec ulli licebit se absentare, ulterius detinere, nec praevenire vel cum aliis loqui.

4. Reversi post sacrum directe ad locum communem studii ibunt et incipient studiis vacare usque ad horam octavam.

5. Hora octava venient RR. PP. Professores et incipiet lectio scholastica, subsequitur repetitio et semper circulus,

cui etiam professores adstabunt, usque ad mediam decimam, qua audita professores statim discedent et nec se ulterius detineant, nec tempus praeveniant, nec extra tempus lectionum etiam horis recreationum ad fratres studiosos veniant, nec conceditur fratribus, professores in cellis adire, sicut nec alios conventuales sub poena sessionis humi.

6. Media decima tempus iterum studiis dabitur usque ad prandium, quod ordinarie media undecima[1]) instituitur.

7. Prandium omnes in ordine cum R. P. Directore accedent, quo sumpto et finito ibunt cum reliquis orantes psalmum Miserere ad capitulum et Nonam psallendam in choro, qua finita denuo in ordine redibunt. Exinde erit conversatio usque ad horam primam.

8. Audita hora prima iterum studiis operam dabunt usque ad horam secundam.

9. Hora 2da venient professores ad lectiones, repetitiones et circulos usque ad mediam 4^{tam}, expost statim reversuri.

10. Media 4ta Vesperas persolvent atque his peractis conceditur conversatio usque ad unum quadrantem post 4^{tam}.

11. Quadrante post 4^{tam} Theologi habent studium morale seu casuisticum, Philosophi vero ordinarium suum studium usque ad coenam seu collationem.

12. Hanc coenam seu collationem frequentabunt eo modo, quo praedictum in prandio, qua finita sequitur per horam conversatio.

13. Hora 7ma pergent protinus ad audiendam collationem spiritualem in capitulo et cantandum Completorium in choro. Postea examen conscientiae in communi et praemissis particularibus precibus hora octava cubitum se conferent, ut quadrante post octavam ordinarie sint extincta lumina, super quo quotidie visitabit P. Director.[2])

Ordinatio pro diebus recreationum.

15. Recreatio per integrum annum, tantum sit una dies in septimana sive festa incidant sive non, et hac die recreationis licet edomire usque ad 3^{tium} quadrantem ad sextam.

---

[1]) Diese frühe für die Mahlzeit bestimmte Stunde erklärt sich durch das Aufstehen schon um 3½ Uhr Morgens und durch den Mangel eines Frühstückes.

[2]) Der § 14 handelt von der Stundenordnung an Sonn- und Festtagen, an welchen auch einige Zeit dem Studium zu widmen war.

Hora sexta meditatio per quadrantem et taliter lectio spiritualis, ex post sacrum. Matutinum anticipatur pridie... Recreatio instituitur pro dierum, tempestatis et temporis circumstantiis, quam semper pridie denuntiabit P. Prior P. Directori et iste professoribus et studiosis. Exeuntes simul omnes jungantur, per conventum, aulam et oppidum bini et bini, cum eis ut plurimum P. Director, quando autem esset impeditus determinabit, quo ituri sunt... Haustus vespertinus his diebus ordinarie conceditur, adibit tamen semper unus P. Directorem et ei significabit, quot et qui petant. Dabitur cuivis, petenti 4ta pars integrae mensurae et tot quarta panis.

Quoad disciplinam.

16. Exceptis iis, quae aliter statuta sunt, quoad disciplinam, mores et alia conformabunt se statutis Graecensibus.[1]) Nullus exeat ex novitiatu[2]) sine licentia P. Directoris, quam sine graviori causa non dabit; nullus loquatur in transitu per conventum cum conventualibus, quorum nullus etiam eos conveniet et quam maxime ingressus cellarum et cubiculorum officialium interdictus esto. Litteras, si quas forte scribere necessitas est (secus abstineant) P. Directori[3]) dabunt, qui eas ad obsignandum Priori tradet, nec litteras nec quaecunque alia accipient sine scitu et consensu P. Directoris. Necessaria vel alia, quae petenda sunt, a vel per P. Directorem petantur.[4])

Quoad recreationem et de tempore, qualitate et quantitate lusus.

18. Tempus recreationum non datur, ut semper ludant, sed ut a studiis parum remittant, commotionem post sessiones habeant et invicem de rebus aliis utilibus colloqui possint, qualiter ab omnibus aliis religionibus, quae etiam studia domestica vel publica in universitatibus habent, observatur. Lusus igitur pyramidum et Billiart, tanquam lusus clamosi, permittuntur tantum diebus recreationum, item diebus dominicis et festivis post prandium, ante prandium nunquam; aliis horis conversationum per septimanam sit aut deambulatio cum con-

---

[1]) Wir werden selbe im Auszuge mittheilen.
[2]) Die geistlichen Studenten wohnten im Novitiatstracte.
[3]) Im Jahre 1711 war P. Bonifaz Kuchler Director der Theologen und Philosophen.
[4]) Der nächste Abschnitt ist überschrieben: „Quoad officia chori et altaris."

versatione vel tandem pluvioso coelo lusus Dämen Ziechen vel latrunculorum Schach oder Sakh Spill, qui non sunt clamosi. Lusus chartifoliorum quoad tempus et pro pecunia tantum conceditur ante Adventum et in Bacchanalibus, quando venerabili conventui licet, non tamen, quando medicinam sumunt vel phlebotomia utuntur, sed in istis diebus utantur ordinario praescripto superius lusu non clamato. Quoad qualitatem lusus in praedictis duobus temporibus pro pecunia cum chartifoliis tantum permittitur Träpoliren, et Piqquetten, die Pärthy aufs hechste vmb Einen Xer, nunquam autem per integrum annum saecularium lusus Trischägg, qui semper ipsis interdictus esto. Reliquo autem tempore extra praedicta non conceditur pro pecunia lusus, sed pro numis benedictis vel imaginibus et quantitas Eines gantzen Spills pariter non sit in pretio ultra duos numos vel ad summum crucigerum. Dabuntur eo fine ipsis in principio talia numismata. Ludere enim non convenit religioso pro lucro, sed pro distractione, quod etiam cum minimo pretio fieri potest. Diebus Veneris, sabbatho, vigiliis sanctorum lusu abstineant.[1]

Quoad saeculares externos Theologos et Philosophos, qui frequentare volunt.

21. Isti dependeant penitus quoad vitam et mores ac studia a suis professoribus. Venient semper hora octava et hora 2da ante lectiones ad fores portae extra novitiatum, pulsabunt et aperietur illis. Post lectiones plane se non detineant, sed statim per eandem portam redibunt et sua privata studia domi peragent... Reliqua ipsis a suis moderatoribus praescribentur.

Ad Montes die 1ma Novembris 1711.

Anselmus abbas m. p.

Ein Anhang bestimmt näher die Tage der Recreation. Am Feste des heil. Thomas Aquinas wurde im Refectorium eine Lobrede auf diesen Heiligen gehalten.

Ein anderer Theil unserer Ordenszöglinge machte seine Studien zu Graz und Salzburg. Zu Graz studirten 1707—1711 Erenbert Baron Amezaga und Marian Springer, 1708 Theophil

---

[1] Die Punkte 19 und 20 beziehen sich auf die Pflichten des Studiendirectors und der Professoren. Sie wiederholen nur das uns schon Bekannte.

Baron Jöchlinger von Jochenstein, 1709—1711 Wilhelm Graf Saurau, 1709—1713 Andreas Langer von Langersberg, 1711—1713 Erhard Romoser von Romosegg und 1712 Gotthard Mayer. Als Director der Cleriker fungirte Ignaz von Barbolan. Im Jahre 1708 hielten Marian Springer und Emmeram Thinn die gebräuchliche Disputation „Ex universa philosophia". An Kosten wurden berechnet: 200 Thesen 84 fl., 3 in Atlas gedruckt 18 fl., Druck der Dedication 12 fl., Porto von Augsburg (für die Thesen) 11 fl. 13 kr., Trompeter 3 fl., Ausschmückung des Auditoriums 2 fl., dem Pedell 2 fl. und dem P. Familias 1 fl. 8 kr. Im Jahre 1711 defendirte Marian Springer unter dem Präsidium des P. Sigismund Pusch, S. J., „Assertiones theologicae de peccatis, de gratia et merito". 1713 erlangte er das Doctorat der Theologie. Zur Erheiterung der Grazer Studenten wurden im Admonter Garten zwei Schießscheiben aufgestellt. Andreas von Langersberg studirte 1714—1717 zu Rom im Collegium Romanum. In einem Briefe ddo. Rom 5. Jänner 1715 an den Abt schreibt er, daß er sich zu Padua durch die ungewohnte italienische Kost den Magen verdorben habe; jetzt habe er sich daran gewöhnt. Im Refectorium würden Mittags fünf Speisen servirt und er sei mit der ganzen Hausordnung zufrieden. Nebenbei betrieb er das Studium der italienischen Sprache. In seinem Jahrgange der Theologie befanden sich auch ein Graf Starhemberg und ein Graf Zinzendorf. Nach seiner Rückkehr 1717 nahm er zu Graz französische Lectionen bei dem landschaftlichen Sprachmeister Jacques Grandbier und erlangte die theologische Doctorswürde. Auch den in Graz studirenden Clerikern und Alumnen gab der Abt 1710 ein eigenes Statut, welches deren Studien, geistliche Uebungen und die Recreationen regelte. In Bezug auf die Studien und den Lebenswandel standen sie unter Leitung ihres Directors; das Oeconomicum besorgte der P. Hofmeister. Gleichzeitig erfolgte auch ein Statut für diejenigen, welche zu Salzburg dem Studium oblagen. In diesem wird auch vorgeschrieben, daß sich die Studenten im Verkehre unter sich der lateinischen Sprache zu bedienen hätten. Uebrigens lehnen sich die Vorschriften für die Grazer und Salzburger Cleriker an das oben für Admont gegebene Statut.

Im Jahre 1710 disputirten zu Salzburg Placidus Mausenberger und Max Löbersorg über die „Praedicamenta" des Porphyrius. 1717—1718 studirten dort Balduin Gugkel von Weinbruch und Sigbert Graf Herberstein. Ihr Defensionsthema war: „De distinctionibus et ente rationis." An der Universität wirkte seit langer Zeit ein Admonter, Alanus Pfeifer, als Professor der Poesie (1698—1699), als Professor und Präfect der Rhetorik (1700—1703), als Professor und Decan der philosophischen Facultät (1703—1705). Später erscheint er als Professor der scholastischen Theologie, als Doctor der Philosophie und Theologie und 1716 bis 1719 als Prokanzler. Seine literarische Thätigkeit werden wir zu würdigen Gelegenheit finden.

Vertreter der Heilwissenschaft zu Admont waren zur Zeit des Abtes Anselm: Dr. Carl Friedrich Ullik (1705—1723); der Chirurg Mathias Josef Neuper (1711—1742) und die Apotheker Franz Ignaz Köttner (1704—1707), Jakob Hantsch (1708) und Joh. Adam Wehner (1716—1717).

Mehrere Stiftspriester schrieben Original-Aufsätze in theologischer, asketischer, philosophischer und historischer Richtung oder legten die Resultate ihrer Belesenheit und ihres Studiums in umfangreichen Collectaneen nieder, welche sie mit oft sonderbaren Titeln bezeichneten. In solchen Sammelbänden finden sich Auszüge aus Büchern und Zeitschriften, Tagesbegebenheiten aus der Nähe und Ferne, ernste und heitere Erzählungen, Predigten, Meditationen, Gedichte, Räthsel und medicinische Recepte in bunter Reihe. Der 1707 gestorbene Hermann Mörz[1]) war ein emsiger Compilator. Er hinterließ handschriftlich: a) „Convivium stultitiae variis jocis, risibus, facetiis et fabulis instructum." b) „Corona aurea imposita glorioso capiti ... virginis Mariae contexta pretiosis annotationum gemmis et conceptuum margaritis." c) „Aromata miscellaneorum." d) „Aurifodina amoris divini continens thesaurum sacramenti eucharistici." e) „Ambra odorifera spirans praestantissimum odorem diversorum epigrammatum praeparata curiosis naribus virosi Nasutuli."[2]) f) „Fasciculus myrrhae redolens amaritutidine variegatarum annotationum de Christo patiente." g) „Flores rosarum et lilia convallium selectarum sententiarum, adagiorum et proverbiorum." h) „Succus Marianus seu notata de B. V. Maria." i) „Thesaurus absconditus tam sacrarum tam profanarum historiarum."

An vielseitiger Gelehrsamkeit wurde Mörz überflügelt von seinem Mitbruder Rochus Schroz (Sroz † 1708). Derselbe hatte wieder-

---

[1]) An diesen richtete die Königin Eleonora von Polen, geborne Erzherzogin von Oesterreich, 1697 ein eigenhändiges Schreiben.

[2]) Enthält 516 lateinische Epigramme, deren viele Originale des Mörz sein dürften.

holt (1683 und 1700) Reisen bis an die Südspitze Italiens gemacht und sich eine reiche Kenntniß der Sprache und Literatur dieses Landes angeeignet. Werke seiner Feder sind uns noch folgende bekannt: *a)* „Caesaris Calderari conceptus scripturistici in psalmum Miserere et in Magnificat... Ad quos accessit Crucis Trophaeum ejusdem auctoris". (Aus dem Italienischen 1677.) *b)* „Itinerarium ex monasterio Admontensi usque Barium in Apulia" (1683). *c)* „Vita venerabilis dei servae Joannae Mariae Bonhomi Vicentinae, monachae ordinis s. Benedicti in monasterio s. Hieronymi Bassani." (Aus dem Italienischen 1685.) *d)* „Theatrum Turciae. In quo repraesentantur Ottomannorum confusiones, tyranides etc." (Aus dem Italienischen 1686.) *e)* „Philippi Picinelli sacrorum claustrorum doctrinae e S. Augustini regula desumptae in centum discursus divisae." (Aus dem Italienischen 1692.)[1] *f)* „Jucunda distractio seu discursus quadragesimales." (Aus dem Italienischen 1963.) *g)* „Appendix distractionis meae novem panegyricis discursibus constans." (Aus dem Italienischen 1693.) *h)* „Discursus panegyrici." (Aus dem Italienischen. Zwei Bände 1693 und 1695.) *i)* „Vincentii a s. Hieronymo mysticum spiritus s. templum." (Aus dem Italienischen 1694.) *k)* „Formica hyberna sive messis de alieno fundo, in qua variae amoenae quaestiones resolvuntur et curiosae sacrae et profanae historiae continentur." (1697. Das Meiste italienisch.) *l)* „Petri Matthaei Petrucci epistolae et tractatus spirituales et mystici." (Aus dem Italienischen 1702.) *m)* „Fabii Ambrosii Spinolae Christus patiens et virgo dolens." (Aus dem Italienischen 1704.) *n)* „La lodola decantante le mariviglie dei santi di Dio tradotte nel latino" (1706.)[2] *o)* „Navicula precum ex diversis italicis et latinis ascetis exposita." *p)* „Poetica fodina, in qua diversae eruuntur descriptiones synonymis et phrasibus adornatae a me P. Rocho Sroz in gratiam chari sui contubernalis P. Christiani Salvador latinitate donata." Wenn man annimmt, daß mehrere Operate des P. Rochus verloren gegangen sind, müssen wir gestehen, daß er eine literarische Ameise gewesen sei. Hierauf spielt die Todtenrotel an: „Instar Formicae tempora temporibus temperare,

---

[1] Das italienische Original ist betitelt: „Le massime dei sacri chiostri ricavate della regola de P. S. Agostino e spiegate in 100 discorsi." Auch von Aug. Erath existirt eine lateinische Bearbeitung.

[2] Eine Sammlung von 507 wunderbaren Begebenheiten aus den Schriften er Bollandisten, des Raber u. a. Die zwei folgenden Werke sind undatirt.

historiarum succum colligere in aestivum hybernumque alveare distributum posteris aeviternum ingenii sui reliquit monumentum. Nihil de quingentis illis Mirandis, quae indefessa opera ex incognitis aliis linguis in latinam transtulit ceterisque talentorum suorum nobilissimis partubus recensemus, sufficiat dixisse, illi cum Seneca vitam sine litteris mortem fuisse et hominis vivi sepulchrum."

Im Jahre 1713 erschien zu Salzburg: „Neues Gebett=Büchl Absonderlich Eingericht für diejenigen, so diß Gnaden=volle Gottes-Hauß am Frauenberg bey Admunth besuchen wollen."¹) Der Verfasser ist wahrscheinlich Lambert Purwalder, unter dessen Papieren man ja auch ein achtzehn Bogen starkes Manuscript „Frauenberger Gnaden" gefunden hatte. Aus dieser Zeit stammt auch eine „Prosecutio annalium Admontensium" aus der Feder eines ungenannten Admonters. Der Autor gibt eine Fortsetzung des „Chronicon Admontense" des Abtes von St. Peter, Amand Pachler, und sein Elaborat umfaßt die Zeit von 1659 bis 1713. Er verwebt in die Geschichte des Stiftes die Erzählung von allgemeinen Weltbegebnissen. Im Jahre 1716 beschenkte das Nonnenstift Nonnberg in Salzburg die Stiftskirche mit einer Reliquie der heil. Erentrud, der Nichte des heil. Rupert. Dieses kostbare Heiligthum wurde zunächst in die Kirche zu Frauenberg gebracht. Die feierliche Uebertragung in die Stiftskirche schilderte ein anonymer Admonter in einer „Compendiosa descriptio solemnis processionis, qua ... costa pectoralis ... Erentrudis ex monte B. V. Admontes deducebatur".

Maurus Knechtl († 1714) schrieb drei Tractate „De quaestuosissima animae oeconomia". Der im selben Jahre gestorbene Dr. theologiae Michael Seiz verfaßte als Professor der Philosophie zu Salzburg zwei Schriften: a) „Controversiae philosophicae de tempore, loco, materia, modo ..." (4°. Salisburgi 1668). b) „Botri vindemiae philosophicae de corpore et anima" (Salisburgi, 4°. 1668). In zehn mächtigen Foliobänden, die noch im Manuscripte vorliegen, vereinigte er die Früchte seiner umfassenden Belesenheit. Seine Rotel feiert sein Lob mit den Worten: „Semper scribere, legere, docere ... dulce reputans pluribus indefesso calamo compilatis tomis, qui ejus memoriam in senectam usque ad senium fallere nequivere."

Dem Abte Anselm widmete der Convent der Franciscaner zu

---

¹) In zweiter Auflage, Steyr 1770.

Judenburg zum Namensfeste einen „Applausus gratulatorius" (2⁰. Graecii 1710). Ein lehrreiches Beispiel damaligen Kunstdruckes. Der Kapuziner **Aemilianus Graecensis** dedicirte dem Prälaten im Jahre 1712 eine „Aurifodina divina ... Göttlicher Gold-Gruben fünff reichfließende Adern" (4⁰. Graecii). **Joh. Jos. Cajetan** von **Füllerstain** legte 1718 dem Stiftsherrn Vital Wallich ein Poem zu Füßen mit dem Titel: „Virtus coronata triumphans."

Der Abt, welcher seinen Pfarrern zahlreiche Bücher zum Studium und zur nützlichen Erheiterung an die Hand gegeben hatte, sah es auch als Ehrenpflicht an, die Bibliothek des Klosters selbst und dessen Unterrichts-Anstalten mit den neuesten Producten der Presse auszustatten. Dem Buchführer **Philipp Veith** in Graz ließ er 1711 28 fl. auszahlen. Er ließ sich 10 Exemplare der Jäger- und Waldordnung zusenden.¹) Hochbergs „Adeliges Landleben" kostete 1712 12 fl. Im Jahre 1713 bezogen zwei Buchhändler 31 fl. und 1714 der Buchführer **Daniel Walder** 20 fl. Der „Granatapfel" der Fürstin Eggenberg wurde 1715 in sechs Exemplaren beigeschafft. Für die geschriebene steierische Chronik des **Schrott** von **Hohenwart** zahlte 1716 der Abt 10 fl. 34 kr. und der Karmeliten-Prior Alphonsus a s. Josepho zu Graz quittirte über 9 fl. für zwei exegetische Werke. Im Jahre 1718 erhielt der Prior desselben Ordens Vitus a s. Bennone 15 fl. für gelieferte Bücher und Buchhändler Veith in Graz legte ein Conto mit 43 fl. ein. Die Rechnung des Buchhändlers **Joh. Adam Holzmayr** in Steyr betrug 126 fl. Von in dieser Rechnung vorkommenden Werken nennen wir nur: Pock „Der politisch-catolische Passagier". „Die europäische Fama". „Der Mercurius". Lohner „Bibliotheca concionatoria". Reiffenstuel „Theologia moralis". Im Jahre 1716 betrug der Preis der für die philosophische Lehranstalt beigestellten Bücher 102 fl. In den Jahren 1716—1730 wohnte im Markte Admont der Buchbinder **Johann Höldt**, welcher fast ausnahmslos für das Stift gearbeitet hat. Nebenbei lieferte auch **Balthasar Möst** in Graz Büchereinbände.

---

¹) Zu Graz wurde damals ein Ries „Wildemann"papier zu 3 fl. 15 kr. und ein Ries Flußpapier zu 1 fl. berechnet.

Abt Anton II. von Mainersberg. (1718—1751.)

Dieser, ein Sohn des fürstlich eggenbergischen Rentmeisters Andreas von Mainersberg, war am 20. Februar 1674 zu Graz geboren worden, wo er auch die niederen und höheren Schulen besuchte. Im Jahre 1691 vergelübbete er sich zu Admont und wir sehen ihn 1700 bis 1704 als Kaplan zu Frauenberg, 1704—1707 als Ökonom im Stifte, 1706—1717 als Kämmerer und nachdem er kurze Zeit die Würde eines Priors bekleidet hatte, erfolgte am 18. October 1718 seine Wahl zum Vorsteher der Abtei. Wissenschaftliche Bestrebungen fanden in Anton einen stets bereitwilligen Gönner. So schreibt Bernhard Pez (Anecd. I. LV.): „Antonius abbas et praesul incliti monasterii Admontensis in Stiria rigente etiam bruma et alpibus nive demersis elegantissimos et vastissimos magno numero codices manuscriptos ex amplissima bibliotheca sua ad nos pervehi jussit." [1]

Das Schulwesen erfreute sich stetiger Fürsorge von Seite des Abtes. Als Lehrer der Volksschule erscheinen: Joh. Mathias Rigele (1716—1738), Hans Paul Hueter (1730), Bartholomaeus Wihrle (1738—1755) und Nikolaus Halmhänn (1740 bis 1768). Am Hausgymnasium wirkten als Präfecten: Andreas von Langersberg (1719), Gebhard Becken (1720—1723), Isingrin Winterl (1724—1733), Bonifaz Schrazenthaler (1733—1735), Leonard Langegger (1736—1738), Leander von Catharin (1739—1740), Michael Seitz (1741—1746), Jakob von Springenfels (1747—1750) und Maurus Schroekenfur (1750—1752). Als Professoren nennen uns die Acten: Corbinian Pöhr, Basilius Stocker, Bernhard Starch, Wolfgang Raith, Gregor Haller, Johann Haller, Cajetan Pengg, Thomas Thinn, Blasius Perprich, Ambros von

---

[1] Was noch heute geschehen kann, man denke an Mommsen, ereignete sich auch in früheren Zeiten: die Bücher kamen oft beschädigt zurück. Im Codex Nr. 682 (saec. XII), welcher Werke des Abtes Irimbert enthält, legte der Bibliothekar Benedict Stabelhofer die Bemerkung nieder: „Hic liber clarissimo Pezio mutuo datus fuit et fere dimidiam partem madore corruptus rediit. So geht es, wenn man Manuscripta ausleiht; sie werden übel gehalten, kommen schlecht zurück oder bleiben gar aus. Discite posteri, hac in re difficiles esse, alias thesauris vestris privabimini. Si qui publica luce digni videantur auctores, domestici hunc laborem collatis studiis suscipiant." Diese Klage ist gewiß zum Theile berechtigt, allein im Interesse der Wissenschaft werden doch noch jetzt Admonter Handschriften an auswärtige Gelehrte verabfolgt.

Catharin und Matthäus Offner. Die Schülerfrequenz war folgende:

Jahr 1719 Schüler 43. 1720 42. 1721 35. 1722 37. 1723 44. 1724 32. 1725 30. 1726 28. 1727 33. 1728 33. 1729 35. 1730 36. 1731 32. 1732 34. 1733 26. 1734 39. 1735 41. 1736 38. 1737 32. 1738 36. 1739 33. 1740 36. 1741 36. 1742 38. 1743 37. 1744 47. 1745 48. 1746 39. 1747 32. 1749 35. 1750 35. 1751 29. Vom Jahre 1748 fehlen die Angaben.

Auch in dieser Periode stellte der Adel ein zahlreiches Contingent in die Reihen unserer Studenten. Die Kataloge nennen uns: Karl von Stainach, Marian und Anselm Lierzer von Zechenthal, Roman Ochs von Sonau, Ludwig von Hollstein, Bernhard und Emanuel von Rainspach, Seb. v. Kiebach, Jos. Romoser von Romosegg, Ferd. und Franz Posauner von Ehrenthal, Xaver von Böken, Ludwig Graf Khevenhiller, Jos. von Wolf, Ferd. und Siegfried von Vogtberg, Leopold und Ign. von Zöhrer, Ignaz von Stainprecher, Theophil und Xaver von Bischoff, Benedict, Jos. und Anton von Khern, Michael von Paumgartner, Ferd. von Hueber, David von Prevenhueber, Christoph, Jos. und Joh. von Springenfels, Karl von Haller, Jos. von Pengg, Peter von Crololanza, Ignaz von Barbolan, Franz von Melers, Thaddaeus Graf Lodron, Franz, Ferdinand und Adam Maria Baron Heidegg, Josef, Ignaz und Xaver von Grebitschitzer, Karl von Pöller, Franz von Lanius, Felix Baron Schaffmann, Leopold und Ernst Baron Muhr, Wolfgang, Christoph und Karl Graf Welsersheimb, Anton Baron Baumgarten, Franz von Fuggingen, Wenzel Baron Sternbach, Karl und Max Graf Putterer, Anton Kalhamer von Raunach, Karl Baron Wintershofen, Franz und Johann von Poldt, Jos. von Millpacher, Thomas von Rittersfeld, Valentin von Rastern, Anton von Wintersberg, Jos. und Anton von Syerko, Ferd. von Soulhiac, Jakob, Johann und Cajetan Max von Spiegelfeld, Joh. Schwarzenbacher von Pillenstein, Felix und Joh. von Herritsch, Gottfried und Jos. Ritter von Velkern, Cajetan, Joh. und Karl Springer von Lerchenreit, Franz Ritter von Hardy, Karl von Mynsell, Xaver von Froelich, Josef und

Christian von Wachendorf, Ignaz und Josef Specker von Fridenegg, Carolus de Apostolis und Josef von Herzog.

Das Haustheater wurde von der studirenden Jugend jährlich mindest zweimal benützt. Noch sind einige Stücke auf uns gekommen, wie: „Landelinus in via virtutis primitus bene ductus, in statu candidati turpiter seductus, per mortis metum denuo ad deum et s. Benedictum reductus." (4°. Styrae 1722.) „Justitiae columna ab inpietate prostrata seu Thomas Morus mori ab Henrico VIII., Angliae rege, coactus." (4°. Styrae 1725.) „Admirabile commercium creatoris cum creatura ... in Roberto, Siciliae prorege primum, sed postmodum exule sancto." (1731.) „S. Joannes Qualbertus seu capitalis inimicitia in ardentissimam charitatem mutata." (1738.) „Mors peccatorum pessima in evangelico epulone expressa." (1738.) „Aeneas Martis et Mortis victor ludo theatrali declamatus et in eo Jesus Chr. repraesentatus a Rhetorica et Poesi Admontensi." (1739.) „S. Catharina, virgo et martyr, sive christiana fortitudo." (1741.) Der Autor dieses Schauspieles war (höchst wahrscheinlich) der Stiftspriester Leander von Catharin.

An der theologischen Lehranstalt des Stiftes lehrten unter Abt Anton: Rupert Starch, Columban Stocker, Leander von Catharin, Matthäus Offner und Johann Haller. Als Professoren der Philosophie fungierten Marian Springer und Leodegar Eybl. Im Jahre 1742 unterhandelte der Abt mit der Regierung bez. der Erweiterung und wahrscheinlich des Öffentlichkeitsrechtes seiner theologischen Anstalt; über den Erfolg schweigen die Acten.[1])

Vom Jahre 1751 ist ein Studienheft des Gebhard Geist vorhanden, welches den „Tractatus de poenitentia, extrema unctione, ordine et matrimonio" nach den Vorträgen des Joh. Haller enthält. Über dieselben Gegenstände las 1743 Professor Leander von Catharin. Auch Abt Anton gab 1725 seinen Clerikern Statuten unter dem Titel „Dispositio studii domestici", welche den Hauptzügen nach mit jenen vom Jahre 1711 übereinstimmen. Wir begnügen uns, einige Punkte derselben mitzutheilen: „In Museo tempore studiorum strictum servabitur silentium, ne quis turbetur aut impediatur et ideo etiam deambulationes prohibitae sunto. In disputando omittantur syllogismorum veredarii et veniatur statim ad substantiam, ne tempus alioquin breve sine fructu

---

[1]) Krones, „Geschichte der ... Universität in Graz". S. 63 und 403.

transigatur. Neque unquam omnes conclament, sed permittantur, qui designati sunt, in forma fungi munere suo. Semper et ubique caveantur scommata, verba mordacia et cognomina aculeata, inhonesta et scurrilia. Si ineptum quid dici fierique contingat, cum charitate et in spiritu lenitatis corrigant errantem. Ut in latinitate se magis reddant exercitatos, non vernaculo sed latino ad invicem utantur idiomate."

Auch die Hochschulen zu Graz und Salzburg wurden von Admont aus beschickt. Die in Graz im Admonter Hofe wohnenden Stiftsclerifer standen unter Aufsicht ihrer Studiendirectoren. Solche Directoren waren: 1718—1719 Andreas von Langersberg, 1720—1725 Honorius Redhaber, 1728—1730 Gebhard Böckhen, 1730 Leodegar Eybl, 1732—1736 Gotthard Mayr, 1738—1739 Pius Graf Steinpeiß und 1740—1741 Leonhard Langegger. Aus den Rechnungen des Admonter Hofes lassen sich als Studenten nachweisen: Leodegar Eybl (1718—1720). Dominik Kaufmann (1719 bis 1721). Pius Graf Steinpeiß (1719—1724). Balduin Gügkel von Weinbruch (1720—1721). Siegbert Graf Herberstein und Cuthbert von Poldt (1721). Anton Kaufmann (1723). Virgil Lehrer (1723—1725). Constantin Kurz (1724—1725). Blasius Perprich (1724—1726). Aemilian Mausenberger und Columban Stocker (1725—1730). Bonifaz Schrazenthaler (1725—1731). Vital Bökhen und Heinrich Zunggo von Copriva (1728—1729). Caspar Hierzenberger und Coelestin Graf Überacker (1729—30). Anselm Posancko (1729—1731). Gregor Haller (1729—1732). Augustin Sulzer (1730). Roman Leuthner (1731). Leonhard Langegger und Christoph Schoiber von Schwannenburg (1731—1733). Leander von Catharin und Siegfried Sartori (1731—1736). Ambros von Catharin (1732—1735). Franz Schelzinger (1732—1736). Corbinian Pöhr (1733—1736). Michael Seiz (1733—1738). Aegid Bischof (1734—1736). Modest Raab (1736). Benedict von Springenfels (1738—1739). Basilius Stocker (1738—1740). Matthäus Offner und Zacharias Gstabler (1739). Johann Haller, Urban Haas und Hieronymus Hueber (1739—1740). Adalbert Canaval, Cajetan von Pengg und Jakob von Springenfels (1740).[1]

Vom Stifte sustentirte fremde Studenten erscheinen zu Graz:

---

[1] Vom Jahre 1741—1758 zeigt sich eine Lücke in unserer Quelle.

1717—1719 Anton Lierzer, 1721—1722 Michael Seywalder, 1724 N. Ochs von Sonau, 1734—1735 Anton Geist und 1739—1741 N. Gretler. Johann Klingenstainer war 1743 im Genusse eines Dr. Wagner'schen Stipendiums.

Pius Graf Steinpeiß, Philosophiae magister, defendirte 1724 sub Praeside Jos. Perbegg S. J.: „Conclusiones theologicae de fide, spe et charitate." Der Cleriker Aemilian Mausenberger brachte 1727 die Vorträge des P. Anton Sporenus S. J.: „De deo uno et trino" zu Papier. Gelegentlich einer akademischen Disputation, welche die FF. Aemilian und Columban im Jahre 1726 hielten, überreichte P. Leopold Wetzinger S. J. folgende Kostenberechnung: „Pro 200 thesibus 64 fl., pro 20 thesibus superadditis 6 fl., pro duabus thesibus attalicis[1]) 9 fl., pro sculpta dedicatione et conclusionibus 3 fl. 30 kr., pro portorio et telonio 5 fl. 20 kr., pro peristromatibus[2]) 4 fl., pro tibicinibus 6 fl., pro taxa d. pedelli 2 fl., pro taxa patrisfamilias 1 fl., pro ligulis 51 kr., id est 101 fl. 41 kr." Im Jahre 1729 kamen die Thesen der beiden oben genannten Cleriker auf 89 fl. zu stehen. Ein Schulheft des Caspar Hierzenberger handelte über die Lehre „De peccatis et gratia". Da der Jahr für Jahr wiederkehrende Thesendruck eine ziemliche Quantität Papier erforderte, bezog man 1730 von dem Kaufmanne Jakob Bacciochi in Salzburg 2¼ Centner Thesenpapier. Leonhard Langegger schrieb 1731 nach den Vorlesungen des P. Franz Eszdelan S. J. den „Tractatus de virtute et sacramento poenitentiae". Matthäus Offner sammelte 1739 die Vorträge des P. Cajetan Orsi „De virtutibus theologicis" in einem Hefte.

An der Universität zu Salzburg war 1728 der Lehrstoff in folgender Weise vertheilt. An der theologischen Facultät: S. scriptura, theologia speculativa, moralis et polemica (seu controversiarum.) Die juridische Facultät besaß den Lehrstuhl des canonischen Rechtes. Gegenstände der philosophischen Facultät waren Ethik, Geschichte, Mathematik und Rhetorik. Die betreffenden Professoren bildeten den akademischen Senat. Am Gymnasium trug man vor Poesie, Syntax, Grammatik und Rudimenta. Als Lehrer walteten ihres Amtes die Admonter Placidus Mausenberger (Syntax, 1724—1726), Cuthbert Poldt (Philosophie, 1728—1729) und Dr. Rupert

---

[1]) In Atlaß gebunden.
[2]) Ausschmückung des Auditoriums.

Starch (Canonisches Recht, 1748—1749). Der Stiftscleriker Pius Graf Steinpeiß hörte 1727—1729 dort das canonische Recht. Er disputirte öffentlich über die Jura Cleri. Die auflaufenden Kosten brachte er in Rechnung und zwar: Dem Buchdrucker für 500 Thesen 219 fl.,[1]) dem Buchbinder 72 fl. 30 kr., den Trompetern und Pauckisten 18 fl. 15 kr., dem Pulsator 3 fl., dem Pedell 4 fl., für die Sessel aus der hochfürstlichen Garderobe 1 fl., für Decorirungen des Festsaales 6 fl. und für das den Oppugnanten im Kloster St. Peter gegebene Abendmahl 20 fl., Summa 343 fl. 45 kr.

Für seine philosophisch-theologische Haus-Lehranstalt gab am 4. November 1741 der Abt ein neues Statut, dem wir einige Anordnungen entnehmen:

"De officio et facultate Directoris.

Cum supremam altiorum scholarum curam nobis reservatam velimus, his vero ob frequentiorem absentiam aliaque negotia in persona invigilare non possimus, necessarium esse duximus, ut Directorem, qui vices nostras immediate subeat, constituamus. Illius proinde cura et officium erit, ut

1mo studiosis religiosis quoad disciplinam regularem et statutorum observantiam sedulo invigilet, sic enim futurum est, ut eos pietatis et scientiae fructus faciant, quos a studio domestico hauriendos speramus. Quare saepius illos visitabit, an distributionem temporis tam quoad studia, quam exercitia spiritualia exacte observent.

2do Eidem incumbet, ut defectus, quos advertet, fraterne corrigat. Si praeter spem nostram quis foret, qui post unam alteramque monitionem emendare se nollet, ad nos deferatur.

3^{tio} Dum facultatem denominandi recreationum dies eidem tribuimus, ejusmodi denominationem cum RR. PP. Professorum consilio aut annutu fieri volumus.

4to In danda deambulandi licentia non sit difficilis ad hoc tamen intentus, ne exeuntes absque praescitu alibi divertant aut diutius emaneant.

5to Statuimus, ut sollicite attentat, ne cum saecularibus

---

[1]) Der Disputations-Tractat umfaßte in quarto 39½ Bogen. Die Druckerei Joh. Jos. Mayr selige Erben forderte per Bogen (Satz, Druck und Papier) 5 fl. 30 kr. „nebst beliebiges Trinkgeld für die Gesellen". Ein solches verlangte auch der akademische Buchbinder Jos. Pichler.

seu in monasterio degentibus seu extra illud constitutis conventiones aut familiaritates habeant.

6to Cum Professoribus amice conveniat et in rebus seu religiosae seu scholasticae disciplinae cum iis conferat.

7° Volumus, ut saepius per annum de progressu et statu studii domestici nos certiores reddat.

Huic muneri ut eo ferventius ac expeditius praeesse et invigilare possit ac velit, eum uti et Professores a choro ita eximimus, ut in solemnioribus duntaxat festis ad Matutinum et Laudes obligentur."

Die Verordnungen für die Studenten lehnen sich bezüglich der asketischen und kirchlichen Uebungen an das Statut des Abtes Anselm vom Jahre 1711. Die tägliche Beschäftigung dauert von 3½ Uhr Morgens bis 8¼ Uhr Abends. Um 11 und 6 Uhr wurde gespeist und neun Stunden waren dem Studium und den Vorlesungen gewidmet. An Sonn- und Feiertagen war dem Studium eine geringere Zeit zugemessen. Wir lassen hier noch folgen die

Statuta quoad disciplinam.

„Conversatio cum conventualibus et multo magis cum saecularibus inhibita est. Cubicula officialium absque Directoris licentia non frequentent. Pecunias suas ad Directoris manus et custodiam deponant; sine cujus praescitu nec litteras aperiant aut alio mittant, quin ab eo obsignentur. Directori uti et Professoribus debitam exhibeant observantiam eorumque judicio potius quam proprio stantes sint, dum in scholastica arena certatur. Si contingat, ut quis haec nostra constituta violet, volumus, ut a Directore transgressionis veniam petat. Pro ordinaria deambulatione et pyramidum lusu est hortus aulicus.[1]) Porro ut ordinate majori cum fructu et hilaritate studia pertractent, eos ob oneribus servitutis et lectionis ad mensam eximimus uti et a ministerio altaris exceptis diebus dominicis et festivis." — Was die Einrichtung und den Studienplan der höhern Schulen im Stifte anbelangt, dürften im 17. Jahrhundert die Normen der Jesuiten-Universität beobachtet worden sein, während man sich später den Lehrplan der Benedictiner-Universität Salzburg aneignete. Der Lehrplan „Methodus studiorum tam humaniorum tam severiorum in scholis et gymnasiis Benedictinis per Germa-

---

[1]) Für die Novizen war ein eigener Garten angewiesen.

niam tradenda", wie solchen Oliverius Legipontius[1]) entworfen hatte, wird in seinen Hauptzügen als Richtschnur gedient haben.

Die Hygiene besorgten unter Abt Anton die Doctoren **Gallus Kastl** (1724—1727) und **Anton Andreas Wagner** (1728—1743); die Chirurgen **Mathias Josef Reuper** (1711—1742) und **Josef Metz** (1743—1757) und die Pharmaceuten **Ignaz Goeßler** (1721), **Ignaz Christoph Goak** (1726—1729) und **Christian Strobl** († 1732).

Auf dem Felde der Wissenschaft und Literatur sind mehrere Admonter mit Ehren zu erwähnen: **Coelestin Romoser** von Romosegg († 1720), schrieb a) "Tractatus de meteoris historico-philosophicus" (2°. Salisburgi 1700). b) "Quaestiones philosophicae selectae" (8°. Salisburgi 1700). c) "Collectio quaestionum principalium in philosophia" (8°. 1700, Druckort vermuthlich Salzburg). d) "Philosophia rationalis seu commentarius in universam Aristotelis logicam" (2°. Salisburgi 1702). e) "Philosophia transnaturalis seu commentarius in universam Aristotelis metaphysicam" (2°. Salisburgi 1703).[2]) f) "Alphabetum Patrum et Scriptorum ecclesiasticorum Ordinis S. Benedicti."[3]) In der 1720 unter dem Titel "Ascesis posthuma" gedruckten Sammlung der Werke des Ignaz von Clavenau findet sich im Eingange eine Lebensbeschreibung dieses ebenso gelehrten als heiligmäßigen Mannes, deren Verfasser ein ungenannter Admonter ist. Als gewiegter Kanzelredner galt **Erhard Romoser**. Zwei seiner Predigten sind auf die Nachwelt gekommen: "Virtus de morte triumphans oder die große Tugend-Zierd und herrlicher Todt..." (Trauerrede auf den Abt Anton Stroz von St. Lambrecht. 4°. Steyr 1724.) "Sapientia gloriosa, das ist die hohe hellglantzende... Weißheit deß... Hönig-trieffenden Lehrers Bernardi." (Rede, gehalten im Kloster Schlierbach. 4°. Linz 1724.)

Ambros Dietmayr († 1725) war Autor folgender Schriften: a) "Virtus coronans et coronata sive Godefridi abbatis mitralis inauguratio" (1699). b) "Applausus pro tertio anniversario electionis Godefridi abbatis" (1702). c) "Perfecta recta expressa imago dei." (Rede bei der Primitz des P. Ignaz von Barbolan

---

[1]) Ziegelbauer, "Historia litteraria O. S. B." I. 294—301.

[2]) Die beiden letztgenannten Commentare waren das Substrat von Defensionen der Cleriker Bruno Nebel, Rudolf Graf Überacker und Honorius Rebhaber an der philosophischen Haus-Lehranstalt.

[3]) Manuscript, 2°, 202 Blatt, in der Stiftsbibliothek.

zu Eisenerz. 2°. Grätz 1713.) Angehängt ist ein chronogrammatisches Poem auf den Eisenerzer Bergbau. *d)* „Codex epistolaris" (2°. Zwei Bände).¹) *e)* „Hortus mysticus" (2°). *f)* „Politica christiana aeternis fundata principiis" (2°). Von dem Stiftspriester Gebhard Boeckhen ist eine gedruckte Predigt bekannt: „Der Reiche Mann, das ist Bertholdus, Abt des ... Stifft Gärsten..." (4°. Steyr 1727). Der Professor der Philosophie zu Salzburg Cuthbert Poldt verfaßte: *a)* „Tractatus super ‚Deum non facere entia rationis'" (8°. Salisburgi 1728). *b)* „Disputatio menstrua de multiplicitate et qualitate Logicae" (8°. Salisburgi 1728). *c)* „Primus et secundus Physicorum cum parergis ex universa philosophia" (4°. Salisburgi 1729). Ein unbekannter Hausgenosse verfaßte 1731 ein „Necrologium Admontense". Der Conventuale Adalbert Heufler von Rasen († 1734) hinterließ unter seinen Papieren eine „Geschichte und Beschreibung der Kirche Altötting zu Winklern bei Oberwölz". Von dem 1733 gestorbenen Benedict Wellacher berichtet die Todtenrotel: „Conciones plus mille singulari studio elaboratas et mira eruditione refertas, omnes luce publica dignissimas reperimus." Er verfaßte auch unter der Bezeichnung „Ephemerides Hallenses" ein Tagebuch, in welches er 1699—1718 die merkwürdigsten Vorkömmnisse in der Pfarre Hall eingetragen hat. Gleichfalls als Prediger genoß Ildephons Lehrer († 1737) eines verdienten guten Rufes. Im Drucke erschien: „Der glorreiche Namen, das ist die allerheiligste Mutter Anna..." (Gehalten zu Schlierbach. 4°. Linz 1714.) „Via compendii ad deum, das ist Kurze Handweisung zu der... Wissenschafft der Erkantnuß Gottes." (Vorgetragen zu Spital am Pyhrn. 4°. Linz 1718.) Die Bibliothek besitzt vier Quartbände seiner handschriftlichen Reden aus der Zeit von 1698—1705.

Viele literarische Leistungen sind uns aus der Feder des Dr. Alanus Pfeifer († 1737) bekannt. Diese sind: *a)* „Sagitta occidens, der untergehende Pfeil..." (Trauerrede auf den Abt von St. Peter Karl Schrenk von Nozing. 4°. Salzburg 1704.) *b)* „Triumph deß... Patriarchen Benedicti..." (Predigt zu St. Peter. 4°. Salzburg 1702.) *c)* „Quinque talenta seu donum quinque sensuum exteriorum, hoc est: anima sensitiva in suis operationibus externis expensa." (Philosophische Dissertation. 8°. Salisburgi 1705.) *d)* „Job redivivus et mortuus. Ein anderer Job im Leben und Sterben."

---

¹) Verlornes Manuscript. Auch die zwei folgenden Handschriften werden vermißt.

(Leichenrede auf den Lambrechter Abt Franz von Kaltenhausen. 4⁰. Salzburg 1707.) *e)* „Character sacramentalis Christi domini et satanicus Anti-Christi nec non utriusque sequacium." (Theolog. polemische Dissertation. 8⁰. Salisburgi 1713.) *f)* „Rubus Moysis spinosus et luminosus seu tractatus de sacramento poenitentiae" (8⁰. Salisburgi 1714). *g)* „Die bishero verdeckte nunmehro entdeckte Schätz des Schnees..." (Trauerrede auf die Aebtisin von Nonnberg Mar. Magdalena von Schneeweis. 4⁰. Salzburg 1715.) *h)* „Tractatus theologicus exhibens in prima parte Verbum incarnatum, in secunda ss. Christi sanguinem cum duodecim ejusdem elogiis" (4⁰. Salisburgi 1716). *i)* „Tractatus theologicus de virtute religionis ejusdemque actibus tam internis quam externis. Tractatus de vitiis virtuti religionis oppositis" (4⁰. Salisburgi 1716). *k)* „Quodlibetum theologico-Thomisticum selectarum quaestionum ex Summa doctoris angelici collectum" (4⁰. Salisburgi 1717). *l)* „Tractatus theologicus de restitutione in genere et specie" (4⁰. Salisburgi 1718). *m)* „Alauda Ulyssiponensis, das himmelsteigende lieblich singende Lerchlein von Lisabon... Antonius von Padua..." (Predigt gehalten bei den Franciscanern zu Salzburg. 4⁰. Salzburg, ohne Jahr.) *n)* „Mantissa sanctarum precum continens officia de ss. Scholastica, Mauro, Placido aliisve."[1]) P. Alanus hatte über eine satyrische Ader zu verfügen. Anläßlich der Abtswahlen 1696 und 1718 schrieb er Verse, betitelt „Circa electionem futuri praesulis ex patria, officio et nomine omen juxta illud: Conveniunt rebus nomina saepe suis." In denselben werden die zur Prälatur mehr oder minder sich eignenden Charaktere der einzelnen Capitularen einer Kritik unterzogen. So sagt er z. B. von sich selbst: „Forsan, Alane, cupis solus altissimus esse? Praesulis in solio dicere jus aliis? Dulce licet cantet carmen tua fistula, sed non saltabunt patres, sicut habere cupis."

Um das Jahr 1740 verfaßte ein Ungenannter eine „Concordantia Breviarii monastici".[2]) Der Doctor philosophiae Karlmann Bierholz († 1745) entwickelte eine umfassende literarische Thätigkeit. Er schrieb: *a)* „Sol occidens a moestis sideribus deploratus. Die untergehent Sonn von dem gesambten Himmels Gstirn schmertzlich beweint..." (Leichenrede auf Propst Joh. Heinr. Renarts zu Spital am Pyhrn. Steyr 1693.) *b)* Deutsche Uebersetzung von

---

[1]) Manuscript in der Bibliothek.
[2]) Gleichfalls.

Aegid Raubeck „Kalendarium Benedictinum seu vitae Sanctorum O. S. B." (4⁰. Augsburg 1710). c) „Dominicale et Festivale" (4⁰. Ratisbonae 1721, Norimbergae 1724). d) „Resonans e montibus echo. Dominicale et Festivale" (Salzburg und Linz 1726). e) „Praerogativa ordini Benedictino a deo, summis pontificibus, conciliis, patribus atque a societate Jesu adjudicata" (1728).¹) f) „Sol oriens. Die aufgehende Sonn." (Trauerrede auf Propst Heinr. Fürst von Spital. 2⁰. Linz 1732.) g) „Meditationes pro omnibus anni diebus" (8⁰. Viennae 1734). h) „Die göttliche Krafft= und Trostſtimm aus dem chriſtkatholiſchen Sion" (4⁰. Nürnberg 1737). Als Curioſum mag bemerkt werden, daß Bierholz ſeine eigene Tobtenrotel verfaßt hatte. Er gibt in derſelben ein Curriculum vitae suae, betont ſein Wirken als Bibliothekar, Lehrer und Pfarrer („cura creditorum mihi librorum et liberorum"), und auf ſeine ſchriftſtelleriſchen Leiſtungen hinweiſend, ermahnt er ſeine hinterlaſſenen Mitbrüder zur Vorſicht und Selbſtprüfung. „Pervolvite" ſagt er, „Annum Benedictinum me interprete linguae patriae restitutum, disquirite conciones meas populares et catecheticas, lustrate lumina practica in utraque lingua patria et latina per me nuper a deo vobis accensa, et frenos habebitis, qui meo periculo cautos coerceant, ne etiam vos in hunc locum tormentorum²) veniatis."

Der Pfarrer zu Wildalpen, Vital Boeckhen, verfaßte 1746 „Corona stellarum, curationum mirabilium nec non oblationum ecclesiae in Wildalpen enumeratio".³) Leander Catharin, Profeſſor an der theologiſchen Haus=Lehranſtalt, commentirte 1743 den Tractat des Aquinaten „De poenitentia, extrema unctione, ordine et matrimonio". Schon früher (1741) hatte er eine „Comödie" ausgearbeitet. Der Doctor canonum und Profeſſor zu Salzburg Rupert Starch übergab der Preſſe die Schrift: „Index ecclesiasticus ordinarius sive tractatus juridicus ad Tit. XXXI, libri I, decretalium de officio et potestate judicis ordinarii..." (4⁰. Salisburgi 1748). Im Jahre 1750 ſchrieb Johann Haller nebſt dem Commentare „De poenitentia etc." auch ein „Supplementum Breviarii Parisiensis". Gleichzeitig entwarf Gottfried Winkler ein „Manuale confessarii pro obvia necessitate et opportuni-

---

¹) Handſchrift. Ein eigenes Capitel führt die Überſchrift: „Ortus et progressus monasterii Admontensis."

²) Fegefeuer.

³) Manuſcript im Stiftsarchive.

tate utile". Noch mag mancher einheimische Autor zur Zeit des Abtes Anton die gelehrte Arena betreten haben, worüber uns keine Nachrichten erhalten sind.

Der herrliche Bibliothekssaal im Stifte wird gewöhnlich und ausschließlich als Schöpfung des Abtes Matthäus Offner erklärt, zu welcher Behauptung wohl auch der Umstand die Handhabe geboten hat, daß im Saale die Büste dieses Abtes aufgestellt ist. Die großartige Idee und die Ausführung des Rohbaues muß dem Abte Anton vindicirt bleiben. Er war es, welcher den Architekten Gotthard Hayberger mit dem Entwurfe des Planes betraute; er knüpfte Verbindungen mit den Malern Goetz und Altomonte und mit dem Bildhauer Stammel an, und in einer Rechnung des Admonterhofes vom Jahre 1745 erscheint der Posten: „Zur neuen Bibliothek 137 Eichenladen[1]) 27 fl. 36 kr." Anton sah leider nicht mehr die Vollendung des grandiosen Baues, und seinem Nachfolger Matthäus wurde die Aufgabe, die schöne Decoration des Saales ausführen zu lassen.

Einen ausgezeichneten Leiter hatte die Bücherei in der Person des Dr. Theologiae Sigismund Münnich. Für ihn war die Bibliothek kein ängstlich gehüteter, hermetisch fremden Forschern verschlossener Raum, sondern eine Quelle des Wissens, welche jedem Berufenen fließen sollte. Ziegelbauer[2]) gibt ihm das schöne Zeugniß: „Sigismundus Münnich, Admontensis in Stiria monasterii percelebris nullique secundus pereruditus bibliothecarius, multa egregia literaria monumenta cum fratribus Peziis communicavit, quae illi postmodum typis exscribenda curarunt." Der schon genannte P. Alan Pfeifer widmete ihm anläßlich einer Abtenwahl nachstehendes Epigramm:

„Si nostros inter montes Parnassus et inter
　Dantes vota etiam Musae et Apollo forent,
Si non mitra, tamen florens Tua tempora laurus
　Lingeret, ingenium tam decet illa Tuum."

Auch die Rotel verkündet sein Lob: „Splendor honoris Admontanorum, exquisitis bibliothecam libris, quantum licuit, instruxit. Nihil de eruditione hujus viri, cujus nomen jam libris doctorum insertum omni posteritati legendum asservatur." Ein noch vorhandener Handschriften-Katalog vom Jahre 1728 dürfte von ihm angelegt worden sein. Er starb als Prior und Jubelpriester am 20. October 1754.

---

[1]) Wohl für die Bücherschränke.
[2]) L. c. I. 615.

Auch dem Abte Anton fehlte es nicht an literarischen Dedica=
tionen. Die akademische Sodalität Annuntiationis B. V. in Graz
widmete ihm 1728 die Neuauflage von Pinamontis Werke: „Sanctissi=
mum cor Mariae." Der Weltpriester und päpstliche Protonotar
Gottfr. Anton Rascher von Weyeregg dedicirte ihm 1735 die
Predigt: „Die Wunder=würckend und Wunders=würdige Zungen des
h. Antonii von Padua" (4°. Steyr 1735). Der Lambrechter Willi=
bald Mejak feierte das Andenken unsers Abtes in einer Leichenrede:
„Völle der Täg, Tugenden und Ehr des ... Herrn Antonii..."
(2°. Steyr 1752).

Der Bücherbestand der Bibliothek erfreute sich durch die Muni=
ficenz des Abtes großer Bereicherung. Auf zahlreichen Einbänden sieht
man sein Wappen und Monogramm. Wir begnügen uns mit einigen
Daten, welche aus Rent=Rechnungen gezogen sind. Gekauft wurde 1719
Ferd. a Rechbach „Observationes ad stylum curiae". Im Jahre
1720 zahlte man für das Wiencrische Diarium 8 fl.[1]) Auf sonderbare,
in jener Zeit durch die Regierung gebotene Weise, kam eine große
Anzahl protestantischer Bibeln, Postillen und Tractate nach Admont.
Der Abt, als Archidiacon des Ennsthales, hatte das Aufsichts= und
Visitationsrecht in den Pfarren dieses Bezirkes, und die Pfarrer waren
gehalten, unkatholische Bücher in Beschlag zu nehmen.

Von Salzburg kam 1726 eine Kiste mit erkauften Büchern, und
am Linzer Markte machte man für 41 fl. Einkäufe. Das Conto des
Buchführers Philipp Jakob Veith zu Graz betrug 1728 30 fl.
Darunter eine gedruckte Beschreibung, wie der Abt im Namen des
Papstes Benedict XIII. einen Sohn des Grafen Sigmund Wel=
sersheimb zu Graz aus der Taufe gehoben hatte. Der Tractat „De
deo uno et trino" von Sigismund Pusch kostete 1 fl. 8 kr. Im
Jahre 1729 erhielt ein ungenannter Buchhändler 100 fl. Für die
„Bavaria sancta" des Rader zahlte man 15 fl. Im Jahre 1730
gelangten zwei große Kisten mit Büchern aus dem Schlosse Großlob=
ming in das Stift.[2]) Im Jahre 1731 erscheint in den Rechnungen
der Posten: „Dem Buchführer N. 103 fl."[3]) Joh. Veit Hanck erhielt
1735 für ein Buch mit Galleriestücken 20 fl. Der Capitular P. Isin=
grin Winterl erwarb 1739 das „Catholicon" des Johannes

---

[1]) Ein Büschl gemeiner Federkiele kostete um diese Zeit in Graz 6 kr.

[2]) Da damals Graf Franz Sigm. Welsersheimb Besitzer dieses Schlosses
war, dürften die Bücher mit Bezug auf jenen Taufact ein Geschenk desselben gewesen sein.

[3]) Papierpreise in Graz 1733: Ein Ries Salzburger Postpapier 5 fl. 30 kr.,
ein Ries Fließpapier 51 kr.

Balbus de Janua (Venetiis 1490, Hermann Liechtenstein) um 2 fl. (!) Im Jahre 1744 kamen neun Landkarten in Rahmen gespannt auf 2 fl. 52 kr. Dem Abte Anton ist auch der Ankauf des Monumentalwerkes „Corpus Byzantinae historiae" (Parisis 1648—1740) zu verdanken. Auch erwarb er (1721) Martene „Thesaurus novus Anecdotorum" (Parisiis 1717).

Im Jahre 1736 starb der Converse Laurentius Weingartner, welcher seit 1691 als Buchbinder im Kloster gewirkt hatte. Aber auch dem Buchbinder Johann Hölbt im Markte Admont wurden viele Arbeiten zugewendet.

Die Aebte Matthäus Offner (1751—1779) und Columban von Wieland (1779—1787).

Matthäus Offner, der 1716 geborne Sprößling einer bürgerlichen Familie zu Obdach, wurde von einem St. Lambrechter Stiftspriester in das Atrium der lateinischen Sprache eingeführt, erhielt zu Judenburg und Leoben den weiteren Unterricht in den Gegenständen des Gymnasiums, studirte Philosophie und Theologie um 1737—1741 zu Graz, legte 1737 die Profeß in Admont ab und wirkte hier als Pfarrer zu Weng, Lehrer am Hausgymnasium, Professor der Theologie, Secretär, Hofmeister und Archivar. Als Abt war er Präses der Salzburger Universität und der Benedictiner-Congregation. Die wissenschaftliche Bildung seiner Geistlichen, das Schulwesen und die Bibliothek förderte er nach den besten Kräften. Die Rotel gibt ihm das Zeugniß: „Juniorum praeprimis in disciplinis seu philosophicis seu theologicis aut jurisprudentiae progressibus vigili semper intendens oculo eorum aliquos in universitates etiam, immo Romam usque ablegavit. Nec alia ratio est, quod bibliothecam noviter e fundamentis erectam auro copioso marmoreque[1]) polito fulgere ac fornices ejus omnium scientiarum symbolis artificiali plane penicillo ad oculorum illicium adumbratis ornari voluerit, ut filiorum animis, quo ipsemet incredibiliter flagrabat, scientiarum amorem instillaret." Er erbaute die Schulhäuser zu Kammern und Wildalpen und erneuerte jene zu St. Lorenzen und Gaishorn. An der Volksschule im Stifte wirkten unter ihm Josef Hydn, Franz Rotsch, Jakob Pachauer und Gabriel Edenfelner. Im Jahre 1777 wurde diese Anstalt zum Range einer

---

[1]) Der Abt selbst hatte gelegentlich einer Reise nach Wildalpen den dortigen Marmorbruch entdeckt.

Normalhauptschule erhoben. Der Abt ließ die nöthigen Lehrkräfte auf seine Kosten zu Graz ausbilden und versah die Schule mit den vorgeschriebenen Lehrmitteln.

Am Hausgymnasium wurde der Status der Lehrer vermehrt. Als Präfecten desselben erscheinen die Stiftpriester: Sigismund von Springenfels (1753—1755), Carl Friedrich (1756—1761), Georg Perger (1762—1764), Columban von Wieland (1765 bis 1767), Peter Rinn (1767—1777) und Joh. Reinisch (1778). Neben diesen lehrten Maurus Schröckenfur, Thomas Thinn, Bartholomäus Harl, Gebhard Geist, Ignaz Pierpaumb, Maximilian Herzog, Matthäus Dillinger, Odo Springer, Rupert Vorderleitner, Isigrin Haslinger, Anselm Höher, Carlmann Ponholzer und Philipp Pusterhofer. Die Schülerzahl war folgende: 1752 32. 1753 44. 1754 49. 1755 43. 1756 50. 1757 53. 1758 52. 1759 60. 1760 63. 1761 66. 1762 71. 1763 75. 1764 73. 1765 64. 1766 50. 1767 52. 1768 54. 1769 60. 1770 60. 1771 48. 1772 40. 1773 40. 1774 44. 1775 49. 1776 55. 1777 56. 1778 54.

Dem Adel gehörten an die Studenten: Max von Fridmann, Cajetan Lierzer von Zechenthal, Leopold und Ferdinand von Pichl, Leopold Graf Thurn, Anton Baron Larok, Karl von Schitz, Ernst Baron Griming, Ernst Graf Wildenstein, Felix und Alexander Graf Stubenberg, Karl Erich von Mellenbach, Wilhelm von König, Sigmund von Lampl, Michael und Ferdinand von Pohl, Cajetan von Hueber, Franz von Kriechbaum, Jos. und Anton von Wieland, Leopold und Matthäus von Suppan, Karl Graf Stadl, Alois und Anton Baron Moscon, Ferdinand Graf Galler, Anton von Varena, Vincenz und Ludwig Ritter von Hauslab, Ernst Ritter von Vogtberg, Anton Baron Codelli von Fahnenfeld, Leopold Graf Sauer, Michael Ritter von Prandenau, Johann Baron Silva, Vincenz und Joh. Schwarzenbacher von Pilstein, Albert und Hieronymus von Codroipo, Karl Prugger von Pruggheim und Leopold Graf Strasoldo.

Im Jahre 1764 lieferte der Optiker Andrea Ruspino in Graz eine Luftpumpe um 120 fl. Mit Hofdecret vom 10. Mai 1777 wurde das Gymnasium als öffentliche und landesfürstliche Anstalt erklärt und denen in Graz und Marburg gleichgestellt.[1]) Das Amtssiegel

---

[1]) Krones, l. c. 101.

zeigte den Doppeladler mit dem steirischen Panther im Herzschilde, darunter das Stiftswappen und führte die Umschrift: „Sigillum caesareo-regii Gymnasii Admontensis." Von den in dieser Periode auf dem Haustheater aufgeführten Stücken sind uns noch einige erhalten, wie: „Illustre juventutis speculum divus Edmundus." (1754 mit eingelegten deutschen Gesängen.) „Sacrificium divinae providentiae seu filia Jephtes" (1755). „Hirlanda seu innocentia triumphans" (1757). „Innocentia seu Maria Stuarta" (1763). „Clementia Elvirae" (1770).

Über das philosophische Studium mangeln uns die Quellen und wir können nur constatiren, daß Gebhard Geist und Basilius Matzke als Lehrer in diesem Fache fungirt haben. An der theologischen Anstalt wurden Dogmatik (speculative und polemische), Moral, canonisches Recht, Exegese und hebräische Sprache vorgetragen. Pastoral, Homiletik, Liturgik und Kirchengeschichte wurden nebenbei in den Unterricht eingeflochten. Als Professoren der Theologie erscheinen: Maurus Schroeckenfux (1752—1755), Bartholomäus Harl, Bonifaz Schrazenthaler (1745—1775), Anselm Höher (1765—1774), Basilius Matzke (1773—1774) und Rupert Vorderleitner. Aus dem Jahre 1754 haben sich noch gedruckte Thesen erhalten, welche an der Hauslehranstalt vertheidigt worden sind. An der Universität zu Salzburg lehrten: Ignaz Pierpaumb, professor inferiorum, Gebhard Geist, Professor der Philosophie (1760—1762) und der Dr. philosophiae Dominicus Dorfmayr (1772—1774).[1]

In Graz studirten nur noch wenige Admonter.[2] Selbe standen unter Direction des Jakob von Springenfels (1755—1756) und des Josef Hueber (1758—1759). Wir sind nur in der Lage, drei dieser Studenten nennen zu können: Coelestin Grillitsch (1755 bis 1757), Matthäus Dillinger (1755—1759) und Engelbert Bischof (1756—1759). Neben den von J. B. Wagner gestifteten Stipendiaten unterstützte das Stift auch andere studirende Jünglinge mit Geld oder gab ihnen Unterhalt im Admonter Hofe. Derlei Wohlthaten genoßen Franz Haslinger (1763), Anselm Zapf (1767 bis 1768) u. a.

Vertreter der Heilkunde waren in Admont: Dr. N. Peratfoner (1756), Dr. Gottfried Anton Wagner (1757), Dr. Theodor

---

[1] Im Jahre 1773 quittirte der dortige Rector über 400 fl., welche Abt Matthäus zum Unterhalte der Professoren angewiesen hatte.

[2] Gotthard Kuglmayr hörte zu Rom 1774—1776 die Theologie. Einer seiner dortigen Lehrer war Gregor Chiaramonti, nachmals Papst Pius VII.

Rigotti de Prato (1760—1774), Dr. Joh. Georg Plicker (1774); die Apotheker Joh. Anton Berger (1752—1753), Franz Sebald (1755), Joh. Kollenbach (1758—1759), Dominik Dosold (1759—1763) und der Chirurg Anton Unger (1760 bis 1785).

Das Wirken auf literarischem Felde unter Abt **Matthäus** bezeugen noch vorhandene Manuscripte und Druckwerke und die bezüglichen Roteln bringen das wissenschaftliche Streben mehrerer Capitularen zur Kenntnis der Nachwelt. Ein Anonymus schrieb: "Notanda circa missas de Requiem et circa officium defunctorum" (8°. Styrae 1755). Sebastian Hoepflinger benützte 1755 seine freie Zeit zur Abschrift von Wietrowski: "Methodus vivendi cum tranquillitate in sacro claustro." Franz X. Wiser († 1760) hinterließ zahlreiche von ihm verfaßte Predigten. Dasselbe Jahr gab zweien admontischen Kanzelrednern Gelegenheit zu Trauerreden. Jakob von Springenfels feierte in einer "Ruhm= und Trauerrede" das Andenken des Propstes Anton von Spital (2°. Steyr 1760) und Siegfried Sartori übergab der Presse "Die mit Tugend, Ruhm und Ehren ausgeschmückte Inful . . ." (Auf Abt Eugen Graf Inzaghi von St. Lambrecht. 2°. Steyr 1760.) Gebhard Geist verfaßte: *a)* "Philosophiae eclecticae notio historico-apologetica cum positionibus ex prooemio Philosophiae et Logicae" (4°. Salisburgi 1761). *b)* "Praenotiones philosophicae ad criticam cum positionibus ex ontologia . . ." (4°. Salisburgi 1762). *c)* "Motus corporum physico-mechanice expensus cum positionibus ex Metaphysica speciali et Physica" (4°. Salisburgi 1762). Der Dr. Philosophiae Dominicus Dorfmayr war Autor der Schriften: *a)* "Dissertatio brevis de claritate et obscuritate sermonis humani cum positionibus ex prooemio Philosophiae universae et Logicae" (8°. Salisburgi 1773). *b)* "Positiones et quaestiones, theoremata et problemata ex Logica universa" (8°. Salisburgi 1773). *c)* "Positiones ex universa Philosophia" (4°. Salisburgi 1774).

Der hervorragendste Admonter Gelehrte jener Zeit war unstreitig Bonifaz Schrazenthaler, welchen die Rotel als "vir praeclarae eruditionis et scientiae" preiset, obwohl von seinen hinterlassenen Geisteswerken wenig auf uns gekommen ist. Wir können nur folgende Schriften verzeichnen: *a)* "Eloquentia muta novi Abelis. Die stumme Beredsamkeit eines neuen Abelis." (Leichenrede auf Abt Chilian Wehrlein von St. Lambrecht. 2°. Steyr 1737.) *b)* "Christus theologice expensus sive dissertationes theologiae dogmatico-polemico-scholasticae de verbo et verbo incarnato..." (2°. Graecii 1754).¹) c) „Theses ex universa theologia dogmatico-polemicoscholastica secundum mentem angelici doctoris Thomae Aquinatis" (4°. Graecii 1754). d) „Theses ex universa theologia... unacum parergis ex s. scriptura et historia ecclesiastica" (2°. Graecii 1755). Anonym schrieb er e) „Historia coenobii Admontensis chronologice a quodam monacho ejusdem monasterii conscripta a tempore fundationis usque ad obitum scriptoris."²) Placidus Lierzer von Zechenthal bearbeitete 1778 eine „Beschreibung und Geschichte der Kapelle Altötting zu Winklern bei Oberwölz".³) Bernhard Starch († 1778) hinterließ handschriftlich: a) „Sinnbilder der heil. Regel." (Mit 50 colorirten Federzeichnungen, und 1742 der Aebtissin zu Göß Maria Antonia Gräfin Ueberacker gewidmet.) b) „Acht Seeligkeiten des geistlichen Stand oder VIII Abhandlungen von geistlichen Mitteln, die seelige Freyheit der Kinder Gottes anzunehmen und das unseelige Sündenjoch abzulegen" (1743).⁴) c) „Goeßerisches Jugend= und Tugendmuster." (Lebensbeschreibung der nachmaligen Aebtissin Maria Henrica Freiin von Poppen. 1748.) d) Predigt am Feste Maria Geburt (1773). e) „Himmlischer Wahrsager oder apostolischer Planetenleser." Ein ungenannter Admonter verfaßte: „Concordantia Breviarii monastici ad usum religiosorum et concionatorum."

Im Jahre 1753 widmete die Sodalitas B. Mariae ab angelo salutatae et sine labe originali conceptae zu Graz dem Abte Matthäus eine neue Auflage von Sandinus „Historia familiae sacrae".⁵) Der Zögling des Löwenburg'schen Convictes in Wien Franz X. von Wieland dedicirte 1756 dem Abte „Propositiones logico-metaphisicae". Der Benedictiner zu S. Justina in Padua Basilius Terzi unterbreitete 1765 dem Abte das Werk: „De natura cogitantis principii atque idearum mentis humanae."

---

¹) Die Buchdruckerei Widmanstetter rechnete für den Druck von 58 Bogen auf Postpapier in 300 Exemplaren 244 fl. 30 kr.

²) Schrazenthaler ist 1775 gestorben; seine Arbeit reichte aber nur bis zum Jahre 1732. Das Manuscript gieng beim Brande 1865 zu Grunde. Muchar rühmt dem Autor nach, daß er die Urkunden fleißig benützt und eine gesunde Kritik der Quellen geübt habe.

³) Manuscript im Stiftsarchive.

⁴) Der Autor benützt als Grundlage seines Operates die Schriften des Geiler von Kaisersberg.

⁵) Auf dem Widmungsblatte die Wappen des Stiftes und Abtes.

Der Edelknabe zu Salzburg Ernst Franz Graf Wildenstein übertrug in das Deutsche das Buch des Franz X. Manhart S. J.: „Quinque consiliarii hominis christiani." Dem verewigten Abte († 19. April 1779) hielt der Lambrechter Maurus Zauchenberg die Trauerrede. (2⁰. Klagenfurt 1779.)[1])

Der Erwerb von Büchern war dem so hochgebildeten Abte eine Angelegenheit von Wichtigkeit; der Schale — dem schönen Büchersaale — durfte der Kern — die Literatur — nicht fehlen. Wir können nur einige Daten über Ankäufe hier bringen. Im Jahre 1753 kaufte man Antesperg „Kaiserliche deutsche Grammatik" (2 fl.), drei Grätzerische Almanache (1 fl. 4 ß.), „Thesaurus benedictionum" (1 fl.). Eine Rechnung vom Jahre 1754 enthält: Ziegelbauer „Historia lit. O. S. B." (16 fl.), Pohl „Kirchenhistorie" (3 fl. 8 ß.), „Grammatica graeca Patavina," „Scrivelii lexicon graecum," „Radices linguae graecae." Im Jahre 1755: Ein ungenanntes Werk des Karmeliten Liberius a Jesu in sieben Bänden, die Physik von Khell und die Ethik von Roys, Graveson „Historia ecclesiastica", Reinerus „Bibliotheca hebraica". Im Jahre 1756: Reinerus „Janua linguae hebraicae", Grueber „De privilegiis". Im Jahre 1757: Mangolt „Physica", Engstler „Grammatica hebraica", Pichler „Compendium juris canonici". Im Jahre 1760: Perez „Institutiones juris civilis".[2])

Im Jahre 1763 schenkte Dr. Jos. X. Ferner zu Graz dem Stifte seine Bibliothek, meist juridischen Inhaltes.[3]) Im weiteren Verlaufe der Jahre 1764—1779 entnehmen wir den Rechnungen: Scherffer „Institutiones physicae", „Biblia graeca," der I. Theil der handschriftlichen Chronik des Joh. Friedrich Schrott (4 fl. 1 ß.), „Der Christ in jedem Alter" (eine in Wien erscheinende Wochenschrift 5 fl.), Caesar „Annales ducatus Styriae (3 Bände 5 fl. 2 ß.), 54 theologische Schulbücher (55 fl.), ein weiteres Conto für Lehrbücher (182 fl.). Der Abt von Kremsmünster Erenbert Meyer machte ein Geschenk mit dem Werke von Beda Plank: „Jubelfeier des tausendjährigen Kremsmünsters" (Linz 1778). Im Jahre 1752 starb der Converse Cassian Heller, welcher durch zwanzig Jahre als Buchbinder im Kloster gearbeitet hatte. Joh. Kollersberger (1772) und Hugo

---

[1]) Eine zweite Leichenpredigt gehalten von Constantin Hauer (Preßburg?) ist in unserer Bibliothek nicht vorfindlich.

[2]) Die Grazer Zeitung kostete damals 6 fl. 8 ß.

[3]) Nachträglich mußte das Stift ein noch für Ferners Bücher ausstehendes Conto von 121 fl. berichtigen.

Lagler, beide Laien, erscheinen als Buchbinder im Stifte. Aus der Zeit des Abtes Matthäus stammt ein Metallstempel mit Wappen, bestimmt zur Decoration der Bücherdecken.

Dem Abte Columban von Wieland hatte die Vorsehung nur eine kurze Zeit der Regierung beschieden, und selbe ward durch die kirchenreformatorischen Verordnungen, welche in das innerste Wesen der Klöster einschnitten, nur zu sehr getrübt. Zu Graz 1735 geboren, studirte er zu Admont und Kremsmünster, verband sich 1754 durch die Profeß dem Stifte, absolvirte daselbst die Theologie, war 1760 bis 1762 Kaplan zu Wildalpen, 1762—1767 Gymnasiallehrer und 1772—1779 Rentmeister. Nach dem in seinem Wahljahre aufgenommenen Inventar zählte die Stiftsbibliothek ca. 35.000 Bände. Die Verwaltung derselben leitete 1775—1790 Mathias Fritsche. Er verfaßte für jede in der Bücherei vertretene Wissenschaft alphabetische Verzeichnisse, deren fünf auf uns gekommen sind, und einen Manuscripten-Katalog (im Jahre 1777), welcher 783 Nummern zählt und welchem ein Index initiorum tractatuum angehängt ist.

Dem Volksschulwesen wurde in der Normalschule erhöhte Aufmerksamkeit zutheil. Der jeweilige Prior des Klosters war Inspector und Visitator des Unterrichtes innerhalb seines Decanates. Die Hauptschule im Stifte hatte ihren eigenen Localdirector, welcher zugleich die Religionslehre vortrug. Dieses Amt führten: Honorius Dorfmayr, Gallus Hoepflinger und Andreas Reiner. Als Lehrer sind bekannt: Franz Rotsch, Jakob Pachauer, Gabriel Edenfelner und Georg Häupl. Die Schule bestand aus vier Classen und derselbe Lehrer begleitete seinen Schülerkreis durch alle vier Abtheilungen. Unter Abt Columban wurden Schulen errichtet und Schulhäuser gebaut zu Oeblarn, Tonegg, St. Martin im Ennsthale, Ardning, Traboch, Winklern bei Oberwölz, St. Jakob in Windischbücheln, St. Georgen an der Pößnitz und Unter-Kunigund. Die Kosten dieser Bauten und ihrer Einrichtung trug fast ausnahmsweise das Stift.

Am k. k. öffentlichen Gymnasium zu Admont erscheinen als Lehrorgane: Rupert Vorderleitner, Anton Stenitzer, Gregor Voglreiter, Philipp Pusterhofer, Maurus Blashir, Isidor Hinterseer, Josef Stenitzer, Gallus Hoepflinger und Alois Worschitsch. Der Besuch der Anstalt war folgender: Jahr 1779 Schüler 48. 1780 38. 1781 46. 1782 39. 1783 32. 1784 30. 1785 26. 1786 18.

Der Grund der geringen Frequenz im letzten Jahre war die im Zuge befindliche Uebertragung des Gymnasiums nach Leoben, welche

Stadt seit 1773 (Aufhebung des Jesuitenordens) einer höheren Schule entbehrt hatte. Von adeligen Studenten sind zu nennen: Johann und Alois Ritter von Kofflern, Alois und Georg von Peball und Christian Baron Cobelli von Fahnenfeld. Seit 1779 war für das griechische Sprachstudium ein eigener Professor angestellt. Der Schüler Carl Prugger von Pruggheim war 1779 der erste, welcher mit der vom Staate beigestellten Ehrenmedaille (numisma caesareum) betheilt wurde. In diesem Jahre waren auch neun Jünglinge im stiftischen Convicte. Ueber das Studententheater dieser Zeit fehlen die Angaben. Nur von c. 1785 liegt der Entwurf eines dramatisirten Schäfergedichtes: „Die Hochzeit auf der Alm" vor. Es wäre denkbar, daß dieses Stück anläßlich eines Besuches des Kaisers Josef in der Kaiserau bei Admont in Scene gesetzt worden sei.

Im Jahre 1786 wurde die Translation des Gymnasiums nach Leoben zur Thatsache und im Stifte wurde bis 1808 Privatunterricht an die Sängerknaben und einzelne Externe ertheilt. In Leoben wurden drei Zimmer für die Schule und die Wohnungen der Professoren im Kloster der Dominicaner eingerichtet. Den Jahresgehalt für jeden Lehrer mit 445 fl. und die Kosten der Beheizung mußte das Stift aufbringen. Am 3. October zog der Lehrkörper mit acht Schülern in die Stadtpfarrkirche, der Präfect hielt ein heil. Geistamt, worauf mit einer lectio brevis der Unterricht begann. An dieser Lehranstalt wirkten als Präfecten die Admonter: Anton Stenitzer (1786—1797), Gregor Voglreiter (1798—1803), Bonifaz Maderspacher (1803 bis 1804) und Franz Launsky von Tiefenthal (1804—1808); außer diesen als Professoren: Stanislaus Polnitzki, Raimund Kauperz, Justus Zedler, Adam Jacop, Aemilian Milde, Victorin Weinreiter, Max von Barbolan und Gotthard Wißiak. Die Schülerfrequenz erhob sich selten über 40 Köpfe. 1787 waren 24, 1795 39, 1803 31, 1805 45 und 1808 31 Studenten. Darunter waren Adelige: Franz Ser. von Ebenthal (1787—1791), Carl Franz von Sigmund (1787), Jakob von Zierjowsky (1787), Leonhard von Bußetti (1787), Mathias von Marko (1787), Franz von Koflern (1790—1793), Adam von Roell (1792), Xaver von Unruhe (1793—1797), Johann von Vinter (1793), Joh. Malleck von Wertenfels (1795—1799), Franz Schönwetter von Heimbach (1797—1798), Cajetan von Wieland (1798—1801), Franz von Crollolanza (1799—1804), Franz von Sauer (1799—1803), Karl von Briegel (1800—1801), Anton von Schäfersfeld (1801—1805), Franz von Ziernfeld

(1801—1804), Carl von Crollolanza (1802—1804), Vincenz von Kriechbaum (1802—1803), Ferd. von Ziernfeld (1802—1804), Cajetan von Ebenthal (1803—1806), Anton von Schlüting (1803), Vincenz von Peball (1806—1808), Ferd. von Eggenwald (1807—1808) und Franz von Schäfersfeld (1808).

Dem „Protocollum Praefecti in caes. regio gymnasio Leobiensi" entnehmen wir einige Daten: Die ersten Jahre vermißte man den Abgang der Ehren= und Schandbänke, aber 1789 wurde diese didactische Lücke beseitigt. Die Schandbank bekam schwarzen Anstrich, hingegen malte man auf die Ehrenbank Rosengewinde. Die Prämienvertheilung wurde mit Musikschall verherrlicht. Im Jahre 1790 betrieb Abt Gotthard die Auflösung des Gymnasiums und die Errichtung einer Akademie im Stifte. Der Hofbescheid erfloß abschlägig. „1794 am 6. Februar sind durch schreckliche Erdbeben auch die Gymnasial=Wohnungen so erschüttert und beschädiget worden, daß durch acht Tage keine Schule gehalten werden konnte." „1797 sind die Gymnasialschulen noch vor dem Einfall der Franzosen in ein k. k. Militärspital umschaffen worden."

Doch kehren wir wieder nach Admont zurück. Da finden wir 1779 Isingrin Haslinger als Professor der Philosophie und theologische Lehrstühle hatten inne: Edmund Prandstätter, Dominik Dorfmayr und Gotthard Kuglmayr. Doch die Tage dieser höheren Studien im Stifte giengen zur Neige. Am 30. März 1783 ergieng ein Hofkanzlei=Decret, dessen drei erste Punkte lauteten: „1. Vom 1. November 1783 ab haben alle philosophischen und theologischen Schulen in sämmtlichen Klöstern und Stiften aufzuhören. 2. Die bereits eingekleideten Religiosen sind behufs der Fortsetzung ihrer Studien an Universitäten und Lyceen zu schicken. 3. Jeder Ordens= oder Weltgeistliche hat künftighin seine Ausbildung in den General=Seminarien zu erhalten." — Alle Klöster, mit Ausnahme der Mendicanten, mußten die Kosten für ihre Seminaristen tragen, und alle Zöglinge erhielten gleiche Bekleidung, daher die äußeren Merkmale der einzelnen Orden völlig gelöscht erscheinen. Hiemit schloß (bis zum Jahre 1801 bzw. 1810) der Unterricht in den philosophischen und theologischen Disciplinen im Stifte, welcher seit 1711 ununterbrochen stattgefunden hatte.

Im Jahre 1782 erhielten vierzehn Admonter die „Facultas legendi libros haereticos". Ausgenommen waren die Werke des Molina, Macchiavelli, Voltaire u. a. Im folgenden Jahre wurde eine gleiche Licenz mehreren Conventualen eingeräumt, mit Ausschluß der von der Wiener Büchercensur verbotenen Schriften. In dieser Zeit fand die Literatur keine namhafte Bereicherung durch admontische Schriftsteller, jedoch fehlte es nicht an Männern, welche nicht müßig am Borne des Wissens saßen. Unsere Todtenrotteln bringen hiefür Belege: „1779 (†) Johann B. Haller. Aurea divi Thomae opera ipsi tam pretiosa erant, ut nullum praetermiserit diem, quo non ex ordine legeret capitulum, nec melioris notae autor typo imprimebatur, quem suum non fecisset, et ne peregrini idiomatis thesauri ipsum laterent, gravia inter negotia … gallicam et italicum linguam proprio potissimum Marte ita didicit, ut excelleret." „1782 (†) Benedict a Springenfels. Conservandae ac amplificandae bibliothecae nostrae curam in se suscepit scientiarum alioquin amantissimus aeque ac expertissimus." „1785 (†) Magnus Salcher pro suis et confratrum usibus speciales quoscunque in choro, in conventu et ecclesia ritus ac consuetudines provida et admodum sedula conscripsit manu, sicut ipsa dein directoria nostra communia annuatim, quoad vixit, composuit." Am 21. October 1784 segnete das Zeitliche Michael Seitz.[1]) Er hinterließ unter dem Titel „Archivum monasterii Admontensis" in zwei Foliobänden eine Art Klosterchronik, welche aber nur bis zum Jahre 1576 reicht.[2]) Die Heilkunde übten unter Abt Columban die Doctoren Johann Georg Plicker und Franz X. von Waltenhofen und die Chirurgen Anton Unger und Anton Mordstein. Als Apotheker fungirte Simon Deffle.

Abt Gotthard Kuglmayr. (1788—1818.)

Dieser hatte 1754 im Schlosse Wurmberg in der unteren Steiermark das Licht der Welt erblickt, kam als neunjähriger Knabe nach Admont, wo er den Gymnasialstudien oblag, absolvirte zu Graz die Philosophie, machte 1771 Profeß im Stifte, hielt sich 1774—1776 zum Behufe des theologischen Studiums in Rom auf, wo er zum Doctor promovirt wurde. Dort vertheidigte er in Gegenwart von sechs

---

[1]) Nicht zu verwechseln mit dem 1714 gestorbenen Stiftspriester gleichen Vor- und Zunamens.

[2]) Leider verbrannt. Muchar sagt von dem Autor: „Er übertrifft seinen Vorgänger (Bonifaz Schrazenthaler) durch emsigen Fleiß, Einwebung der Zeitgeschichte und manche kritische Berichtigung, vorzüglich über die Nachfolge der Aebte, auch durch zierliche Darstellung des Ganzen." Vom P. Joachim Manz erhielt sich handschriftlich: „Allgemeine nützliche Regeln und Lehren von dem Weinbau und Bearbeitung deren Weingarthen." 1788.

Cardinälen Lehrsätze des canonischen Rechtes mit so glänzendem Erfolge, daß ihm Lehrstühle zu Neapel und Florenz in Aussicht gestellt worden sind. Sein Herz und das Gefühl der Dankbarkeit gegen sein Stift zogen ihn aber in die Heimat. An der theologischen Anstalt zu Admont lehrte er das geistliche Recht, Dogmatik und Exegese, fungirte als Rent- und Hofmeister und am 17. April 1788 erfolgte seine Wahl zum Vorsteher der Abtei. Gotthard gebot über ein umfassendes Wissen, war ein Mann von feiner Weltbildung, welche ihm die höchsten Kreise der Gesellschaft erschloß, beherrschte mehrere lebende Sprachen, war ein ausgezeichneter Musiker, ein Mäcen aller wissenschaftlichen und humanen Bestrebungen und dies mehr, als die Pflicht erheischte und das Interesse seines Hauses gebot. Unter ihm stieg das Stift in seinen Mitgliedern zur höchsten wissenschaftlichen Blüthe, gelangte aber auch zur untersten Stufe des materiellen Verfalles. Doch die Gerechtigkeit fordert es, zu constatiren, daß des Abtes Wirksamkeit in eine trübe Zeit gefallen sei und wir dürfen nur auf die französischen Invasionen, auf das Finanzpatent vom 20. Februar 1811 und auf die Nachklänge der josefinischen Reformen hinweisen, um den Mann vom Vorwurfe unbedachter Verschwendung zu reinigen. Gegen die Macht der Verhältnisse kämpft ja oft vergebens die Spannkraft des Geistes.

Gotthard verstand es, ausgezeichnete Männer aus aufgehobenen Klöstern, wie Raphael Genhart und Placidus Sartore aus Einsiedeln, Cölestin Keppler aus Wiblingen und Benedict Stadelhofer aus Roth an die Brüdergemeinde seines Stiftes zu fesseln. Er stand im lebhaften Verkehre mit hochgestellten und gelehrten Personen und unterstützte gern und munificent wissenschaftliche und gemeinnützige Anstalten und Vereine. Männer wie die Dichter Joh. Georg Fellinger und Ladislaus Pyrker, der Historiker Julius Schneller, der Orientalist Josef von Hammer,[1] der Chemiker Humphry Davy und viele andere weilten als Gäste zu Admont und wechselten Briefe mit dem Abte. Das Joanneum zu Graz, dessen Curator er war, der Musikverein, die Sparcasse und die Landwirthschaftsgesellschaft ehrten den Abt als Mitbegründer und wohlwollenden Förderer. Als Kaiser Franz 1810 das Stift besuchte, stellte er seiner Gemahlin unseren Abt mit den Worten vor: „Sieh, Louise, den Mann, der dem Staate und den Wissenschaften so wichtige Dienste leistet." Wenn wir noch bemerken, daß Gotthard Verordneter der steierischen Landschaft, Ritter des Leopoldsordens und geheimer

---

[1] Einer seiner Brüder war unter dem Namen Cajetan Mitglied des Stiftes.

Rath gewesen, meinen wir in Umrissen sein Bild gezeichnet zu haben. Die Detailmalerei sei Aufgabe der folgenden Zeilen.

Die Direction der Normalschule führten um diese Zeit: Andreas Reiner (1785—1787), Stanislaus Polnitzky (1803), Constantin Keller (1803—1810), Zacharias Haan (1810—1814) und Ignaz Somerauer (1814—1825). Als Lehrer wirkten: Franz Kallenberger (1781—1792), Johann Moser (1798 bis 1810), Franz Zach (1791—?), Franz Traunbauer (1792 bis 1854),[1]) Maximilian Rolli (1810—1828) und Jakob Fürnkranz (1810—1819). Es mag hier die Notiz stehen, daß seit langer Zeit stets vier bis sechs Knaben als Ministranten für den Kirchendienst mit voller Verpflegung im Stifte gehalten wurden, welcher Gebrauch noch immer fortbesteht. Sie genießen den Elementarunterricht in der Volksschule und wenn ein besonderes Talent bei einem oder dem andern zu Tage tritt, wird er auch in den Gymnasialgegenständen unterrichtet.

Das Privatgymnasium im Stifte bestand jetzt je nach der Schülerzahl aus 3 bis 5 Classen.[2]) Als Lehrkräfte sind in der Periode 1786 bis 1808 zu verzeichnen: Andreas Reiner, Constantin Keller, Victorin Weinreiter, Gerard Endres, Michael Prast, Stanislaus Polnitzky, Magnus Roeck und Adam Jacop. Die Schülerfrequenz war folgende:

Jahr 1787 Schüler 8. 1788 13. 1789 13. 1790 18. 1791 16. 1792 17. 1793 17. 1794 20. 1795 18. 1796 19. 1797 24. 1798 27. 1799 30. 1800 33. 1801 34. 1802 30. 1803 46. 1804 44. 1805 29.[3])

Von adeligen Studenten sind zu nennen: Philipp Graf Stubenberg (1791—1792), Johann von Bischof (1793—1796), Franz von Deppisch (1797—1803), Nikolaus Gasteiger von Lorberau (1798—1803), Johann von Scheuchenstuel (1800—1803), Josef von Priebeling (1805) und Josef Baron Bubna (1805 bis 1806).[4])

Nach der 1808 erfolgten Aufhebung des Gymnasiums zu Leoben stieg im allgemeinen die Frequenz der gleichartigen Anstalt im Stifte, aber selbe mußte noch einige Zeit ihren Privatcharakter behalten. Am

---

[1]) Decorirt mit dem silbernen Verdienstkreuze und excellenter Organist.
[2]) Eine sechste Classe finden wir in den Jahren 1800 und 1803.
[3]) Von den Jahren 1806—1808 fehlen die Kataloge.
[4]) Johann Graf Welsersheimb war Convictist und besuchte 1790—1791 die Normalschule.

15. Juni 1812 erschien ein Studien=Hofcommissions=Decret, welches das Gymnasium in Admont (und die philosophische Anstalt) als öffentliche k. k. Institute erklärte.¹) Mit dem Gymnasium war ein Convict verbunden, welches in den Jahren 1809—1820 mit zwischen 17 und 33 Zöglingen wechselte. Im Jahre 1813 waren 7 Privatisten. In dieser Periode erscheinen als Professoren: Victorin Weinreiter, Adrian Hueber, Anselm Purgleitner,²) Maximilian Winkler, Justus Zebler, Vincenz Schwarzl, Josef Maur, Rembert Bischof, Ferdinand Dorizio, Nikolaus Bacher, Oswald Mayr, Sales Riedmüller, Matthäus Unterlader, Franz von Tiefenthal, Gotthard Wisiak, Conrad Math, Amilian Milde,³) Leopold Schnitzer, Xaver Vogt und Blasius Trenk. Man muß des Abtes energische Fürsorge bewundern, mit welcher er in verhältnißmäßig kurzer Zeit einen kleinen Areopag der Wissenschaften zusammen gebracht hat. Eine solche Fürsorge war aber gewiß am Platze, denn bald galt es, die Gymnasien zu Judenburg und Graz mit Stiftspriestern zu besetzen, wo wir mehrere der Genannten wieder finden werden. Die Lehrgegenstände waren dem damaligen Studienplane (vom Jahre 1805) entsprechend: Religionslehre, Elemente und Grammatik der lateinischen Sprache, Geographie, Geschichte, Mathematik, Naturgeschichte, Physik, griechische Sprache, Poetik und Rhetorik. Im Zeichnen gab Anleitung Constantin Keller. Den Besuch der Anstalt zeigen folgende Ziffern:

Jahr 1809 Schüler 28. 1810 37. 1811 52. 1812 62. 1813 72. 1814 52. 1815 44. 1816 50. 1817 49. 1818 49. 1819 41. 1820 40.

Dem Adelsstande gehörten an die Schüler: Josef Baron Bubna (1809—1812), Alois Ritter von Pistor (1809), Anton von Franken (1810—1814), Karl von Tigrenberg (1810—1814), Franz von Schäfersfeld (1810—1813), Vincenz von Peball (1810—1811), Joh. von Klebersberg (1811—1814), Ignaz von Peball (1811—1813), Karl von Plappart (1811—1814), Karl von Scheuchenstuel (1811), Raimund von Weißenberg (1811—1812), Ehrenreich von Scheuchenstuel (1812 bis 1815), Franz Graf Attems (1813—1814), Karl Eblingen von Kleinhofen, Jean Daval de la Gaitte (1813), Anton Gibel von Kettenstein (1813), Ferdinand von Catharin

---

¹) Krones, l. c. 131.
²) War Supplent in der Rhetorik und Poesie.
³) Ein Neffe des Erzbischofs Vincenz Milde von Wien.

(1813—1814), Ignaz von Föbransberg (1814—1818), Karl Graf Goes (1815—1816), Ludwig Baron Saffran (1815 bis 1816), Leopold Graf Strasoldo (1815—1818), Gotthard van der Null (1816—1817), Cajetan von Scheuchenstuel (1816), Friedrich von Scheuchenstuel (1816—1818), Franz von Eisels= berg (1817—1820), Jos. Launsky von Tiefenthal (1817), Karl von Schickh (1817), Jos. von Eiselsberg (1818—1819), Peter Graf Goes (1818), Wilhelm von Jacomini (1818), Eduard und Gustav von Pantz (1819), Franz von Scheuchen= stuel (1819—1820) und Karl von Cziraky (1820). Von 1812 bis 1819 erscheint in den Acten ein Schuldiener Anton Greinegger. Dessen Bezüge waren: Besoldung 50 fl., 365 Laib Brot à 12 kr., Offizierskost[1]) für 4 Personen, 4 paar Schuhe, 14 Klafter Holz, freie Wohnung und jedes zweite Jahr Rock und Beinkleid von grauen mittel= feinem Tuche. Von den Trinkgeldern der Studenten konnte er zwei Mägde besolden. Sein Nachfolger war Johann Zatsch.

Um 1801 richtete Abt Gotthard ein Theater ein, welches damals jeder kleineren Stadt zur Zierde gereicht hätte. Bühne, Schnürrboden, Versenkung, Decorationen, Maschinen, Orchester, Parterre und Galerie waren nach größeren Vorbildern geschaffen und den Zuschauerraum zierten anmuthige Blumenmalereien. Zunächst für die Cleriker und Gymnasiasten bestimmt, diente das Theater auch zu wohlthätigen Zwecken und bisweilen spielte eine fremde Gesellschaft oder trat ein Gast von Bedeutung auf. Mit den lateinischen Schauspielen, welche immer verzopfter worden waren, hatte man längst gebrochen und die deutsche Muttersprache trat in ihre Rechte. Im Jahre 1814 wurden zum Besten der armen Studenten aufgeführt die Stücke: „Das neue Jahrhundert." „Das zugemauerte Fenster." „Der ungeschickte Lügner oder der mißlungene Betrug." „Die Geschwisterliebe." 1815: „Die beiden Auvergnaten." „Die Bettelstudenten." Im Jahre 1817 gelangte Schillers „Lied von der Glocke" zur scenischen Darstellung.[2])

Der Umstand, daß Admont so ausgezeichnete Organe des Unter= richtes besaß, bewog die Regierung, dieselben dem Grazer Gymnasium dienstbar zu machen. So finden wir den 1803—1804 Leo Kalten= egger und Franz von Tiefenthal dort als Professoren. Ein

---

[1]) Alle weltlichen Officiale des Stiftes, wie die Lehrer, Beamten, Förster, wurden bis auf die neueste Zeit „Officiere" genannt.

[2]) Dieses von Gotthard eingerichtete Theater war bis zum Jahre 1840 in Benützung. Nach dem Brande wurde das Locale in Magazine verwandelt.

Hofkanzleidecret vom 8. October 1804 bestimmte, daß die Lehrstellen des Gymnasiums nach und nach durch Admonter besetzt werden sollen. Von 1806—1813 war **Andreas Reiner** Präfect der Anstalt und fungirte 1810—1813 als Director und Visitator sämmtlicher Gymnasien Innerösterreichs. Als er als Prior in das Stift berufen wurde, sah ihn Staat und Stadt schwer scheiden und ersterer ehrte den Schulveteranen mit der großen goldenen Medaille. Hören wir die Anerkennung seiner Verdienste in einem damals Ton angebenden Blatte.[1]) „Seinen Kenntnissen in dem humanistischen Fache, seiner Thätigkeit, seinem sanften mit Ernst gepaarten Charakter verdankt das Gymnasium zu Grätz den dermaligen Flor und den guten Ruf, in welchem es steht. Durch sein kluges Benehmen wußte er die Professoren zum harmonischen Zusammenwirken nach dem allgemeinen Zwecke des Unterrichtes hinzuleiten ... Man würde Anstand genommen haben, auf die Enthebung desselben von seinen drei Aemtern[2]) anzutragen, wenn nicht die Leitung der ansehnlichen Stiftsgemeinde zu Admont, welche als eine Pflanzschule von Lehrern und Erziehern für einen großen Theil der steyermärkischen Jugend betrachtet werden muß, für den Staat ebenfalls wichtig wäre."

Sonst waren noch zwischen 1804 und 1820 am Grazer Gymnasium folgende Admonter angestellt: **Ulrich Speckmoser, Hartnid Dorfmann, Ämilian Milde, Magnus Roeck, Gerard Endres, Vincenz Schwarzl** und **Victorin Weinreiter**. Von diesen erhielten Dorfmann und Weinreiter die große und Milde die mittlere goldene Civil-Ehrenmedaille.[3])

Mit Allerhöchster Entschließung vom 9. Mai 1803 wurde das seit 1783 aufgehobene Convict in Graz als Staatsanstalt wieder ins Leben gerufen und bald der Leitung der erprobten Schulmänner Admonts anvertraut. Als Directoren wirkten: **Gregor Vogelreiter** (1803—1804), **Andreas Reiner** (1804—1813), **Cajetan Hammer** (1813—1815) und **Magnus Roeck** (1815—1827). Als Präfecten erscheinen innerhalb dieser Zeit: **Leo Kaltenegger, Franz von Tiefenthal, Victorin Weinreiter, Hartnid Dorfmann, Ulrich Speckmoser, Gerard Endres, Vincenz Schwarzl,**

---

[1]) „Vaterländische Blätter für den österreichischen Kaiserstaat." 1813. Maiheft, S. 233.

[2]) Reiner war auch Director des Convictes zu Graz.

[3]) Dem Leo Kaltenegger wurde in der Folge das goldene Verdienstkreuz mit der Krone zuerkannt.

Justus Zebler, Blasius Trenk, Hermann Predl, Edmund Rieder und Placidus Kokal. Die Subpräfecten wurden dem Priesterseminar entnommen, nur 1816—1817 fungirte als solcher der Admonter F. Eduard Omann.

Seit dem Jahre 1782 war das Studium der Theologie und Philosophie im Stifte aufgehoben. Mit November 1810 begannen hier wieder privatim die Vorlesungen der philosophischen Gegenstände und 1812 erfolgte die Erhebung dieser Anstalt zum Range eines k. k. öffentlichen Institutes.[1]) Leider gieng dasselbe mit September 1818 wieder ein; die Gründe dieser mißlichen Erscheinung lagen wohl zum Theile in der Resignation des Abtes und in den zerrütteten materiellen Verhältnissen des Hauses. Gotthard hatte für seine Lehranstalten große Opfer gebracht; nach seiner eigenen Aufschreibung betrug in den Jahren 1806—1813 die Ankaufssumme der literarischen Hilfsmittel (nur für die Schulen) 8931 fl. Schüler-Verzeichnisse haben sich keine erhalten. Die Anstalt umfaßte zwei Jahrgänge. Der Stundenplan war: Im ersten Jahrgang Mathematik (nach Vega) 8, theoretische Philosophie 4 Stunden. Im zweiten Jahrgang Physik (nach Neumann) 3, praktische Philosophie 4 Stunden. In beiden Jahrgängen Weltgeschichte (nach Schneller) 3, Religionslehre (nach Frint) 2 und griechische Literatur 1 Stunde. Fachprofessoren waren für Philosophie Justus Zebler und Oswald Mayer, für Mathematik Max Winkler, für Physik Gotthard Wisiak,[2]) für Universalgeschichte Blasius Trenk, für griechische Philologie Albert von Muchar und Urban Ecker, für Religionslehre Cölestin Keppler und Anselm Burgleitner. Wie das Gymnasium im Stifte führte auch die philosophische Anstalt ihr eigenes Siegel. Es finden sich zwei verschiedene Gepräge. a) Der kaiserliche Adler, darunter das Stiftswappen. Umschrift: „Institutum philos. c. r. Admontense." b) Type ähnlich, nur im Herzschilde des Adler der Panther Steiermarks. Umschrift: „Lyceum caesareo regium Admontense."

Um nun ein Bild der vorhandenen Lehrmittel und des Standes damaliger Wissenschaft uns machen zu können, folgt das vom Professor der Physik Gotthard Wisiak im Jahre 1814 verfaßte

---

[1]) Aus diesem Anlasse fand am 30. Juli ein Festgottesdienst und eine musikalische Akademie statt.

[2]) Dieser war ein ausgezeichneter Chemiker und das von ihm eingerichtete Laboratorium mit den bezüglichen Präparaten setzte sogar einen Humphry Davy in Erstaunen.

Inventarium
der sämmtlichen physikalisch-chemischen Apparate am k. k. Lyceo zu Admont.

A. An chemischen Präparaten, Reagentien und Mineralien.

	Werth fl. kr.
77 gläserne Fläschchen mit Säuren, Alkalien, Vitriolen und den nöthigen Reagentien	96 15
35 theils hölzerne Krystallmodelle, theils natürliche Krystallisationen	12 30
8 Fläschchen mit den reinen Erden	20 —
32 Stück erdige Fossilien	6 24
Eine politirte Chatouille mit 15 verschiedenen reinen Metallen	30 —
63 Stück Metallerze	15 45
60 Stück verschiedene Gebirgsarten	12 —
80 Stücke theils einfache Bestandstoffe, theils vorzüglichere Präparate aus den drei Naturreichen	20 —
12 hölzerne Bixen mit Eisen- und Zinkpähnen, Flußspath, Schwefelblumen, Neutral- und Mittelsalzen	10 —

B. An pneumatischen Apparaten.

Eine Luftpumpe mit Doppelcylinder sammt Elasticitätszeiger und magdeburgischen Halbkugeln	150 —
Drei geschlossene Glasglocken	9 —
Eine Glasglocke mit Lederbixe	5 —
Eine Glasglocke mit einem hölzernen Becher	3 30
Ein Apparat zum freyen Falle der Körper im luftleeren Raume	9 —
Ein kleiner Wecker von Messing	8 —

C. An mechanischen Apparaten.

Sechs mathematische Körper (Pyramide, Säule, Cylinder, Kegel, Kugel, Würfel) aus hartem Holz	1 30
Mehrere Modelle einfacher Maschinen als Wellrad, Erdwinde, Winde mit Hebelarm und Treibrad, einfache Schraube, Schraube ohne Ende, Keil, Stativ zur Anwendung der Theorie von Rollen und Flaschenzügen	7 —
Rollen, Räder, Triebstöcke, Ebenen zur Bestimmung des Flächenmaßes	2 —
2 einfache Hebel mit Stativen	1 20
Ein zusammengesetzter Hebel	2 —
3 Modelle zusammengesetzter Maschinen aus hartem Holze, als a) eine Trischmaschine, b) eine Mahlmühle, c) eine Sägemühle	60 —

	Werth fl.	kr.

3 Modelle aus weichem Holze, als a) eine Floßenziehmaschine, b) eine Steinschneide= und Poliermaschine, c) eine Doppelgebläsmaschine . . . . 15 —

Eine Percussionsmaschine mit je drei Kugeln aus Elfenbein und Thon . . . . 12 —

Eine solche mit 7 elfenbeinern Kugeln . . . . . 18 —

Eine Wurfmaschine aus hartem Holz . . . . . 10 —

Eine kleine Fuhrmannswinde . . . . 15 —

Ein Tribometer . . . . 5 —

Ein Planum inclinatum mit Kugel, Würfel, Cylinder und Wagschalen . . . . 10 —

Ein sich aufwärts bewegender Doppelkegel mit Gestelle . 3 —

Eine Diagonalmaschine . . . . 2 —

2 Flaschenzüge mit eisernen und steinernen Kugeln . 10 —

D. An astronomischen Apparaten.

Ein achromatisches Erd= und Himmelsfernrohr mit einem Gradbogen und Mikrometer auf einem messingernen Stativ verfertigt von Tiedemann . . . . 100 —

Ein achromatisches Erdfernrohr ganz aus Messing von Tiedemann . . . . 90 —

Ein Planetarium aus dem geographischen Institute zu Weimar 10 —

Ein Tellurium ebendaher . . . . 4 —

Ein Tellurium auf andere Art verfertigt . . . . 10 —

Eine Erd= und Himmelskugel . . . . 40 —

Eine Ringkugel aus Messing . . . . 25 —

Eine Secundenpendeluhr . . . . 250 —

Eine Sonnenuhr, welche die wahre und mittlere Sonnenzeit zugleich zeiget . . . . 50 —

E. An optischen Apparaten.

Ein Planspiegel mit einem Gradbogen . . . . . 4 —

Ein Planspiegel ohne solchen . . . . 2 —

3 Hohlspiegel aus weißem Glase . . . . 18 —

Ein großer schwarzer 14½ Zoll im Durchmesser haltender Hohlspiegel . . . . 65 —

Eine Camera lucida . . . . 8 —

Eine große Laterna magica sammt Glasgemälden . . . 30 —

Ein zusammengesetztes Spiegelmikroscop von Utzschneider und Reichenbach) . . . . 65 —

	Werth fl.	kr.
Ein Adam'sches Lampenmikroscop	120	—
Ein Sonnenmikroscop sammt Vorrichtung zum prismatischen Farbenbilde	52	—
Ein Prisma aus Flintglas .	5	—
2 Prismen aus Crownglas	4	—
Ein gläserner Conus zur Darstellung des Regenbogens . .	3	—
Eine Farbenspindel sammt Farbenscheiben . . .	15	—

F. An hydrostatischen und hydraulischen Apparaten.

3 verschiedene communicirende Röhren .	8	—
Eine kleine Saugpumpe aus Glas .	6	50
Eine kleine Druckpumpe	8	—
Eine kleine Feuerspritze	10	—
Ein anatomischer Heber nach Wolf aus Messing	9	—
Ein Pumpbrunnen mit 3 messingernen Stiefeln sammt Wasserkessel	10	—
Eine hydrostatische Wage sammt Zugehör	50	—
3 runde, abgeschliffene, mit einem Gewinde versehene Spiegelgläser mit Draht und Hacken zur Nachweisung des Cohäsionsgesetzes	7	—
Ein ungleich schenkeliger Heber von Glas	1	30
Dto. ein gleichschenkeliger .	—	30
Ein gläserner Zug . .	1	—
Ein kleiner blecherner Zug	—	40
Ein Wendebrunnen aus verzinntem Eisenblech .	20	—
Ein Nichelson'scher Aräometer . . .	10	—
Eine Weingeist-, Salz- und Bierwage . .	3	—
Ein Glascylinder mit einer messingenen Pippe	5	—
Mehrere Haarröhrchen	2	—

G. An akustischen Apparaten.

Ein Tetrachord (Tonmesser) mit 4 Stahlsaiten und Tasten .	21	—
Ein Tonmesser mit 2 Darmsaiten sammt Violinbogen und Gewichten zur Spannung der Saiten	20	—
Mehrere Glas- und Metallscheiben zur Erzeugung der Chladnischen Klangfiguren	5	—

H. An chemisch-pneumatischen Apparaten.

Ein chemischer Lampenofen, bestehend a) aus einer argandischen Lampe mit 12 Dochten; b) aus 2 Wasserwannen; c) aus

	Werth fl.	fr.

Schmelzrohr und Schmelzlöfel; d) aus mehreren gläsernen Kolben und Retorten; e) aus mehreren Glocken und Flaschen zum Auffangen verschiedener Luftarten; f) aus einigen Entbindungsflaschen und Röhren . . . . 150 —

Ein kleiner 1½ Schuh im Durchmesser haltender Luftballon aus Goldschlägerhäutchen . . . . 11 —

I. An elektrischen Apparaten.

Eine Elektrisirmaschine (die Scheibe hat 26 Zoll im Durchmesser) sammt Zugehör . . . 130 —
Ein Häul'ischer Auslader 5 —
Einige ordinäre Auslader 2 —
Einige Handconductoren . . . 2 —
Ein Donnerhaus mit Blitzableiter . 8 —
Ein kleines elektrisches Glockenspiel 2 —
Ein messingerner Condensator . 3 —
Ein derlei Dupplicator . . 15 —
Eine gläserne elektrische Pistole 2 —
Ein Doppelelektrophor 14 —
Ein einfacher . . . . 8 —
Eine elektrisch-chemisch-pneumatische Zündmaschine . 30 —

K. An galvanischen Apparaten.

Eine Volta'ische Säule aus 60 Plattenpaaren (Kupfer und Zink) 35 —
Gold-, Silber- und Kupferdrähte . . . . 6 —
Glasröhren und Glasglöckchen . 3 —

L. An magnetischen Apparaten.

Ein in Messing gefaßter Magnet-Eisenstein . 25 —
Ein künstlicher Magnet in Hufeisenform . . . . . . 15 —
Ein Compaß in Messing gefaßt, mit Grad- und Stundeneintheilung . . . 15 —
Ein Taschenkompaß . . . . . 11 —
Ein Declinatorium in Messing gefaßt 10 —

M. An verschiedenen Apparaten.

Eine von Atwood erfundene, von Fischer verbesserte Fallmaschine sammt Zugehör . . . . . 80 —
2 Dampfkugeln aus Kupfer . . . . 8 —
Ein Metallpyrometer nach Muschenbroeck . 20 —

	Werth fl.	kr.
Ein Thermometer mit Doppelscala nach Fahrenheit und Reaumur	12	—
Ein Reisebarometer sammt Thermometer	14	—
Ein Gefäßbarometer	8	—
2 messingene Cohäsionsplatten	4	30
Ein Apparat zur Section der Augen	10	—
Ein Hygrometer nach Saussure	10	—
Eine Centralmaschine mit Kugeln und Gläsern	11	—
Eine Vorrichtung, die Ausdehnung einer eisernen Kugel durch Wärme zu zeigen	2	—
Ein Pulshammer	1	—

N. An diversen Geräthen.

Gläser, Mörser, Reibschalen, Trichter, Mensuren, Porzellantassen, Schmelzpfannen und derlei Tiegel ꝛc.	40	46

Das Verzeichniß nennt noch eine Anzahl von Schreinen, Stellagen und Tischen und beziffert den Ankaufspreis sämmtlicher Apparate mit 2584 fl.[1]

Im Jahre 1802 kaufte der Abt von einem Dr. Andreas Friederich in Wien eine Mineralien-Sammlung, welche auf 6000 fl. geschätzt worden war.[2] Ein Freund der Naturwissenschaften, welcher 1814 das Stift besuchte, sagt darüber: „Seine Excellenz der Herr Prälat besitzen einen Schatz von mineralogischen Merkwürdigkeiten. Unter dem Reichthume von Topasen, Smaragden, Saphiren, Rubinen, Granaten, Chrysoliten fielen mir vorzüglich eine Dose von prächtigem Onix, eine von opalisirendem kärntnerischen Muschelmarmor, ein Kästchen von Chalcedon, die schönen Malachite und Turmeline auf. So sehr Se. Excellenz aber sich für die Mineralogie interessiren, so sehr haben sich auch die technologischen und ökonomischen Wissenschaften Ihrer Unterstützung zu erfreuen."[3] Von dem Professor Carl Hinterlang in Nürnberg erwarb in den Jahren 1801—1807 der Abt eine forst=

---

[1] Im Jahre 1812 quittirten die Gebrüder Rospini in Graz über 379 fl. für optische und elektrische Apparate und Reparatur einer Luftpumpe. Für physikalische Instrumente empfieng 1813 Johann Christoph Stelzhammer, Director des k. k. Naturaliencabinettes in Wien, 410 fl.

[2] Da der Abt vermög Vertrages dem Verkäufer resp. dessen Gattin auf deren Lebenszeit jährlich 350 fl. zu zahlen hatte und die Zahlung zehn Jahre dauerte, kam die Sammlung auf 3500 fl. zu stehen.

[3] „Vaterländische Blätter für den österreichischen Kaiserstaat." 1814. S. 431.

botanische Sammlung in 90 Bänden um 270 fl. Jeder einzelne Holzband hatte als Rücken die Rinde des betreffenden Baumes und im Innern Blätter, Blüthen, Frucht, Kohle ꝛc. des Gewächses. Zwei botanische Werke, nämlich Leopold Trattinik „Archiv der Gewächskunde" und Franz Adam Graf Waldstein „Descriptiones et icones plantarum rariorum Hungariae" kosteten 700 fl.[1])

Gotthard war auch der Schöpfer des Naturalien-Cabinetes, welches zugleich als Kunst- und Raritätenkammer diente. Sehr interessant war eine Collection der Marmor-Arten und die Flora Admontensis et adfinium. Daß auch meteorologische Observationen im Stifte angestellt worden seien, beweisen die (früher vorhandenen) Protokolle seit dem Jahre 1813.

Auch die theologische Haus-Lehranstalt war im Jahre 1782 aufgehoben worden und unsere Cleriker waren gehalten, ihre Studien im General-Seminare zu Graz zu machen. Mit dem Jahre 1801 begann Abt Gotthard die Restauration der Anstalt im Stifte. Daher konnte Placidus Sartoré in der Widmung eines theologischen Werkes an den Abt sagen: „Quae longo sat temporis intervallo non sponte sua quasi tacuerunt musae sacrae, eas sub Tuis, Excellentissime Praesul, felicissimis auspiciis hac iterum die vocem suam elevare gaudemus." Die Entwicklung der Schule geschah nur schrittweise. Im Anfange wurden nur Kirchengeschichte, canonisches Recht, Bibelkunde, Exegese und Dogmatik vorgetragen. Die beiden erstgenannten Gegenstände hatten nur einen Lehrer. Den Prüfungen mußten sich die Studenten in Graz unterziehen und die Cleriker Gotthard Wisiak, Gerard Endres und Odilo Munz studirten dort 1805--1806 Moral und Pastoral. Mit dem Jahre 1813 war die Anstalt conform dem Lehrplane der Universitäten völlig organisirt, indem auch Moral, Pastoral, Erziehungskunde und Landwirthschaftslehre zum Vortrage gelangten. Im Jahre 1814 fanden sich schon acht Hörer aus dem Stifte St. Lambrecht ein. Da die oberste Studienbehörde besonders die Cultivirung eines gewissen selbst zu wählenden Faches der Philosophie und Theologie an den Klosteranstalten betonte, konnte der Abt in seinem Berichte an das Gubernium vom 21. Juli 1815 hervorheben, daß an der philosophischen Anstalt Physik und Chemie und an der theologischen das Bibelfach und die orientalischen Dialecte sich vorzüglicher Pflege erfreuen. Er habe aus der Verlassen-

---

[1]) Der Pfarrer Joh. Reinisch zu Landl war ein gewiegter Mineraloge; seine hübsche Sammlung wurde 1805 von den Franzosen theils entwendet, theils beschädigt.

schaft eines der ersten Orientalisten in Paris vorzügliche Werke erworben[1]) und zwei Conventualen, Benno Kreil und Albert von Muchar nach Wien gesendet, um des Maroniten Professors Anton Aryda Vorträge zu hören.[2])

Von 1801—1820 erscheinen folgende Professoren an der Lehranstalt: Raphael Genhart,[3]) Magnus Roeck, Sigismund Lohr, Coelestin Keppler, Cajetan von Hammer, Benno Kreil, Albert von Muchar, Urban Ecker, Placidus Sartoré, Erenbert Sirk, Anselm Purgleitner, Leo Kaltenegger, Clemens Mathiaschitsch und Zacharias Haan. Sach- und fachgemäß kamen nun wieder theologische Disputationen und Dissertationen an die Reihe. Wir kennen solche unter Professor Raphael Genhart aus der Kirchengeschichte und dem Kirchenrechte, unter Benno Kreil aus der biblischen Archäologie und Exegese, und unter Cajetan Hammer aus der Moral, Katechetik und Pädagogik.[4])

Im October 1813 erließ der Abt neue Statuten für seine Theologen. Wir geben aus dem Vorworte einige Stellen: „Der erhabene Beruf eines zur Seelsorge oder Bildung der Jugend bestimmten Ordensgeistlichen erheischt von jedem, der sich diesem Stande widmet, unerläßlich, daß selber nicht nur sowohl die zu seiner als anderer Belehrung erforderlichen Kenntnisse und Wissenschaften sich eigen zu machen trachte, sondern auch, daß nächst der Bildung des Verstandes vorzugsweise auf die Veredlung des Herzens ein sorgfältiges Augenmerk gerichtet werde... Nicht ohne Aufopferungen, nicht ohne große Selbstverläugnung, wird er sein vorgesetztes Ziel erklimmen können, aber der glückliche Erfolg ist des Schweißes werth; nur in Eintracht der Sittlichkeit mit wissenschaftlicher Bildung quillt wahre Zufriedenheit und der Berufspflichten fruchtbare Erfüllung ist nur von diesem Standpunkte aus möglich." In diesen Statuten waren für die Studien und Vorträge an Wochentagen 6¼ und für Erholung 4 Stunden anberaumt. Die übrige Tageszeit war den besondern Ordens-Obliegenheiten gewidmet.

Allein nicht nur an den Haus-Lehranstalten, auch an der hohen Schule zu Graz finden wir unter Abt Gotthard auf den Lehrkanzeln

---

[1]) Wie Giggaeus „Thesaurus linguae arabicae" um 90 fl.
[2]) Eine Privatlection in der chaldäischen Sprache kostete bei Aryda 2 fl.
[3]) Aus dem Kloster Einsiedeln. Die übrigen waren aus Admont.
[4]) „Positiones ex universo systemate theologico ad normam librorum in institutis theologicis caesareo-austriacis... praescriptorum adornatae atque in monasterio Admontensi... publicae disputationi expositae." (4⁰. Graecii 1813.) Auch von den Jahren 1803 und 1806 sind solche „Positiones" noch vorfindlich.

Glieder des Stiftes. Leo Kaltenegger lehrte dort 1805 Moral und Pastoral, Magnus Roeck 1805 Kirchengeschichte und canonisches Recht; Cajetan von Hammer 1804—1811 Moral, 1812 Pastoral, 1813 Erziehungskunde und war 1811—1812 Rector magnificus. Benno Kreil versah 1809—1823 das Lehramt des neuen Bundes und lehrte 1812—1815 an der philosophischen Facultät griechische Literatur,[1]) welche vor ihm 1811—1812 Ulrich Speckmoser vorgetragen hatte. Justus Zedler war 1813—1826 Lehrer der lateinisch=classischen Literatur und 1815 auch der griechischen. Cölestin Keppler vertrat 1819—1822 das Lehrfach der Religionswissenschaft. Man mußte gestehen, daß wohl kein anderes Stift damaliger Zeit unserem Admont bezüglich seiner vielen ausgezeichneten Lehrkräfte den Vorrang streitig machen konnte.

Dem 1811 von dem Erzherzoge Johann gegründeten Joanneum zu Graz widmete unser Abt als Curator desselben seine besondere Aufmerksamkeit und der noch vorhandene Briefwechsel zwischen ihm und dem unvergeßlichen Prinzen bezeugt Gotthards reges Interesse und thatkräftiges Schaffen für alle wissenschaftlichen und gemeinnützigen Institute des Landes. Er stellte dem Joanneum den damals noch reichen Schatz unsers Archives, die Saalbücher und Diplome, zur Abschrift zur Verfügung und ermunterte mehrere Conventualen, wie Albert Muchar und Urban Ecker zur Forschung auf dem Gebiete vaterländischer Geschichte. Der Stiftsbibliothek wies er eine (zwar geringe) Dotation von 200 fl. W. W. zu, sorgte aber, wie wir noch sehen werden, auf andere Art für Erwerbung wichtiger und seltener Werke. Man darf also kühn behaupten, daß unter allen Aebten Admonts Gotthard am meisten Opfer für die Pflege der Wissenschaft gebracht habe.

Die unruhigen Zeiten — Steiermark wurde innerhalb 1797 bis 1809 viermal von den Franzosen besetzt — mögen beigetragen haben, daß die Admonter in der Periode von 1788—1820 verhältnißmäßig Weniges auf dem Felde der praktischen Literatur geleistet haben. Sehen

---

[1]) Ueber seine Berufung an das Grazer Lyceum 1809 sagt eine öffentliche Stimme: „Benno Kreil, Priester des Benedictiner=Stifts zu Admont und Lehrer des biblischen Studiums an der Haus=Lehranstalt daselbst, welcher bey dem ausgeschriebenen Concurse für das am Lyceum zu Gräz erledigte Lehramt des neuen Bundes sich in den schriftlichen Aufsätzen durch die Gabe einer deutlichen und präcisen Darstellung und durch Bekanntschaft mit den neuesten Ansichten der Gegenstände dieses Lehrfaches, im mündlichen Vortrage aber durch Ordnung und Klarheit ausgezeichnet hat, wurde zum Professor dieses erledigten Lehramtes ernannt..." („Vaterländische Blätter" II. 456.) Im Jahre 1826 erhielt er die große goldene Civil=Ehrenmedaille.

wir von Muchars Aufsätzen in Hormayrs „Archiv" und den Beiträgen Kepplers in Frints „Theologischer Zeitschrift", von welchen wir später Notiz nehmen werden, ab, haben wir nicht viel zu verzeichnen. Im Drucke erschien (4⁰. Graz 1805) eine Rede des Andreas Rainer, gehalten gelegentlich der Enthüllung des Kaiserbildes im k. k. Convicte zu Graz. Im Jahre 1809 starben Placidus Sartoré und Basilius Matzke. Jener schrieb: a) „Die constitutionelle Kirche sammt den neufränkischen Staatsverfassungen und Eidesformeln in und außer Frankreich oder Unterricht ... über die einzig wahre Kirche Jesu als ein ... Verwahrungsmittel wider die Spaltung, den Unglauben und Abfall jetziger Zeiten für Hirten und Volk" (8⁰. Augsburg 1800); b) „Ueber die Flucht und Rückkehr der Kirchenhirten. Veranlasset durch die französische Staatsumwälzung zu Ende des 18. Jahrhunderts mit Rücksicht auf die gallikanische Kirche" (8⁰. Augsburg 1804); c) „Synopsis theologiae dogmaticae" (8⁰. Graecii 1805). Matzke war Alchimist und Goldsucher. Von ihm sind handschriftlich noch vorfindig: a) „Praxis chymica ex scriptis celeberrimorum Aegiptiorum chymicorum . . . contra civitatem Babylonicam et Antichristum..." (1807). b) „Ex Sibyllae indicatione sequenti" (1808). c) „Alchymia quantum licuit denudata... a sacerdote jubilato O. S. B. pro civitate dei contra civitatem Babylonicam... conscripta." (Mit hübschen Federzeichnungen.) d) „Appendix ad praesagium adeptorum per duos gladios Christi confirmandum."[1]

Am 14. Juli 1811 erlag auf dem Hauptschauplatze seines Wirkens, im Saale der Stiftsbibliothek, der verdienstvolle Vorstand derselben Benedict Stadelhofer. Vor seinem Eintritte in Admont war er Prämonstratenser zu Roth und als solcher verfaßte er eine „Historia caesarei et exemti collegii Rothensis" (Aug. Vind. 1797).[2] Für Admont fällt der Schwerpunkt seiner Thätigkeit auf das bibliographische Gebiet. Seine „Nova recensio Manuscriptorum celeberimae bibliothecae Admontensis" war dem damaligen Stande der Wissenschaft angemessen und bis in die neueste Zeit im Gebrauche.[3] Er

---

[1] Über diese Manuscripte und ihren Verfasser äußerte sich der Bibliothekar Benedict Stadelhofer: „Haec sola sine ulla auri mica reliquit post inanem L fere annorum laborem." Erfolgreicher war Matzkes Wirken als Musiker, indem er mehrere Oratorien und Gesänge componirt hat. Auf der von Irrlichtern erhellten Bahn der Alchimie fand er einen Nachtreter in der Person des Augustin Zapf († 1830).

[2] Der dritte Band handschriftlich im kgl. Staatsarchiv zu Stuttgart.

[3] Im Jahre 1887 vollendete der Schreiber dieses einen neuen Handschriften-Katalog.

verfertigte auch mehrere Verzeichnisse der Druckschriften. Deren sind noch vorhanden: *a)* „Catalogus Bibliorum et Exegetarum" (1807). *b)* „Catalogus SS. Patrum et Scriptorum ecclesiasticorum."[1] Stabelhofer war auch ein guter lateinischer Dichter und politische Ereignisse schilderte er gerne in seinen Versen.[2] Constantin Keller schrieb: „Katechetik und Pädagogik zum Gebrauche der Vorlesungen" (8°. Graz 1812). Raimund Kauperz versuchte sich 1815 in einer Dichtung: „Der graue Bruder nach Veit Weber in Meister Frauenlobs Tone."[3] Von Heinrich Stenitzer kam in Druck (8°. Graz 1785): „Predigt, welche in der Kirche zum heil. Franz Xaver bei Einführung des Armeninstitutes in der k. k. Stadt Leoben gehalten worden." Er verfaßte auch eine Chronik der Pfarre Altenmarkt an der Enns im Jahre 1808.

Dem Mäcen der Wissenschaften, dem Abte Gotthard, wurden auch literarische Huldigungen dargebracht. Der Weltpriester Franz X. Chrismann[4] widmete ihm: „Laudes Gothardi abbatis O.S.B. Ad Montes delibatae. Ode alcaica cum adjecto duplici rhythmo honoribus venerandorum virorum Prioris et Capitularium anniversarium electionis antistitis sui agentium" (4°. Viennae 1794). Im Jahre 1799 erlangte der Abt den Titel eines geheimen Rathes. Diese Auszeichnung wurde durch einen „Applausus musicus" gefeiert, dessen Text ein unbekannter Admonter verfaßt hatte.[5] Dr. Carl Schwarzel, Professor zu Freiburg im Breisgau, dedicirte den dritten Band seiner „Uebersetzung und Auslegung des Neuen Testamentes" (8°. Ulm 1803).[6] Franz Sartori eignete ihm zu: „Skizzirte Darstellung der physikalischen Beschaffenheit und der Naturgeschichte des Herzogthumes Steyermark" (8°. Grätz 1806). Wir führen einige Stellen aus der Widmung an: „Die besonderen Gründe dieser ehrfurchtsvollen

---

[1] Am Schlusse schrieb er: „Finivi hunc catalogum secundis curis descriptum 1811 valde dejectus animo, cum cogitarem, barbarus haec tam pulcra volumina miles habebit." Die wiederholten französischen Invasionen rechtfertigten diese Furcht. Seine Liebe zu den Bücherschätzen kleidet er in die Verse: „Jactarunt veteres septem miracula mundi; octavo nostra est bibliotheca loco."

[2] Zwei seiner politischen Poeme sind gedruckt bei Mayer, „Steiermark im Franzosenzeitalter" 157 und 252.

[3] Manuscript im Stiftsarchive.

[4] Schöpfer der 1865 verbrannten großen Orgel in der Stiftskirche.

[5] Auch das Stift St. Lambrecht widmete unserem Abte bei seiner dortigen Anwesenheit einen solchen „Applausus".

[6] Mit dem von C. W. Bock gestochenen Porträte Gotthards.

Huldigung sind die seltene Herablassung und die gnädige Aufnahme, womit mich Euer Excellenz auf meiner naturhistorisch=vaterländischen Reise im Herbste des Jahres 1804 in Gesellschaft des Herrn Med. Dr. und Professors Schultes von Wien in Ihrem merkwürdigen Stifte beglückten... Eure Excellenz haben sich nicht allein in der Naturwissenschaft die schönsten und neidenswertesten Kenntnisse eigen gemacht, sondern lassen auch dieser Wissenschaft durch Aneiferung der hoffnungsvollen Zöglinge Ihres weitberühmten Stiftes eine Pflege angedeihen, die für das Vaterland die wohlthätigsten Früchte bringen wird, wozu nebst andern die Einrichtung und Benützung eines vortrefflichen Mineralienkabinetes in dem Stifte selbst nicht wenig beiträgt." Josef Freiherr von Hormayr widmete 1814 dem Abte das Gedicht: „Admont im Jahre 1814." (Dessen „Archiv" VII. S. 413.) Auch einzelne Capitularen erfreuten sich ähnlicher Ovationen. So ließen die Hörer der theologischen Lehranstalt in Graz dem Drucke übergeben: „Ode an den besten Lehrer und Freund Cajetan Edlen von Hammer" (4⁰. Graz 1806).

Während Gotthards Regierung wirkte zu Admont der Dr. med. Balthasar Kull (1793—1814); die Chirurgie übten aus: Anton Mordstein († 1816), N. Froelich (1813—1814), Anton Grueber (1818) und Bartholomäus Fetscher. Als Apotheker kommen vor: Anton Albertshauser (1793), Andreas Moßauer (1795) und Johann Heiß (1797—1822). Unter diesem wurde die Apotheke reorganisirt. Der 1791 gestorbene Converse Alanus Welz, obwohl nur als Buchbinder im Stifte beschäftigt, verfügte über vorzügliche Kenntniß in der Pharmaceutik.

Der Abt, und dieses ist nicht sein kleinstes Verdienst, war stets bemüht, die Bibliothek des Hauses mit den neuesten Erscheinungen der Literatur, besonders des theologischen, philosophischen, philologischen und naturwissenschaftlichen Faches, zu bereichern. Aus den zahlreichen Buchhändler=Rechnungen und andern bezüglichen Notizen wollen wir nur einiges anführen: Lowth „Lectures on the sacred poetry", Bower „Critical conjectures and observations on the new testament", Lowth „Jesaiah a new translation", Paulus „Commentar über die drei ersten Evangelien", Blair „Lectures on the canon of the scriptures", Eichhorn „Allgemeine Bibliothek der biblischen Literatur", Michaelis „Repertorium für bibl. und morgenländische Literatur", „Liber evangelii characteribus et lingua syra", Sacy „Grammaire de la langue arabe", Schleusner „Lexicon graeco-latinum", Golius „Lexicon linguae arabicae", Castelli „Lexicon syriacum", Sacy „Relation de l' Egypte par Abdollatif". Von dem Historiker Julius Schneller erwarb der Abt um 122 fl. eine Reihe englischer Werke des Gibbon, Stuart, Bolingbroke, Robertson, Watson, Thomson, Clarendon, Roscoe, Millar und Middleton. Ein Ausweis der 1806—1813 für die Lehranstalten beigeschafften Bücher bringt eine Summe von 8931 fl. 30 kr. Im Jahre 1805 gelangte eine Handschrift der „Historia scholastica" des Petrus Comestor (saec. XIV.) in die Bibliothek. Gleichzeitig erwarb der Abt ein Manuscript „Nachrichten von denen Bergwerken in dem Königreich Hungarn."[1]) Ein vier starke Bände umfassendes Werk: „Neueste Memoiren über die wichtigsten europäischen Staats=Begebenheiten unserer Zeit" kostete 250 fl.[2]) Für die „Annales des arts" erscheint ein Ausgabeposten von 539 fl. Im Jahre 1812 wurden für Corneille le Bruyn „Voyage au Levant" (Rouen 1725) 135 fl. gezahlt. Im Jahre 1816 betrug das Conto der für die Lehranstalten des Gymnasiums und der Philosophie beigeschafften Werke 449 fl. Um diese Zeit wurden auch interessante Schenkungen der Bibliothek zugewendet. So spendete der Buchdrucker Degen in Wien Prachtexemplare von Lucanus, Uz, Wielands „Musarion", Hölty, Van der Flue „Ceres und Flora", Thomas Abt „Vom Verdienste", „Jos. Aug. Schultes Reisen" u. a.

Wir haben in Abt Gotthard eine Persönlichkeit kennen gelernt, der die Wissenschaft nach allen ihren Richtungen Dank zu schulden hatte. Wohl kein Stift in Oesterreich hatte damals so viele Lehranstalten zu leiten und keines konnte über eine so große Anzahl hochgebildeter Männer verfügen, wie unsere Abtei. Dieses Resultat erzielt zu haben, bleibt Gotthards Verdienst für alle Zeit. Wäre mit dem wissenschaftlichen Aufflug des Klosters auch der materielle Flor Hand in Hand gegangen, hätte man von einem goldenen Zeitalter Admonts sprechen können. Die Zerrüttung der materiellen Verhältnisse zwangen den Abt 1818 zur Abdankung und am 18. September 1825 ist er — hochgeehrt und tief betrauert — zu Graz aus dem Leben geschieden.

---

[1]) Nach einer Note in der Handschrift wurde das Operat unter Redaction des Kammerpräsidenten Grafen Rudolf Chotek im Jahre 1760 zum Gebrauche des Kronprinzen Josef verfaßt. Daher die Anspielung in Stabelhofers Versen: „Principis ante thronum rarus stetit hic libor olim. In forulis nunc stat bibliotheca tuis."

[2]) Verfasser J. Sartori, 1806—1807. Diese Memoiren fanden wohl der Censur wegen nur schriftliche Verbreitung in engen aber hervorragenden Kreisen.

Die Administratoren Abund Kuntschack (1818—1822) und Benno Kreil (1823—1839).

Eine für Admont traurige Zeit war hereingebrochen. Das Stift kämpfte fast aussichtslos um seine Existenz und die von der Regierung eingesetzte Administration mit dem Abte Kuntschack von Rein an der Spitze war nicht in der Lage, die tiefgreifenden finanziellen Schäden zu heilen.[1]) Der Bestand der Hauslehranstalten wurde in Frage gestellt. Die philosophische Anstalt erlosch im Jahre 1818 und zwei Jahre später erlagen auch Gymnasium und Convict diesem Geschicke. Selbst dem theologischen Studium stand die Einstellung bevor, doch es umschiffte die gefahrdrohenden Klippen. Im Jahre 1823 durfte das Stift aus seinen eigenen Mitgliedern einen Administrator wählen. Die Wahl fiel auf Benno Kreil. Sechzehn Jahre voll Kummer und Sorgen rang dieser Mann mit den Unbilden und Hindernissen, welche sein ehrliches Streben durchkreuzten, bis es ihm gelang, geordnete Zustände zu schaffen. Mit Recht feiert ihn unsere Abtei neben Heinrich II. und Johann IV. als Retter seiner Ordensgemeinde, als dritten Stifter.

Wir werfen nun einen Blick auf die Normalschule des Stiftes. Diese wurde von den Stürmen jener Zeit nicht berührt. In der Periode 1818—1839 fungirten als Directoren: P. Ignaz Somerauer (1814—1825), P. Hermann Predl (1825—1831) und P. Emmanuel Wock (1831—1840). Die Directoren ertheilten in der Regel auch den Religionsunterricht; doch erscheinen auch P. Gebhard Dembscher (1815—1818), P. Paul Hrabetzky (1824—1825) und Julian Simmet (1831—1834) als Katecheten. Als Lehrer wirkten: Jos. Raab (1820), Mathias Gattermann (1820), Jos. Haßack (1821), Jos. Kutschera (1821), Mich. Radlberger (1821—1827), Franz Schantl (1827—1833), Jos. Rubisch (1829), Joh. Schreiber (1829—1831), Joh. Prasthofer (1831—1841) und Joh. Zoder (1833—1839).[2])

Die Oberaufsicht und die Visitation des theol. Studiums führten unter dem Titel Studien-Directoren der Grazer Domherr Karl Rath (1812—1824), der Abt von Rein Ludwig Crophius (1824—1835) und der Canonicus Jos. Kramer (1835—1848). Der Abt Crophius visitirte 1824—1827 unsere Anstalt. Localdirector war der jeweilige Vor-

---

[1]) Man vergleiche hierüber Wichner, „Geschichte des Stiftes Admont" IV. 394—405.

[2]) In den Jahren 1831—1843 ertheilte der Capitular Emmanuel Wock Unterricht für Taubstumme.

stand des Stiftes. Als Vicedirector fungirte (1823—1839) P. Clemens Mathiatschitz und als Spiritual der Cleriker (1827—1844) P. Emmanuel Wock. Mit dem Jahre 1825 trat ein neuer Studien= plan in das Leben. Zum Vortrage gelangten im ersten Jahrgange, im ersten Semester: Archäologie, hebräische Sprache und Kirchengeschichte. Im zweiten Semester: Introduction in die biblischen Bücher, Exegese des alten Bundes, hebräische Sprache und Kirchengeschichte. Im ersten Semester des zweiten Jahrganges: Griechische Sprache, Hermeneutik, Exegese des neuen Testamentes, Introduction in den neuen Bund und canonisches Recht. Im zweiten Semester neben diesen Gegenständen noch die Pädagogik. Im dritten Jahrgange Dogmatik und Moral. Im vierten Jahrgange Pastoral (mit Liturgik und Homiletik) und Katechetik. Auch jetzt wurde dem Bibelstudium und der Pflege der orientalischen Dialecte besondere Sorgfalt gewidmet. Als Professoren der Theologie in ihren verschiedenen Zweigen erscheinen: Für Kirchengeschichte Sigis= mund Lohr und Wolfgang Riedler (1832—1837). Für cano= nisches Recht Sigismund Lohr. Für den alten Bund und die orientalischen Sprachen Albert von Muchar (1809—1823), Urban Ecker (1823—1829) und Rudolf Gerspich (1829—1843). Für neues Testament und griechische Sprache Urban Ecker (1812—1841). Für Dogmatik und Polemik Anselm Purgleitner (1819—1848). Für Moral Clemens Mathiatschitz (1808—1839). Für Pastoral derselbe (1809—1833). Für Erziehungskunde Zacharias Haan (1813 bis 1824) und Emmanuel Wock (1827—1844). An der Grazer Universität lehrte Albert von Muchar das Bibelstudium (als Supplent 1823—1825), classische Literatur und Aesthetik (1826—1849), war (1827—1829) Decan der philosophischen Facultät und (1842 bis 1843) Rector magnificus. Im Jahre 1825 war er zum Doctor philosophiae promovirt worden.

Seit dem Jahre 1820 erhielten im Stifte die Sängerknaben und zeitweilig einige Externe Privatunterricht in den Gegenständen der vier Gymnasialclassen. Den Prüfungen mussten sich die Schüler zu Seiten= stetten und später in Judenburg unterziehen. Als Lehrer bezw. Präfecten der Sängerknaben wirkten: Josef Maur (1823—1825), Maximi= lian Winkler († 1836) und Sales Riedmüller (1836—1837).

Als die Nachricht von der bevorstehenden Aufhebung des öffent= lichen Gymnasiums im Stifte in weitere Kreise sich verbreitete, be= warben sich die Städte Leoben und Judenburg angelegentlich um eine solche Lehranstalt. Mit kaiserlicher Entschließung vom 26. Juli 1820 wurde das Gymnasium in Judenburg errichtet und die Besetzung der

Lehrerstellen dem Stifte übertragen. Die Stadt wies die Localitäten im ehemaligen Franciscanerkloster an und gab dem Präfecten eine Zulage von 80 fl. Das Stift leistete den größten Beitrag, indem es den Professoren per Kopf 500 fl., einen Startin Wein und sonstiges Natural=Deputat verabreichte und eine Bibliothek und Lehrmittel= sammlung beistellte. Das Fehlende wurde aus dem Studienfonde er= gänzt. Das Amt eines Präfecten führten Adrian Hueber (1820 bis 1829) und Justus Zebler (1829—1849). Professoren der Religionslehre waren Xaver Vogt (1820—1837), Friedrich Schaefer (1837) und Gottfried Schrotter (1837—1842). Die übrigen Professoren bis 1839 waren: Jos. Maur, Sales Riedmüller, Oswald Mayr, Placidus Kokal, Matthäus Unterlader, Adalbert Honl, Amand Resch, Alexander Kaltenbrunner, Ernest Klampfl, Theodor Gaßner, Edmund Rieder, Heinrich Reicher, Roman Baumann und Andreas Edlinger. Viele dieser Namen werden uns wieder beim Grazer Gymnasium begegnen, als dessen Vor= und Übungsschule die Anstalt zu Judenburg galt.

Das Gymnasium wurde mit vier Classen begonnen und in den zwei folgenden Jahren kamen die erste bzw. zweite Humanitätsclasse hinzu. Die Schülerfrequenz bis incl. 1839 war:[1])

Jahr 1821 Schüler 33. 1822 66. 1823 —. 1824 108. 1825 122. 1826 —. 1827 108. 1828 106. 1829 86. 1830 —. 1831 70. 1832 55. 1833 59. 1834 64. 1835 65. 1836 63. 1837 58. 1838 42. 1839 50.

Dem Adelstande gehörten an die Schüler: Ernst von Schön= hofer (1821—22), Karl Graf Goës (1822), Ferd. von For= macher (1822), Karl von Eiselsberg (1822—1824), Karl Arbeßer von Rastburg (1822—1825), Nikolaus von Forcher (1824—1825), August Baron Aichelburg (1825), Theodor Baron Aichelburg (1825—1828), Ign. von Föbransperg (1825), Alois und Karl von Emperger (1825), Jos. von Litzelhofen (1825), Friedr. von Aschauer (1827—1828), Hugo Oben= bigler von Tannhain (1827—1828), August von Leitner (1827 bis 1829), Joh. von Panzera (1827—1828), Friedrich von Elsner (1828—1829), Hyacinth von Schulheim (1828), Franz von Storch (1829), Eduard Wescher von Piberau (1829),

---

[1]) Von den Jahren 1823, 1826 und 1830 fehlen uns die Verzeichnisse.

Ferd. von Schwarzmann (1829—1832), Alois von Wimmer (1829), Karl und Johann Baron Aichelburg (1831), Jos. von Kußmiß (1831), Gottfried Graf Auersperg (1831—1833), Eugen von Kodolitsch (1831), Jos. von Peritzhof (1831—1832), Karl Baron Prankh (1831—1837), Alexander von Zinner (1831), Jos. und Philipp Baron Duval (1832—1838), Ludwig Ritter Jacomini von Holzapfel-Waasen (1832—1836), Ferd. Kottowitz von Kortschack (1833—1834), Franz Ritter von Holzapfel-Waasen und Buchenstein (1833—1834), Franz von Mühlwerth (1833), Gustav von Scheitz (1834), Ferd. von Reichenberg (1835—1836), Johann von Chiago (1835 bis 1839), Leop. von Chiago (1836), Hermann von Ziernfeld (1837—1838), Eugen Graf Auersperg (1837) und Emmanuel Graf Auersperg (1839). Zeitweilig studirten auch Privatisten am Gymnasium und es war mit demselben (seit 1823?) ein Convict verbunden, welches ebenfalls von Admontern geleitet wurde.

Das Staatsgymnasium in Graz finden wir vom Jahre 1819 an ausschließlich mit Lehrkräften aus dem Stifte Admont besetzt. In der Periode 1818—1839 fungirten als Präfecten Magnus Roeck und Victorin Weinreiter. Als Professoren walteten ihres Amtes: Ulrich Speckmoser, Hartnid Dorfmann, Sales Riedmüller, Alexander Kaltenbrunner, Edmund Rieder, Gerard Endres, Hermann Predl, Friedrich Schäfer, Xaver Vogt, Vincenz Schwarzl, Blasius Trenk, Aemilian Milde, Placidus Kokal, Matthäus Unterlader, Ernest Klampfl, Theodor Gaßner, Roman Baumann und Andreas Edlinger.[1])

Das k. k. Convict blieb bis zum Jahre 1827 unter der Leitung der Admonter, dann stand es bis 1844 unter der Direction des Priesterhauses. Der Admonter Magnus Roeck war 1815—1827 Director des Convictes und auch die Präfecten waren Mitglieder des Stiftes. An der Universität zu Graz lehrten in dieser Periode Benno Kreil die Wissenschaft des neuen Bundes, Cölestin Keppler die Religionslehre[2]) und Albert von Muchar classische Literatur und Aesthetik. Im Jahre 1827 erhielt Hartnid Dorfmann die Präfectur am Gymnasium zu Cilli und 1837 Ulrich Speckmoser jene am Gym-

---

[1]) Wir müssen es uns versagen, auf die engere Geschichte dieser Anstalt einzugehen und verweisen auf Peinlich, „Geschichte des Gymnasiums in Graz". 4⁰. Graz 1864—1874.

[2]) Er kam dann 1822 als Professor desselben Faches an die Wiener Universität.

nasium zu Marburg. Der Admonter Carlmann Hieber, Doctor der Theologie, war 1836—1841 Professor am Benedictiner-Gymnasium zu St. Stephan in Augsburg. König Ludwig ertheilte ihm das Indigenat Bayerns, die lateinische Gesellschaft zu Jena, jene der Wissenschaften zu Görlitz und die historisch-archäologische zu Wetzlar ernannten ihn zum Mitgliede.

Richten wir nun unser Auge auf die literarische Thätigkeit der Stiftsherren jener Zeit. Benno Kreil[1]) schrieb: a) „Hauptlehrsätze aus der biblischen Alterthumskunde, der Einleitung in die Bücher des alten und neuen Bundes und der biblischen Auslegungskunde" (8°. Graz 1803). b) „Die frühe Vollendung und Erinnerungen aus dem Leben des edlen Jünglings Wenzeslaus Grafen von Purgstall"[2]) (8°. Graz 1817). c) „Einleitung in die göttlichen Bücher des neuen Bundes" (Manuscript verbrannt).[3]) Von Xaver Vogt erschien: „Rede bei der feierlichen Prüfung der ausgezeichneten Schüler des k. k. Gymnasiums zu Judenburg aus der vaterländischen Geschichte" (8°. Judenburg 1821). Aegid Scherer verfaßte: „Predigt, gehalten am 3. Juni 1823 bei der Einweihung des vom Erzherzog Johann auf der Höhe des Erzberges bei Vordernberg errichteten Kreuzes." (Gedruckt in „Magazin f. d. kath. Geistlichkeit" von Köberle. Landshut 1828, 2. Heft; bei Hungari „Musterpredigten". Frankfurt a. M. 1852, 25. Band und im Sonderdrucke.) Ferd. Dorizio schrieb: „Historisch-topographische Notizen über die Pfarre Landl" (1830. Manuscript im Stiftsarchiv). Cölestin Keppler und Anselm Purgleitner waren fleißige Mitarbeiter der „Theologischen Zeitschrift" von Frint und Pletz. In derselben erschien von Keppler: a) „Ueber die Einigung der christkatholischen Kirche mit der Kirche zu Rom." b) „Einiges über die zwei ersten Hauptstücke des Apostel Matthäus." c) „Wie offenbart die Kirche ihren Glauben?" d) „Geschichtlich-dogmatische Abhandlung über den Glauben der Kirche an die göttliche Dreieinigkeit." e) „Zergliederung des tridentinischen Decretes von der Rechtfertigungslehre."[4]) Von Purgleitner stammen die Aufsätze: a) „Ueber den

---

[1]) Er beherrschte mehrere lebende Sprachen, besonders die englische, wie sein Briefwechsel mit Albert von Muchar bezeugt.

[2]) Benno war gern gesehener Hausfreund dieser Familie, wie er auch zu dem Orientalisten Josef Freiherrn von Hammer-Purgstall in den freundlichsten Beziehungen stand.

[3]) Obwohl competente Kreise dieses Werk als brauchbares Vorlesebuch erklärten, konnte es doch keinen Verleger finden.

[4]) Keppler, decorirt mit der großen goldenen Verdienstmedaille, ist 1858 zu Wien gestorben.

Begriff und die Bedingungen der Religion." b) „Ueber die Stelle II. Samuel 7, 1—17." Victorin Weinreiter ließ (ohne Angabe des Jahres) der Presse übergeben: a) „Libellus auxiliaris studiosis III. et IV. grammatices classis tamquam supplementum libri scholastici dicatus" (8°. Graecii). b) „Sammlung von 500 Sprich= wörtern, Denksprüchen, Redensarten in deutscher und lateinischer Sprache sammt der Angabe des Ursprunges von mehr als 200 lateinischen Redensarten in deutscher alphabetischer Ordnung" (8°. Graz).

Wir kommen nun auf einen Mann zu sprechen, dessen Name außer den Mauern Admonts fast unbekannt war und welcher nicht nur ein Kenner des Bibelfaches, sondern auch ein vorzüglicher Historiker gewesen ist. Es ist der Archivar und Bibliothekar Urban Ecker († 1841). Seine Auszüge und Notizen aus den Saalbüchern, Necro= logien, Urkunden und Acten des damals noch vollständigen Stifts= archives lieferten dem Historiographen der Steiermark Albert von Muchar ein verläßliches Substrat der Forschung und Schreiber dieses hat den Aufschreibungen Eckers manch dankenswerthe Materiale bei Ausarbeitung der Stiftsgeschichte zu entnehmen Gelegenheit gefunden. Bei Ecker standen Kenntniß und Fleiß in harmonischer Wechselwirkung und es ist bei dem Umstande, daß vielleicht die meisten seiner Aufsätze in und mit dem Archive 1865 den Flammen zum Opfer fielen, leb= haft zu bedauern, daß seine Bescheidenheit nur zwei Operate der Presse übergeben hat. Bibliothek und Archiv waren unter ihm in den besten Händen, allein er hatte mit manchen Schwierigkeiten zu kämpfen. Bitter beklagt er den seit Bennos Administration aus nicht abweisbaren Gründen eingetretenen Mangel einer Dotation für die Bücherei und die relative Unordnung in derselben. Hören wir ihn selbst: „Admini= strator Benno läßt gedachte 200 fl.[1]) wieder eingehen; die angefangenen Werke bleiben unfortgesetzt; für den Bibliothekar ist nichts zu thun, was ihm sein Amt erfreulich machen und der Stiftsgemeinde Nutzen schaffen könnte."[2]) „Als ich Ende October 1823 Bibliothek und Archiv übernehmen mußte,[3]) war ich vorerst bedacht, eine bessere Ordnung in Zusammenstellung der Werke einzuführen, zumal ein großer Theil der= selben theils schon vom Anfange her (als die neue Bibliothek eingerichtet wurde) theils durch spätere Verstellungen an ganz unpassenden Plätzen

---

[1]) Die frühere Dotation.

[2]) Wir dürfen nicht vergessen, daß damals das Kloster den Kampf um seine Existenz zu führen hatte.

[3]) Sein Vorgeher in beiden Aemtern war 1811—1823 Albert von Muchar.

eingereiht waren,¹) eine noch größere Menge ununtersucht im Vorzimmer, auf der Galerie oder in Privatzimmern auf dem Boden lagen. Die Mühe des Zusammentragens und Einreihens war ungeheuer, da ich keinen Gehilfen hatte (nur bisweilen standen mir einige Novizen oder Cleriker bei) und also mit eigenen Händen so viele Tausende von Büchern — die schweren Folianten nicht zu vergessen — mehrmals hin= und herschleppen mußte." Aehnliche Mühen warteten auf ihn auch im Archive. Theils für gelehrte Arbeiten theils zum Zwecke von Rechts= behelfen waren Documente und Papiere entlehnt und nach ihrer Rück= kehr bald da bald dort hingeworfen worden und eine strenge Durch= arbeitung und Repertorisirung der Archivalien in ihrem G e s a m m t= u m f a n g e hatte früher wohl kaum stattgefunden. Ecker suchte auch hier bessere Ordnung zu schaffen und legte Verzeichnisse an, von welchen aber nur Bruchstücke sich erhalten haben. Wir stellen nun Eckers literärische Producte zusammen, soweit selbe auf uns gekommen sind. a) „Bericht über den Ursprung der Wallfahrtskirche Wildalpen in Obersteier" (8°. Graz 1833).²) b) „Geschichtliche Daten zu einer Dar= stellung des Stiftes Admont hinsichtlich seines geistlichen, wissenschaft= lichen und bürgerlichen Wirkens von der Zeit seiner Gründung bis über die Mitte des 18. Jahrhunderts" (Manuscript im Archive). c) „Ueber das Wappen des Stiftes Admont und seiner Aebte und über den Rathstitel der letzteren" (Manuscript im Archive). d) „Elenchus officialium monasterii Admontensis" (Manuscript im Archive).³) e) „Daten zur Geschichte der Pfarre St. Leonhard in Windischbüheln von 1548—1792" (Manuscript im Stiftsarchive). f) „Ueber die ehe= malige Stift Admont'sche Propstei Sagritz in Kärnten" (Manuscript im Archive; auch gedruckt in einer Zeitschrift [„Carinthia"?]). g) „Histo= rische Abhandlung über die stiftischen Weingärten zu Luttenberg und Radkersburg" (Manuscript im Archive). h) „U r b a n E c k e r s T a g e= b u c h."⁴) i) Zahlreiche Regesten aus Urkunden und Notizen über Abt V a l e n t i n s Bauten, über die theologische Lehranstalt u. s. w. Ehre sei dem Andenken dieses Mannes!

---

[1]) Die Werke waren und sind noch jetzt in den Schreinen nach Materien aufgestellt.

[2]) Nur der historische Theil des Büchleins stammt von ihm; der asketische gehört dem P. Raimund Gottscheer an. Ecker dürfte auch der Autor einer ähnlichen Arbeit über die Kirche Frauenberg sein.

[3]) Folioband von 456 Seiten. Eine sehr verdienstvolle Arbeit, welche fort= geführt wird. Ein in neuerer Zeit angelegtes Real=, Local= und Personalregister erleichtert die praktische Benützung.

[4]) Neun Tage vor seinem Tode datirt die letzte Eintragung.

Der Stiftsbibliothek flossen einige auch durch ihre Spender interessante Geschenke zu. Die Exkaiserin von Frankreich und Herzogin von Parma ließ 1820 einen Horaz aus der Bodonischen Druckerei übergeben. Sir Humphry Davy spendete 1827 die Londoner Ausgabe des biblischen „Codex Alexandrinus" und die k. k. Studien-Hofcommission 1824 die „Makâmât" des Hariri in der Edition des Silvestre de Sacy. Der Stiftsapotheker Johann Heiß bedachte in seinem Testamente die Bibliothek mit dem „Journal der Pharmacie" von Trommsdorff. An sonstigen Erwerbungen mögen hier verzeichnet werden: Stollberg „Geschichte der Religion Jesu"; Freytag „Lexicon arabico-latinum"; die „Tübinger Quartalschrift"; „Revue universelle", „Magnum Bullarium romanum" und die Fortsetzungen der „Acta Sanctorum" der Bollandisten.

Abt Benno Kreil. (1839—1861.)

Am 21. August 1839 erhob die Dankbarkeit des Stiftscapitels den bisherigen Administrator zum Abte. Benno, welcher selbst im Lehramte gewirkt hatte, förderte in und außer dem Stifte die Zwecke des Unterrichtes. An der Normalschule, welche seit alter Zeit ganz auf Kosten des Klosters erhalten wurde und mit welcher eine Musik- und Arbeitsschule verbunden war, fungirten als Directoren die P.P. Meinrad Graf (1840—1842), Hermann Friedl (1842—1854) und Moriz von Angelis (1854—1861). Die Directoren waren zugleich Katecheten, nur 1854—1858 ertheilte Leonides Kaltenegger den Religionsunterricht. Als Lehrer wirkten: Carl Mayer (1839 bis 1889),[1] Peregrin Mannich (1841—1847), Franz Fürstbauer (1844—1850), Josef Sams (1847—1850), Andreas Genger (schon seit 1850 als Lehrer thätig),[2] Leopold Hörlezeder (1850—1857), Jos. Zeichen (1854—1859), Franz Blümel (1860—1861), Ludw. Preining (1859—1866) und Anton Prihoba (1857—1859).

Das Privatgymnasium im Stifte, zunächst für die Sängerknaben bestimmt, doch zeitweilig auch von Externen besucht, genoß in den Jahren 1845—1850 das Recht der Oeffentlichkeit.[3] Den Unterricht

---

[1] Decorirt 1882 mit dem goldenen Verdienstkreuze.
[2] War auch k. k. Schul-Inspector.
[3] Peinlich, „Real- und Personal-Statistik des k. k. I. Staatsgymnasiums in Graz, von 1774—1872". Graz 1873. S. 51.

leiteten Isidor Schubert, Dominik Bußwald, Richard Peinlich und Rainald Kaschowitz.

Das Gymnasium zu Judenburg wurde 1852 auf vier Classen reducirt und, da dessen Lebensfähigkeit sich immer fraglicher gestaltete, im Jahre 1857 völlig aufgelassen. Director der Anstalt war 1849 bis 1857 Placidus Kokal. In der Periode 1839—1857 wirkten als Lehrer: Erenbert Fettinger, Modest Huber, Isidor Schubert, Anton Hatzi, Meinrad Graf, Gregor Fuchs, Richard Peinlich, Rainald Kaschowitz und Carlmann Hieber. Die Schülerfrequenz war[1]) folgende:

Jahr 1839 Schüler 53. 1840 67. 1841 69. 1842 67. 1843 79. 1844 98. 1845 100. 1846 87. 1847 74. 1848 79. 1849 70. 1850 79. 1851 56. 1852 28. 1853 30. 1854 44. 1855 43. 1856 33. 1857 44.

Aus den acht uns vorliegenden Schülerkatalogen entnehmen wir folgende Namen adeliger Studenten: Alexander von Reichwald (1840—1841), Emmanuel Graf Auersperg (1840—1841), Aemilian und Franz von Stenitzer (1841), Friedrich von Leonardo (1841), Vincenz von Peball (1841), Friedrich von Waltenhofen (1842), Adalbert von Waltenhofen (1844), Ludwig Baron Jabornigg (1844—1845) und Theodor von Meiler (1846).

Am Grazer Gymnasium finden wir als Präfecten (seit 1849 als Directoren): Blasius Trenk (1837—1849), Alexander Kaltenbrunner (1849—1854) und Carlmann Hieber (1854—1861) und als Professoren Gottfried Schrotter, Isidor Schubert, Anton Hatzi, Richard Peinlich, Rainald Kaschowitz, Thassilo Weimair, Ferd. Glaser, Dominik Bußwald und Benedict Propst. Mit dem Schuljahre 1849—1850 traten Fachlehrer an die Stelle der Classenlehrer und der neuen Studienordnung entsprechend wurde eine siebente und achte Classe eröffnet. Vermöge Allerhöchster Entschließung ddo. 31. Jänner 1857 Mailand wurde das Besetzungsrecht des Stiftes bestätigt und geregelt. Da die Gymnasialreform größere Ansprüche an die Leistungen der Lehrer stellte, ließ der Abt von nun an geeignete junge Männer an der Wiener Universität für das Lehramt heranbilden.

Das k. k. Convict in Graz stand seit 1827 unter der Leitung der Direction des Priesterseminars. Oekonomische Verhältnisse waren für

---

[1]) Nach Peinlich l. c. S. 52.

diese Anordnung maßgebend. Am 3. Februar 1844 wurde mit Allerhöchster Entschließung die Aufsicht über das Institut abermals dem Stifte Admont anvertraut und am 7. October d. J. übergab der Landesgouverneur Graf Wickenburg die Anstalt an die vom Abte bestimmten Vorstände Director Alexander Kaltenbrunner und Subdirector Theodor Gaßner. Der Gouverneur sagte in seiner Ansprache unter andern: „Seine Majestät hätten dem Orden des heil. Benedict und insbesonders dem Convente in Admont keinen sprechenderen Beweis von Vertrauen gewähren können, als durch diese Verfügung ... Diese Ordensgemeinde ist mit der Geschichte der Provinz durch nicht viel weniger als acht Jahrhunderte auf das Innigste verwebet, hat alle ihre Geschicke redlich getheilt, nahm bei großen und wichtigen Ereignissen entschiedenen Einfluß, ... barg in ihrem Schooße stets eine Reihe hervorragender und gelehrter Männer, widmete sich mit besonderer Anstrengung dem öffentlichen Unterrichte und stellte sich dem Staate immer zu allen Opfern und Diensten bereit."¹) Als Präfecten wirkten im Convicte 1844—1848 Engelbert Prangner, Dominik Bußwald und Richard Peinlich. Mit Ministerial-Verordnung vom 25. August 1848 wurde die gänzliche Auflassung dieser Anstalt verfügt. Auch an andern Lehranstalten finden wir um diese Zeit Mitglieder des Stiftes. Theodor Gaßner war 1850—1851 Director des Gymnasiums zu Cilli und 1851—1861 zu Ofen. Erenbert Fettinger leitete 1851—1859 das Gymnasium zu Cilli. Dominik Bußwald war 1849—1857 Professor am Gymnasium zu Marburg, Richard Peinlich 1851—1853 als solcher zu Ofen, Engelbert Prangner als solcher 1851 am Theresianum zu Wien und Guido Schenzl 1850 zu Marburg, 1852 zu Ofen und führte dann dort das Directorat der Oberrealschule in den Jahren 1854—1870. An der Stelle des 1849 verstorbenen Albert von Muchar supplirte Edmund Rieder mehrere Monate an der Grazer Universität die classische Literatur. Engelbert Prangner war 1847—1851 Docent der Naturgeschichte an derselben Hochschule.

Trotzdem, daß so zahlreiche Admonter an auswärtigen Lehranstalten ihre Talente entfalteten, fehlte es auch nicht im Stifte an hochgebildeten Männern. Das Doctorat der Theologie erwarben sich 1842 Philipp Potochnik, 1846 Ottokar von Gräfenstein und 1855 Friedrich Schäfer. Günther Freiherr von Kulmer war ein gewiegter Numismatiker und Rudolf Gerspich ein vorzüglicher Entomolog.

---

¹) Zeitschrift „Styria" vom Jahre 1844. Nr. 123.

Thassilo Weimair, Moriz von Angelis, Anton Hatzi, Ulrich Speckmoser, Theodor Gaßner und Ignaz Somerauer waren Kenner der Naturwissenschaften und besonders ausgezeichnete Botaniker. Somerauer gilt als Entdecker der Nymphaea biradiata und die Myosotis variabilis knüpft sich an den Namen Angelis. Die meteorologischen Observationen wurden seit 1845 ununterbrochen fleißig gepflegt. Gegenstände der Beobachtung waren: Luftdruck, Temperatur, Dunstdruck, Regenmenge, Stärke und Richtung der Winde, Zug, Grad und Gestalt der Bewölkung und Elektricität der Luft. Beobachter waren: Guido Schenzl (1845—1849), Ferdinand Glaser (1850—1853), Hildebert Haas (1854—1856), Virgilius Käferbaeck (1857—1858), Ulrich Masten (1859 bis 1860) und Sigfried Sporn (1861). Nebstbei wurden Aufzeichnungen über das Erscheinen und Verschwinden der Thierwelt, über die Verhältnisse der Vegetation und über sanitäre Statistik gepflogen.

Die theologische Haus-Lehranstalt, welche auch von den Clerikern des Stiftes St. Lambrecht besucht wurde, erfreute sich fröhlichen Gedeihens. Die Oberaufsicht führte, wie immer, der Abt. Als Studiendirectoren walteten ihres Amtes: Urban Ecker (1839—1841), Sigismund Lohr (1841—1851) und Anselm Purgleitner (1851—1863). Als Professoren erscheinen in dieser Periode: Ottokar von Gräfenstein, Günther Baron Kulmer, Blitmund Tschurtschenthaler, Philipp Potochnik, Humbert Rauscher, Wilfrid Schmidt, Engelbert Prangner und Friedrich Schäfer. Die Anstalt genießt das Recht, staatsgiltige Zeugnisse für ihre Hörer auszustellen.

Als Doctoren der Heilkunde finden wir in Admont: Anton Brunner (1814—1844) und Alois Pröll 1844—1890.[1] Als Chirurgen sind uns bekannt: R. Hartmann, R. Milhaus, Georg Kohllesch, Franz von Schilling, R. Ziegler, August Rasp und Sigmund Doppler. Die Stiftsapotheke verwalteten: Leopold Wieser, Benjamin Suppan und Franz Dupky.

Besehen wir nun uns die literarischen Leistungen der Admonter in dieser Epoche. Carlmann Hieber schrieb: „Die hohe Würde des katholischen Priesterthums. Eine Primizpredigt..." (8°. Augsburg 1841). Ulrich Speckmoser († 1845) war nicht nur ein bedeutender Botaniker,[2] sondern auch ein guter Dichter in lateinischer und

---

[1] Dieser ebenso ehrenwerthe als hochwissenschaftlich gebildete Mann erhielt 1886 das goldene Verdienstkreuz mit der Krone.

[2] Sein bei 10.000 Arten umfassendes Herbar ist 1865 verbrannt.

deutscher Sprache. Es hat sich aber nur Weniges davon erhalten: a) „Ode an Andreas Reiner" (Graz 1813). b) Nekrolog des Priors P. Andreas Reiner. (Zeitschrift „Der Aufmerksame". Graz 1818.) c) „Der Sonnenabend" (Ebendaselbst 1815). d) „Die eiserne Krone." Dem Kreishauptmann Ignaz von Marquet in Marburg gewidmet. (Zeitschrift „Stiria", Graz 1844, Nr. 77.) e) Verschiedene Vorträge der Schüler am Grazer Gymnasium (1809—1833).[1]) Engelbert Praugner († 1853) leistete Verdienstliches auf dem Felde der Geognosie. Er verfaßte: „Ueber Enneodon Ungeri, ein neues Genus fossiler Saurier aus den Tertiär=Gebilden zu Wies im Marburger Kreise Steiermarks." (Steierm. Zeitschrift, 1845, S. 114.) Auch redigirte Praugner den fünften Band von Muchars „Geschichte von Steiermark".

Am 6. Juni 1849 verschied zu Graz Albert Muchar von Bied und Raugfeld. Obwohl ein geborner Tiroler, weihte er alle Kraft seinem zweiten Vaterlande Steiermark. Daher konnte auch sein Biograph Theodor Gaßner mit Recht sagen: „Sein Name wird dauern, so lange noch das Herz eines Steiermärkers für das Vaterland schlagen und erglühen wird." Wir haben im Laufe dieser Blätter von Muchars Wirksamkeit Notiz genommen. Wir holen hier noch nach, daß er wirkliches Mitglied der kaiserlichen Akademie der Wissenschaften in Wien, Besitzer der mittleren goldenen Civil=Ehrenmedaille und der großen goldenen Medaille „Pro literis et artibus" und Secretär des historischen Vereines für Innerösterreich (und später für Steiermark) gewesen ist. Eine vom Erzherzog Johann 1812 gestellte Preisfrage gab ihm die erste Anregung zur Forschung auf einem Gebiete, auf welchem er Meister werden sollte. Wir notiren nun seine literarischen Arbeiten:[2]) „Das römische Norikum oder Oesterreich, Steiermark, Salzburg, Kärnten und Krain unter den Römern..." (In zwei Bänden, 8°. Gräz 1825 bis 1826). „Die heiligen Weihen. Nach dem beigefügten Urtexte des römischen Pontificalbuches übersetzt und mit ... Anmerkungen begleitet, nebst einem Auszuge aus der Pastorallehre des heil. Gregorius des Großen..." (8°. Gräz 1829). „Das Thal und Warmbad Gastein nach allen Beziehungen und Merkwürdigkeiten..." (8°. Gräz 1834, mit zwei Ansichten und einer Karte).[3]) „Quinti Horatii Flacci opera

---

[1]) Ein Necrolog Speckmosers aus der Feder des Dr. Rudolf Puff erschien in der „Stiria" 1845, Nr. 75.

[2]) Diese obwohl sehr zahlreich und daher schon in ihren Titeln einen großen Raum einnehmend, mußten wir hier verzeichnen, um eben ein volles Bild seines wissenschaftlichen Strebens entfalten zu können.

[3]) Mit Benützung eines Tagebuches des Erzherzogs Johann.

lyrica annotatione e notis aliorum et suis perpetua, versione germanica inserta et observationibus aestheticis illustrata." (8°. Graecii 1835). „Geschichte des Herzogthumes Steiermark" (acht Bände, 8°. Graz 1845—1867).[1]) „Urkunden-Regesten für die Geschichte Innerösterreichs, vom Jahre 1312 bis zum Jahre 1500." (Im „Archiv für österreichische Geschichtsquellen" 1849.) In Hormayrs[2]) „Archiv" und dessen Fortsetzung von Ridler erschienen folgende Aufsätze: „Ob der berühmte steiermärkische Minnesänger Ottokar von Hornek Mönch von Admont war?" (1817).[3]) „Zur Geschichte der steirischen Reformationsunruhen." „Notizen über eine bestehende Handelsverbindung der obersteiermärkischen Berg- und Eisenwerke mit den deutschen Hansestädten." „Notizen über das Aufkommen und den Fortgang der lutherischen Lehre im Enns-, Palten- und Liesingthale aus ... Archivschriften des Städtchens Rottenmann" (1819). „Tibers Fehde mit Marbod, dem Könige der Markomannen, und die große pannonische Empörung" (1820). „Die große römische Reichsgrenze an der Donau, mit besonderer Hinsicht auf die norischen Landtheile" (1821). „Gebehard, Erzbischof von Salzburg, und die Gründung der ... Abtei Admont" (1821). „Die uralte Felsenburg Strechau im ... Paltenthale mit ihren Merkwürdigkeiten und historischen Erinnerungen" (1822). „Admont, die Salzburger Erzfürsten, die heil. Hemma und ihr Geschlecht" (1826). „Die heil. Hemma, ihr Haus, mit den Geschichten von Gurk und Admont" (1828). „Engelbert, Abt zu Admont 1297—1331" (1832).

In der „Steiermärkischen Zeitschrift"[4]) gelangten zum Abdrucke: „Das altkeltische Norikum oder Urgeschichte von Oesterreich, Steiermark, Salzburg, Kärnten und Krain" (Band I—IV). „Versuch einer Geschichte der slavischen Völkerschaften an der Donau, um die erste Einwanderung und Festsetzung der Slaven in der Steiermark, in Kärnten und Krain zu ... erweisen. Von der Zeit des Kaisers Augustus bis in die Mitte des siebenten Jahrhunderts ..." (Band VI—X). „Würdigung zweier Reisebeschreibungen durch die Steiermark" (Band VIII). „Beyträge zu einer urkundlichen Geschichte der altnorischen Berg- und

---

[1]) Sein Hauptwerk, welches mit dem Jahre 1558 abschließt. Er erlebte nur die Drucklegung der Hälfte und aus seinen hinterlassenen Papieren entstand die Fortsetzung. Dr. Georg Göth legte über das Ganze ein Register an. (8°. Graz 1874.)

[2]) Hormayr nannte unsern Muchar seinen lieben Albertus Noricus und wollte ihm eine ehrenvolle Stellung in Bayern verschaffen, welche dieser jedoch, wie einen Ruf nach Mailand, ablehnte.

[3]) Manuscript im Stiftsarchive.

[4]) Muchar war 1827—1848 Mitredacteur derselben.

Salzwerke" (Band XI.) „Die Gründung der Universität zu Grätz". (Steierm. Zeitschrift, Neue Folge, Band I.) „Geschicke und innere Einrichtung der alten Universität und des Lyceums zu Grätz" (Neue Folge, Band II.)[1] „Die ältesten Erfindungen und frühesten Privilegien für industriellen Fleiß in Innerösterreich" (Neue Folge, Band IV). „Der steiermärkische Eisenberg, vorzugsweise der Erzberg genannt, nebst einer Uebersicht über den Besitzstandwechsel der Eisenschmelzwerke in Vordernberg..." (Neue Folge, Band V). „Aeltere Institutionen in Grätz" (Regierung, Municipal-Einrichtung, Religionswesen, Anstalten für Wohlthätigkeit, Handel und Industrie). (Neue Folge, Band VIII.) „Geschichte des steiermärkischen Eisenwesens am Erzberge vom Jahre 1550—1590" (Ibid).

Nicht gedruckt sind folgende Arbeiten Muchars: a) „Beitrag zur Geschichte der Steiermark." (Enthält historische Nachrichten über die Thäler der Enns und Palte, die Stadt, das Chorherrenstift und die Pfarre Rottenmann) (Handschrift im Joanneums-[Landes-]Archiv.)[2] b) „Der religiöse Geist in den griechischen Tragikern" (Verloren.) c) „Würdigung der Bücher Virgils vom Landbau." (Nicht mehr vorfindlich.) d) „Uebersetzung und Erklärung einiger Tragödien von Sophokles und Euripides." (In Verlust gerathen.) e) „Urkundliche Geschichte der uralten Stift Admontischen Salinen zu Hall im Admontthale und zu Weissenbach bei St. Gallen." (1822. Im Stiftsarchiv.) f) „Ueber die dem Stifte Admont pleno jure incorporirte Pfarre Jahring in W.=B." (Ebendaselbst.) g) „Vorlesungen über Aesthetik oder Philosophie des Schönen." (Ebenda.) h) „Ausführliche Regesten zur Geschichte des Stiftes Admont vom Jahre 1297—1470." (Im Archive.)[3] i) „Bemerkungen zum Entwurfe der Statuten der kaiserlichen Akademie der Wissenschaften."

Muchar war es auch, der anläßlich der Gründung eines historischen Vereines für Innerösterreich die an Erzherzog Johann gerichtete Denkschrift ausarbeitete und die Statuten des Vereines entwarf. Seine Biographie lieferten Theodor Gaßner und Dr. Franz Ilwof (Mittheilungen des historischen Vereines für Steiermark. I. 13—23 und XIV. (XVII—XXVIII.) Nun ruht der edle Mann und unermüdliche Forscher auf dem Friedhofe St. Peter bei Graz. Die Grabschrift lautet: „ALBERTO DE MUCHAR — PROF. PUBL. — MONAST.

---

[1] Beide Aufsätze sind ein Auszug aus einer nicht zur Ausgabe gelangten Festschrift gelegentlich der 1827 erfolgten Wiederherstellung der Grazer Universität.

[2] Nach Wurzbach, „Biographisches Lexikon" XIX. 309.

[3] Muchar trug sich lange mit der Idee, eine Geschichte seines Ordenshauses zu schreiben und hatte schon Widmung und Vorwort mit Quellennachweis verfaßt. Aus diesen und ähnlichen Vorarbeiten entstand seine Landesgeschichte.

ADMONT. CAPITUL. — RERUM STIRIAE SCRIPTORI — NAT. MDCCLXXXVI MORT. MDCCCXLIX — SOCIETAS. HIST. STIR. — ABBAS EIUS — AMICIQUE."[1])

Gerald Lehnert übergab 1850 der Presse „Rede... bei der Weihe einer Jungfrauenfahne... zu Gröbming im Jahre 1848" (8°. Graz). Alexander Kaltenbrunner schrieb: „Abhandlung über den Werth und die Würde der Menschenkunde" (8°. Graz 1850). Auch erschien von ihm: „Historisch-statistische Uebersicht des k. k. Gymnasiums zu Gräz." (Gymn.-Programm 1851.) Von Gottfried Schrotter erschienen: a) „Religiös-sittliche Anreden für die studirende Jugend" (8°. Graz 1850). b) „Historia sacra in usum juventutis." (2 Bände. 8°. Lincii 1864.) Vincenz Schwarzl († 1851) verfaßte: „Der steiermärkische Winzer oder leichtfaßliche Einleitung zur Pflanzung und Pflege der Weinreben" (8°. Grätz 1844). Nach seinem Ableben erschien: „Der durch zwanzigjährige Erfahrung erprobte steiermärkische Weinbauer..." (8°. Graz 1853). Gegen Anton Günthers religionsphilosophische Doctrinen legte auch ein Admonter, der einfache Landkaplan Ildephons Sorg, seine Lanze ein mit der Schrift: „Die Unhaltbarkeit des speculativen Systemes der Güntherianer vom kirchlich-dogmatischen Standpunkte aus" (8°. Graz 1851).[2]) Von Sorg erschien auch ein Aufsatz, „Die christliche Familie." (Zeitschrift: „Der römisch-katholische Christ", Pesth 1854, S. 153.) Er hinterließ auch ein Tagebuch. Erenbert Fettinger versuchte sich in einer „Geschichte des Gymnasiums zu Cilli". (Programm dieser Schule vom Jahre 1852.) Leonides Kaltenegger verfaßte: a) „Liederbuch für Volksschulen mit Text und Musik" (12°. Linz 1860). b) „Lieder für Schule und Leben" (12°. Wien 1860). c) „Die Bienenwirthschaft in Ober- und Untersteiermark." (Oesterr.-ungar. Bienenzeitung VI. 1883. S. 4—5 und 16—17.) Er redigirte auch 1878 die Mittheilungen des steiermärkischen Bienenzuchtvereines (8°. Graz 1878).

Im Jahre 1851 erwarb das Stift aus dem aufgehobenen Collegiatkloster Spital am Pyhrn mehrere weißlackirte mit vergoldeten Schnitzereien ausgestattete Bibliothekschreine um 60 fl. Die Kosten für deren Transportirung beliefen sich auf 140 fl.[3]) Obwohl, wie schon bemerkt, die

---

[1]) Sein Angedenken wurde auch in mehreren Fachschriften gefeiert.

[2]) Sorg mußte sich verschiedene Angriffe und vermeintliche Abweisungen von Seite der Gegner gefallen lassen, erhielt aber die Genugthuung, Günthers System durch das päpstliche Decret vom 20. Februar 1857 verurtheilt zu sehen.

[3]) Dieselben waren zur Aufstellung in einem Locale des Südtractes bestimmt und einstweilig in einem Magazine untergebracht, wo sie 1865 verbrannten.

Stiftsbibliothek über keine bestimmte Dotation verfügen konnte, wurden doch jährlich bedeutende Summen aus der Casse des Rentamtes zur Anschaffung von Werken angewiesen.¹) Im Jahre 1842 vermachte testamentarisch der Dr. medicinae Emmanuel Höbenreich (in Weyer?) unserer Bücherei des Godofridus Bidloe: „Anatomia humani corporis." (Amstelodami 1685; ein Prachtwerk in Folio mit 105 Tafeln.) Aus dem Nachlasse des Erzbischofs Milde in Wien gelangten auserlesene Werke, besonders in neuer fremdländischer Literatur 1853 an seinen Neffen P. Aemilian Milde und durch diesen an das Stift. Die Verwaltung der Stiftsbibliothek kam nach Urban Eckers Tode an Philipp Potochnik (1841—1844), worauf Barnabas Mauer die Leitung derselben bis zu seinem 1878 erfolgten Hinscheiden übernahm. Dieser verfaßte auf Zetteln einen Fachkatalog, einen Localkatalog in Buchform und ein Verzeichnis der Incunabeln.²) Aus den nur lückenhaft vorliegenden Noten der Buchhändler verzeichnen wir für die Periode 1839—1861 die vorzüglichsten Erwerbungen von Büchern für die Bibliothek. Diese sind: Oken „Allgemeine Naturgeschichte für alle Stände." (Sammt Atlas.) Perrone „Praelectiones theologicae". Katerkamp „Kirchengeschichte". Berghaus „Physikalischer Atlas". Schlosser „Weltgeschichte". Pauly „Encyclopädie". Humboldt „Kosmos". Lincke „Deutschlands Flora". Heeren und Ukert „Geschichte der europäischen Staaten". Ritter „Erdkunde". „Magnum Bullarium". (Romae, Barberi, 1835 ...) Krombholz „Schwämme". „Encyclopädie" von Ersch und Gruber. Sturm „Flora". Esenbeck „Genera plantarum Germaniae". Deutingers Werke. Stolberg „Geschichte der Religion". Decandolle „Prodromus". „Dictionaire de l' Academie française." Schlömilch „Mathematische Werke". Scavini „Theologia moralis". „Thesaurus graecae linguae." „Vetus et novum testamentum e codice Vaticano" (Editio Angeli Maii). Hefele „Conciliengeschichte". „Monumenta Germaniae historica." „Monumenta graphica medii aevi." „Abbildungen der österreichischen Rindvieh-Racen." Bock „Liturgische Gewänder". „Bibliotheca Benedictina." Bonix „Kirchenrechtliche Werke". „Bibliotheca scriptorum graecorum." Thiers „Geschichte des Consulates". Rohrbacher „Universalgeschichte".

---

¹) So für die Jahre 1845—1847 4244 fl.
²) Als Archivar (1845—1865) war wohl seine Hauptarbeit die Ordnung und Registrirung von circa 25.000 Schirmbriefen zum Behufe der Servitutenablösung.

Die Neuzeit des Stiftes.

Abt Benno Kreil legte am 4. Juli 1861 als zweiundachtzigjähriger Greis den Krummstab nieder und trat am 1. März 1863 vom Schauplatze des Lebens ab. Karlmann Hieber wurde am 25. September 1861 als Administrator cum facultate abbatis gewählt. Als Sohn eines angesehenen Bürgers in Graz 1812 geboren, machte er daselbst seine Gymnasial= und philosophischen Studien, trat 1829 in das Stift, legte 1833 die feierlichen Gelübde ab, fungirte einige Zeit als Festprediger in der Stiftskirche, war 1835—1839 Professor am Benedictiner=Gymnasium zu Augsburg, 1841—1849 an jenem zu Judenburg und 1849—1861 an jenem zu Graz, wo er 1854 bis 1861 das Directorat inne hatte. Karlmann war ein ausgezeichneter Schulmann und ein Freund und Beförderer der Wissenschaften. Daß er Doctor der Theologie und Mitglied gelehrter Vereine gewesen, haben wir schon oben erwähnt. Der große Klosterbrand und sein nicht lange nachher erfolgter Tod beirrten seinen Lieblingsplan, ein öffentliches Gymnasium im Stifte zu errichten.

Die Normalschule zu Admont stand auf der vollen Höhe des damaligen Unterrichtswesens. Ein Bericht des Volksschul=Inspectors vom Jahre 1862 nannte sie eine „wahre Muster=Volksschule des Landes". Die Localdirection führte und führt seit 1861 P. Othmar Berger, der Freund und Liebling der Kinderwelt. Er versah und versieht das Amt eines Bezirks=Schulinspectors und seine Brust ziert das goldene Verdienstkreuz mit der Krone. Seit 1858 ertheilt er auch den katechetischen Unterricht. Als Lehrer walteten: Franz Sturm (1862 bis 1863), Karl Kristinus (1863—1866), Joh. Sturm (1866 bis 1867), Joh. Schmied (1866), Joh. Thiel (1866—1868), Joh. Ulrich (1867—1878) und Hermann Beyer (1868—1881).[1] Mit Ministerial=Erlasse ddo. 21. April 1862 wurde mit der Normal-

---

[1] Schulinspector für die Bezirke Liezen, Rottenmann, Schladming, Gröbming, Irdning und Aussee.

schule ein Ausbildungs-Institut für Lehrer (Präparandie) verbunden. An dieser Anstalt lehrte P. Zeno Müller (1864—1865) die Kunde der Landwirthschaft. Selbst der Stiftsbrand von 1865 konnte den Volksschulunterricht nicht völlig unterbrechen und als Nothlocalien wurden für die Kinder der Pavillon des Klostergartens und für die Präparanden die Schießstätte benützt.¹)

Der Unterricht in den Gegenständen des Untergymnasiums wurde zunächst für die stiftischen Sängerknaben und weiter für Externe dem allgemeinen Studienplane entsprechend mit Fleiß und Umsicht fortgeführt. Die Zahl der Schüler belief sich öfters über dreißig. Als Lehrer wirkten theils quiescirte Professoren aus Judenburg und Graz, theils geeignete junge Stiftspriester und Cleriker. Ein Ministerial-Erlaß vom 27. März 1859 gestattete, daß die Jahresprüfung der Zöglinge im Stifte selbst durch eine aus drei Professoren des Grazer Gymnasiums gebildete Commission vorgenommen werden dürfe. Am Gymnasium zu Graz fungirte seit 1861 Dr. Richard Peinlich als Director. In den Kreis der dortigen Professoren aus Admont traten 1864 Willibald Nubatscher, 1865 Virgilius Kaeferbaeck und 1869 Cajetan Hoffmann. Dr. Gregor Fuchs übernahm 1866 die Direction des Real-Gymnasiums zu Leoben.

An der theologischen Haus-Lehranstalt war seit 1863 als Vicedirector Wilfried Schmidt († 8. Februar 1891). Als neue Lehrkräfte erscheinen Heinrich Rešek, Dr. Ignaz Bierbaum, Gebhard Freyding und Gerard Fasching. Neben den Clerikern des Stiftes St. Lambrecht frequentirten nun auch jene von Seitenstetten die Anstalt.

Der Stiftsbrand vom 27. April 1865 übte seinen unheilvollen Einfluß auch auf unsere wissenschaftlichen Anstalten und Sammlungen. Die verschiedenen Lehrzimmer und die Fachbibliotheken giengen zu Grunde, ebenso das physikalische Cabinet, das sogenannte Museum und das Hauptarchiv. Im Museum befanden sich eine Mineraliensammlung, ein versteinertes Exemplar des Ichthiosaurus communis, ein reich ausgestattetes Herbar mit einer forstbotanischen Collection, zahlreiche Abgüsse von Medaillen und viele archäologische²) und kunsthistorische Gegenstände. Ein unersetzlicher Verlust war jener des Hauptarchives,

---

¹) Der Pfarrer zu Frauenberg Magnus Noeck unterhielt die Volksschule daselbst fast völlig auf eigene Kosten und sorgte durch eine Stiftung auch für die Zukunft derselben. Auf mehreren Pfarren, wie St. Anna, Johnsbach, Hohentauern u. a. ertheilten die Pfarrer den ganzen Unterricht.

²) Zwei Römersteine gefunden am Pyhrnberge.

indem die Saalbücher, der Codex praediorum, Nekrologien, Bestätigungs- und Schenkungsbriefe der Päpste und Salzburger Metropoliten, der Kaiser und Landesfürsten (auch der Traungauer), die Protokolle des Admonter Archidiaconats und zahlreiche Urkunden und Schriften verloren giengen.[1]) Der Bibliothekssaal blieb verschont, aber im Arbeitszimmer des Bibliothekars verbrannten viele Werke der neuern französischen Literatur.

Als Literaten dieser Zeit sind zu nennen: Hartnid Dorfmann († 1862). Er verfaßte: a) „Figurae ad IV primas libros Elementorum Euclidis" (1809. Manuscript in der Stiftsbibliothek). b) „Den Manen des zu früh gestorbenen Freiherrn Franz von Egger von seinem ehemaligen Lehrer." (Gedicht in der Zeitschrift „Der Aufmerksame". Graz 1817, Nr. 3.) c) Grabschrift für den Jüngling Albert Lohr, Schüler der I. Hum.-Classe. (Daselbst 1819, Nr. 73.) d) „Conscriptio reliquiarum ex tempore Romani in has terras imperii, quae anno 1845, cum levarentur glebae ad crepidines ferreis viarum arte nova munitarum orbitis substruendas, solo erutae sunt prope Celejam urbem" (Manuscript im Stiftsarchiv). Dominik Bußwald schrieb: a) „Ueber das formell Bildende des Sprachunterrichtes" (Marburger Gymn.-Programm 1854). b) „Leben, Wissenschaft, Schule. Pädagogisch-bidactische Bemerkungen mit einem Anhange über den Elementarunterricht in der Satzlehre" (Grazer Gymn.-Programm 1858). c) „Unsere Zeit vom universellen Standpunkte aus beleuchtet" (8°. Graz 1861). Placidus Kokal gebot über eine fruchtbare poetische Ader. Von den vielen in Zeitschriften zerstreuten Gedichten nennen wir: a) „Prolog bei Gelegenheit des Priester-Jubiläums des ... Alois Friedrich Leitner, Stadtpfarrers zu Judenburg" (Zeitschrift „Stiria" 1844, Nr. 88). b) „Nachruf Judenburgs an das ... k. k. 13. Feldjäger-Bataillon" (daselbst 1856, Nr. 12). Im Jahre 1868 starb Edmund Rieder. Aus seiner Feder flossen die Werke: a) „Die Ordensreform. Historisch-dramatisches Gedicht"[2]) (Manuscript im Stiftsarchiv). b) „De equitum Templariorum congregatione ejusque immerenti exitu"[3]) (Manuscript ebenda). c) „Der Abt von den Alpen. Historisch-dramatisches Charakterbild" (Manuscript a. a. O.).[4]) d) „Die Ortsnamen der deutschen Steiermark." Mit ange-

---

[1]) Ueber die Neuschaffung eines Archives werden wir unten berichten.
[2]) Das Sujet behandelt die Geschichte des Templerordens.
[3]) Ein Defensionsversuch gegen Hammer-Purgstalls „Die Schuld der Templer".
[4]) Der Held der Dichtung ist Admonts energischer Abt Heinrich II.

hängter „Abhandlung, ob es in den Ortsnamen der deutschen Steiermark ein romanisches oder keltisches Sprachelement gibt" (Manuscript in der Bibliothek). e) „Erläuterungen zur Theorie der Dichtkunst für die Vorträge der II. Hum.-Classe" (anonym, 8°. Graz 1848). f) „Lehrbuch der Redekunst" (8°. Graz 1849. In zweiter Auflage 1859). g) „Ali, der Chalif." Historisch-dramatisches Gedicht (8°. Graz 1850). h) „Abhandlung über den sophokleischen Philoktet" (Grazer Gymn.-Programm 1852). i) „Chronicon Ottocari in rebus, quae ad Henricum abbatem pertinent, ne sit fons rerum Styriae scriptoribus" (ebenda 1859). k) „Adelheid von Herberstein." Vaterländisch-historisches Schauspiel (8°. Graz 1860). l) „Kritische Excerpte aus Ottokars Reimchronik" (Manuscript im Stiftsarchiv). m) „Monumentum antiquo-teutonicum apud s. Rupertum prope Muraepontem extans" (ebenda). Wilfrid Schmidt schrieb verschiedene dogmatische Aufsätze und kirchenpolitische Artikel für das „Grazer Volksblatt" (1868—1869) und Nekrologe der Admonter Constantin Keller („Landwirthschaftliches Wochenblatt". Graz, XIV. Band) und Aemilian Milde („Volksblatt" 1868, Nr. 89).

Florian Kinnast war und ist auf verschiedenen Gebieten der Literatur thätig. Wir verzeichnen: a) „Der Brand der Benedictinerabtei Admont am 27. April 1865" („Oesterr. Revue" 1865). b) „Kurzer Rückblick auf die achthundertjährige Geschichte des Klosters Admont" (ebenda 1865). c) „Anton Eisinger, Secretär des Stiftes Admont" („Grazer Zeitung" 1866). d) „Necrologium Admontense" (1868. Manuscript in Folio).[1]) e) „Karlmann Hieber, Abt des Stiftes Admont", Nekrolog (8°. Waidhofen an der Ybbs 1868). f) „Aus den hinterlassenen Schriften des P. Urban Ecker" („Grazer Volksblatt" 1868—1869). g) „Das Stift Admont, dessen Besitzungen und deren Verwaltung" (Manuscript 1869 dem histor. Verein für Steiermark übergeben). h) „Zur Geschichte des steiermärkischen Rüstwesens" (Mitth. des histor. Vereines f. St. 1870, XVIII. 72—78). i) „Drei Tage in Oberösterreich" („Grazer Volksblatt" 1871). k) „Album Admontense seu Catalogus religiosorum O. S. B. in abbatia Admontensi ... anno jubilaeo 1874 viventium et ab anno 1674 pie defunctorum" (8°. Graecii 1874). l) „Ein Beitrag zur Geschichte des Cretinismus in Steiermark" („Grazer Volksblatt" 1879). m) „Catalogus religiosorum O. S. B. in abbatia Admontensi ...

---

[1]) Dasselbe, auf das Nekrolog vom Jahre 1781 sich stützend, enthält auch die Namen von Mitgliedern conföderirter Klöster, von Wohlthätern der Abtei und von den nächsten Anverwandten der Stiftsgeistlichen.

anno jubilaeo MDCCCLXXX viventium" (8⁰. Graecii 1880). u) Admontische Schriftsteller seit 1750 (in dem Werke: „Scriptores O. S. B., qui 1750—1880 fuerunt in imperio austriaco-hungarico" Vindobonae 1881). o) „Zusammenstellung derjenigen Regularen aus andern Ordenshäusern, welche in Admont selbst und auf Admonter Pfarren gewirkt haben" (Studien und Mitth. aus dem Benedictinerorden. III. 334—339. Brünn 1882). p) „Trauungsrede" (Blätter für Kanzel=Beredtsamkeit. Wien 1882, II. 956—959). q) „Predigt bei Gelegenheit einer Glockenweihe" (ebenda 1883, S. 96). r) „Ein Besuch auf dem heil. Berge Pannoniens" (8⁰. Graz 1883). s) Text der Huldigungsadresse der steiermärkischen Prälaten anläßlich der 600jährigen Jubelfeier der Vereinigung Steiermarks mit den habsburg'schen Ländern (Graz 1883). t) „Festpredigt, gehalten . . . zu St. Gallen, als . . . P. Gebhard Freyding . . . sein 25jähriges Priesterjubiläum feierte" (Blätter für Kanzel-Beredtsamkeit 1884). u) „Des Priesters Beruf und Lohn." Primizrede (A. a. O. 1885). v) „Predigt bei Gelegenheit der Orgelweihe zu Mautern" (A. a. O. 1885). w) „Der Benedictiner= und Cistercienser=Orden auf der culturhistorischen Ausstellung in Steyr" (Studien und Mittheilungen aus dem B.= u. C.=Orden 1885). x) „Trauungsrede" (8⁰. Brünn 1889). y) „Dr. Guido Schenzl, Abt zu Admont." Nekrolog (Brünn 1891). z) „Dr. Alois Pröll, Stiftsarzt zu Admont" (Nekrolog, 8⁰. Brünn 1891). Kinnast verfaßte auch einen „Liber confoederationis abbatiae Admontensis" (Manuscript), besorgte die Ausgabe von Richard Peinlich's Dichtungen (8⁰. Graz 1883), redigirt seit 1883 die „Veränderungen im Personalstande des Benedictiner= und Cistercienser=Ordens" („Oesterr. Bened.=Zeitschrift"), legte ein Gedenkbuch für die Jubiläumsfeier des Stiftes 1874 an und führte die Hauschronik des Stiftes von 1869—1889. Seine mit regem Fleiße gesammelten Materialien zu einer umfassenden Biographie der beiden Maler Martin und Bartholomäus Altomonte harren noch der Herausgabe. P. Florian ist Besitzer des Donatkreuzes des souveränen Malteserordens und des königl. sächs. Albrechtordens.

Abt Zeno Müller (1869—1885) und Administrator Guido Schenzl.

Jener, der Sohn eines Montanbeamten, hatte 1818 zu Liezen das Licht der Welt erblickt, erhielt als Sängerknabe den Gymnasialunterricht im Stifte, absolvirte die Philosophie zu Salzburg, wurde

1845 durch die feierliche Profeß Mitglied der Admonter Ordensgemeinde, war Vicar zu Hall, Kastner, Schaffner, Küchen- und Rentmeister im Stifte, supplirte einige Zeit den Professor der Moraltheologie und hielt Vorträge in der Landwirthschaft für die Lehramts-Candidaten der Volksschule. Der Malteserorden ehrte den Abt Zeno durch die Verleihung des Donatkreuzes. Abt Zeno war von dem besten Willen für das Wohl des Hauses beseelt, allein die Nachwehen des Stiftsbrandes und eine immer mehr sich entwickelnde Krankheit lähmten seine Thätigkeit, so daß er sich 1885 genöthigt fühlte, die Leitung der Abtei nieder zu legen. Das Plenarcapitel wählte am 7. April 1886 den Dr. Guido Schenzl zum Administrator cum jure successionis. Geboren 1823 zu Haus im oberen Ennsthale, legte dieser 1845 das Ordensgelübde zu Admont ab, leistete Aushilfe in der Seelsorge, führte 1845—1849 die meteorologischen Beobachtungen im Stifte, wurde 1850 an der Grazer Universität als Doctor der Philosophie promovirt, worauf er 1850—1851 als Professor des Gymnasiums zu Marburg, 1851 bis 1854 als solcher zu Ofen wirkte. Als Director der Oberrealschule daselbst 1854—1870 war er längerere Zeit Mitglied der Prüfungs-Commission für die Candidaten des Realschul-Lehrfaches und wurde 1870 zum Director der königlich ungarischen magnetisch-meteorologischen Reichsanstalt ernannt. Administrator Schenzl war wirkliches Mitglied der ungarischen Akademie der Wissenschaften und mehrerer gelehrten Vereine des In- und Auslandes. Der Staat ehrte seine Verdienste 1887 durch Verleihung des Ordens der Eisernen Krone.

Die Volksschule zu Admont war seit dem Erscheinen der neuen Schulgesetze jedem Einflusse von Seite des Stiftes entzogen und dieses stellte unentgeltlich das frühere Schullocale den Schulbehörden zur Verfügung und besorgt dessen Heizung und Reinigung. Als Director und Katechet fungirt der Stiftspriester P. Othmar Berger, zugleich Inspector für den Schulbezirk St. Gallen.[1]) Der Gymnasial-Unterricht für die vier unteren Classen wird den stiftischen Sängerknaben wie zuvor ertheilt. Da mit Erlaß des Unterrichts-Ministeriums vom 22. Juli 1870, Z. 7076 das vom Staate mit dem Stifte hinsichtlich der Besetzung der Lehrstellen am ersten Gymnasium zu Graz bestehende Uebereinkommen gelöst und die Besetzung der freien Concurrenz anheimgestellt worden war, erlosch jede fernere directe Beziehung des Stiftes zu dieser Anstalt. Ein Ministerial-Erlaß vom 9. September desselben Jahres bestätigte die Admonter Richard Peinlich, Ferdinand Glaser, Benedict Propst, Thassilo Weymayr, Willibald Rubat-

---

[1]) Besitzt das Goldene Verdienstkreuz mit der Krone.

sicher, Virgil Käferbäck und Cajetan Hoffmann in ihren bisherigen Stellungen.¹) Clemens Vogl (1874) und Eginhard Matevžič (1875) wirkten als Supplenten daselbst. Vogl lehrte 1874—1876 an der Lehrerinnen-Bildungsanstalt und 1876—1877 an der Gewerbeschule zu Graz. Matevžič wirkt seit 1875 als Professor am Gymnasium zu Leoben. Gabriel Strobl fungirte 1876 bis 1880 als Professor am Obergymnasium zu Seitenstetten, 1880 bis 1886 an jenem zu Melk und seit 1889 abermals zu Seitenstetten.

Eine der Folgen des Stiftsbrandes war auch die, daß die theologische Haus-Lehranstalt von auswärtigen Klöstern wegen Mangel an Raum nicht mehr beschickt wurde. Wieder begegnen wir neuen Lehrkräften. Diese sind: Urban Poeltl, Placidus Steininger, Maurus Schober und Amand Zouzelka. Neben diesen approbirten Professoren erscheinen als Supplenten: Albert Weiß, Alexander Dupky, Victorin Berger und Bernard Lindmaier.²) Einen großen Verlust beklagen Wissenschaft und Stift durch das 1877 erfolgte Hinscheiden des ebenso ausgezeichnet veranlagten als fleißigen Benno Ehgartner. Als Adjunct des theologischen Studiums hatte er zur Erlangung des Doctorates schon zwei Rigorosen „cum applausu" zu Graz gemacht und es wäre ihm ohne Zweifel ein Lehrstuhl einer theologischen Facultät offen gestanden. Schon früher (1869) war Ignaz Bierbaum an der Grazer Universität zum Doctor der Theologie promovirt worden.³)

Besehen wir uns nun die neueren Leistungen der Admonter auf dem Felde der kirchlichen und profanen Literatur.

Gabriel Strobl nimmt unter den Naturhistorikern des Landes mit Recht eine hervorragende Stellung in Anspruch. Auf dem Felde der Insecten- und Pflanzenkunde darf er als Autorität genannt werden. Seine Ersparnisse als Professor verwendete er für wissenschaftliche Reisen und zum Ankaufe naturhistorischer Gegenstände. Auch durch Hintangabe von ihm zusammengestellter sicilianischer Pflanzencenturien schuf er sich Hilfsquellen für seine Forschungen. Auf Grundlage der von Thassilo Weymayr angelegten mineralogischen Samm-

¹) Von den Genannten sind Peinlich 1882, Weymayr 1874, Käferbäck 1875 und Glaser 1890 gestorben; Propst 1880, Hoffmann 1887 und Rubatscher 1891 vom Lehrfache zurückgetreten. Hoffmann erhielt das goldene Verdienstkreuz mit der Krone.

²) Dieser machte die für das theologische Doctorat nöthigen Studien zu Innsbruck.

³) Der Capitular Bruno Vogel von Windsheim († 1890) besaß das Diplom eines Doctors beider Rechte von der Wiener Universität. P. Raimund Miklave steht in Vorbereitung für die theologische Doctorswürde.

lung erweiterte er unser naturhistorisches Museum und ist als eigentlicher Schöpfer desselben zu betrachten. Die von ihm diesbezüglich verfaßten Kataloge, in eminenter Fühlung mit dem heutigen Stande der Wissenschaft, werden noch der späten Nachwelt als Denkmal seines Wissens und Fleißes dienen. Er steht im regen Verkehr mit den ausgezeichnetsten Vertretern seines Faches. Seine Publicationen sind: a) „Ausflug auf den Bruckfattel" (Oesterr. botan. Zeitschrift 1869). b) „Der Radstädter Tauern" (daselbst 1871). c) „Besteigung des Dachstein" (Grazer Volksblatt 1870). d) „Eine Partie auf den Hochgolling" (daselbst 1871). e) „Eine Fahrt durchs Gesäuse" (ebenso). f) „Eine Frühlingsreise nach Süden. Reise-Eindrücke aus Süd-Steiermark, Krain, dem kroatischen und istrianischen Küstenlande und den Inseln des Quarnero" (8°. Graz 1872). g) „Aus der Frühlingsflora und Fauna Illyriens" (Verhandlungen der zoolog.-botan. Gesellschaft. Wien 1872). h) „Ausflug auf den Hochschwung" (Oesterr. botan. Zeitschrift 1869). i) „Ausflug auf den Bösenstein" (daselbst 1870). k) „Auf die Höhe des Lichtmeßberges" (daselbst 1873). l) „Ueber die Sclerantheen des Aetna und der Nebroden" (daselbst 1874). m) „Bericht über die Reise nach Sicilien" (ebenso). n) „Studien über italienische Veilchen" (daselbst 1877). o) Ueber die sicilianischen Arten der Gattung Ranunculus mit verdickten Wurzelfasern" (daselbst 1878). p) „Die Frauenburg in Steiermark" (Tourist 1872). q) „Das Sparafeld bei Admont, nebst einer Skizzirung der obersteir. Gebirgszüge" (daselbst 1871). r) „Wanderungen ins Gesäuse und auf die Johnsbacher Alpen (ebenso). s) „Ueber die Vegetationsverhältnisse des Aetna" (Tagblatt der Naturforscher-Versammlung in Graz, 1875). t) Ueber die Vegetation der Aetna" (Medicinische Zeitschrift, Innsbruck 1878). u) „Eine Sommerreise ins Tyrol nach Lienz" (Grazer Volksblatt 1873). v) „Ausflug auf die Hochhaide in der Rottenmanner Tauernkette" (Berichte des österreich. Alpenvereins. Wien 1873). w) „Auf die Griesweberalm bei Admont" (ebenso). x) „Reise-Erinnerungen aus Sicilien" (8°. Graz 1878). y) „Eine Sommerreise nach Spanien" (8°. Graz 1880). z) „Sechs Tage in Paris" (Grazer Volksblatt 1878). aa) „Flora des Aetna" (Oesterr. botan. Zeitschrift, von 1880 an, bisher 323 Seiten). bb) „Flora der Nebroden mit Bezug auf die Flora ganz Siciliens" (Regensburger Fachblatt „Flora", von 1878 an, bisher 482 Seiten). cc) „Flora von Admont" (Melker Gymnasial-Programme 1881—1883). dd) „Dipterologische Funde um Seitenstetten" (Programm des dortigen Gymnasiums 1880). Strobl lieferte den naturhistorischen Theil zu dem Werke: „Die Haller Mauern" von Martinez und Rumpel, und leistete

Mitwirkung bei C. Branczik: „Die Käfer von Steiermark" (Graz 1871). Von seinen Sammlungen nennen wir nur das „Allgemeine Herbar" mit 11.500 Arten und Varietäten von Gefäßpflanzen, und das „Italienische Herbar" mit c. 3000 Arten. Wenn wir noch bemerken, daß Strobl auch Dichter ist, zu Weng (1887—1889) die Seelsorge verrichtete und gegenwärtig als Professor am Gymnasium zu Seitenstetten wirket, muß man seine Ausdauer und Leistungsfähigkeit bewundern. Seine Biographie mit Porträt erschien in der österr. botanischen Zeitschrift (1886) und wir erfahren auch aus jener Quelle, daß ein Scleranthus, ein Trichostomum und eine sicilische Art der Rosa orientalis nach unserem gewiegten Botaniker benannt worden seien.

Anselm Schmid schrieb: a) „Ein böser Fluch". Erzählung. (Wochenblatt „Der Sonntagsbote", Graz 1869). b) „Eine Partie auf den Seckauer Zinken" (Tourist, Wien 1871). c) „Der Natterriegel bei Admont" (ebenso). d) „Reiseskizzen aus Oberösterreich und dem Salzkammergute" (Tourist 1873). e) „Der Reiting und das Gößeck" (daselbst 1875). f) „Der Thalerkogel bei Trofaiach" (ebenso). g) „Auf den Griesstein bei Trieben" (ebenso). h) „Das Gosauthal und seine beiden Seen" (Grazer Volksblatt 1872). i) „Schafberg-Reminiscenzen" (ebenso). k) „Ein obersteirischer Naturdichter" (daselbst 1875). l) „Einiges über Alt-Aussee" (Jahrbuch des österr. Alpenvereines. Wien 1873). m) „Ein Lehrerleben. Biographischer Nekrolog" (Pädagogische Zeitschrift, Graz 1874). n) „Kleiner Ennsthaler Heimgarten" (Steir. Volkskalender, Graz 1884). o) „Hat der Mensch eine unsterbliche Seele oder ist er bloß ein veredeltes Thier?" (Wochenschrift „Der christliche Feierabend", Graz 1883). p) „Pillen und Pulver gegen eine häufige Zeitkrankheit" (daselbst 1885). Schmid lieferte auch die Beschreibung von Admont bei G. Jäger: „Der Führer auf der Kronprinz Rudolfbahn" (Wien 1876) und ist Verfasser der Pfarr-Chroniken von Kammern und Traboch).

Augustin Milwisch ist ein guter Zeichner und Kunsthistoriker. Er übergab der Presse: a) „Die Sonnwendfeier im Ober-Ennsthal" (Grazer Volksblatt 1868). b) „Der in der Kirche zu Gröbming aufgefundene Römerstein" (Histor. Zeitschrift, Graz 1870). c) „Ueber die Kirchenstühle zu Gröbming" (Fachzeitschrift „Der Kirchenschmuck", Graz 1870). d) „Anleitung zur Aufnahme von plastischen Monumenten und Inschriften" (daselbst 1874). e) „Der gothische Flügelaltar in Gröbming" (daselbst 1876). Milwisch hat auch in der „Chronik der Pfarre Gaishorn" eine Musterarbeit (Manuscript) geliefert. — Auf dem Felde der kirchlichen Kunst bewegte sich auch Ludwig Findeys († 1888).

Seine kalligraphischen Arbeiten, besonders die Reproductionen alter Miniaturen und Initiale, dürfen gut genannt werden. Von ihm erschien im „Kirchenschmuck" (Jahrgang IV): a) „Der gothische Votivkelch des Stiftes Admont aus dem 14. Jahrhundert". b) „Ueber das Pastorale (bezw. die Mitra) der Bischöfe und Aebte." — Corbinian Lajh († 1889), ein sehr guter Philolog, versuchte sich in der Uebertragung altclassischer Autoren in das Slovenische. In der Zeitschrift „Zora" (Marburg 1872), erschien: „Horatii Flacci ars poetica. Prolegomena." (Metrische Translation mit Real=Commentar.) In der Zeitschrift „Vêstnik" (Marburg 1873): „O senji ali Lukianovo živenje." (Der Traum oder das Leben Lukians. Mit einer Kritik lukianischer Schreibweise.) „Da ali ka?" (Eine grammatische Untersuchung über die richtige Anwendung dieser Conjunctionen im Neuslovenischen.)

Placidus Steininger, ein eminenter Kenner und Pfleger orientalischer Dialecte und nachahmungswürdiges Beispiel zähen Fleißes und nützlicher Zeitverwendung, war in seiner Jugend bestimmt, Schornsteinfeger zu werden, es gelang ihm jedoch, die Bahn der Wissenschaft zu betreten und schon im Gymnasium beschäftigte ihn die Sprache der Hebräer. Da er nebst den altclassischen und einigen modernen Sprachen auch dem Aethiopischen, der Keilschrift, den Hieroglyphen ꝛc. seine Aufmerksamkeit widmet, dürfte es nicht gewagt erscheinen, wenn wir ihn einen kleinen Mezzofanti nennen. Seine Vorarbeiten zu dem Commentar eines alttestamentarischen Buches bewogen ihn, in den größeren Bibliotheken Deutschlands Quellen zu suchen. Zahlreiche Recensionen aus seiner nie trockenen Feder finden sich in der Allgemeinen Literaturzeitung zunächst für das katholische Deutschland (Wien), im Wiener literarischen Handweiser für die kathol. Welt, in der Linzer theolog. praktischen Quartalschrift und in den Studien und Mittheilungen aus dem Bened.= und Cist.=Orden. Von sonstigen Aufsätzen notiren wir: a) „Woher stammt ‚Stella maris'?" (Quartalschrift 1877). b) „Ueber einige Ehrennamen Mariens" (daselbst 1883). c) „Was bedeutet der Todtenkopf am Fuße des Crucifixes" (Studien 1880). — Josef Pürstinger schrieb: a) „Der Gesang nach Noten in der Volksschule." Eine populäre Gesangsschule in Liedern im C—F Schlüssel (8°. Linz 1873). b) „Kirchengesänge für das christliche Volk zum Gebrauche während der heil. Messe mit Noten im C—F Schlüssel" (8°. Linz 1876). c) „Die vier Rechnungsarten auf der Rechenmaschine" (8°. Linz 1878). d) „Briefe an einen alten Studienfreund" („Christl. Feierabend". Graz 1880—1881). e) „Das C und F Schlüsselsystem und seine Begründung" („Erstes österr.=ungar. Lehr= und Lernmittel=Magazin."

Graz 1885). f) „Ein Vorschlag zur Anleitung der Schulkinder zum selbstständigen Singen der Melodien des ‚Hosanna'" ¹) (8°. Graz 1885). g) „Alte und moderne Gesangsschrift" (Fachschrift „Der Kirchenchor", 1886). h) „Die Religion, der mächtigste Schutzgeist der Staaten und Throne" („Christl. Feierabend", 1888).

Auch der Verfasser dieses Buches gehört der Gilde der Literaten an und man wird ihn nicht der Unbescheidenheit zeihen, wenn er, weil es in den Kreis dieses Aufsatzes fällt, von seiner eigenen literarischen Thätigkeit hier Notiz nimmt. Sein größtes Werk ist die „Geschichte des Benedictinerstiftes Admont" in vier Bänden (8°. Graz 1874 bis 1880), welches circa 720 Urkunden bringt und 2173 Seiten umfaßt.²) Seine übrigen Schriften sind: a) „Die Bibliothek der Abtei Admont mit besonderer Berücksichtigung des Zustandes derselben in der zweiten Hälfte des 14. Jahrhunderts" (Mitth. d. histor. Ver. f. St., 1873. XX. 67—90). b) „Das Admonter Archiv in seinem gegenwärtigen Zustande" (Beiträge zur Kunde steierm. Geschichtsquellen, 1874. XI. 71—94). c) „Zur Biographie des Rottenmanner Notars Ulrich Klenneker" (1874. Mitth. d. histor. Ver. XXII. 155—156). d) „Eine obersteirische Pfarre zur Zeit der französischen Invasionen" (1875. Mitth. XXIII. 61—74). e) „Ueber einige Urbare aus dem 14. und 15. Jahrhundert im Admonter Archive" (1876. Beiträge. XIII. 53 bis 109). f) „Ein wiedererstandenes Klosterarchiv in Steiermark" (1878. Löhers „Archivalische Zeitschrift". III. 137—163). g) „Ueber die letzte Ruhestätte des Christoph Rauber, Administrators des Bisthums Seckau und Commendators von Admont" (1879. Mitth. XXVIII. 79—85). h) „Abtei Admont in Steiermark" (Brunner „Ein Benedictinerbuch". 1880. S. 40—75). i) „Das ehemalige Nonnenkloster O. S. B. zu Admont" (1881. Oesterr. Benedictiner-Zeitschrift „Studien ..." II. (I.) 75—86). k) „Zur Genealogie des Hauses Habsburg" (daselbst, 2. Heft. 334-344). l) „Aus einem Admonter Formelbuche" (1882. Studien. III. (II.) 140—147). m) „Materialien zur Geschichte verschiedener Pfarren und Kirchen in und außer Steiermark" (1882. Beiträge. XVIII. 1—42). n) „Ein altes Chronikenbuch. Mit besonderer Berücksichtigung einer darin enthaltenen Admonter Chronik" (1883. Beiträge. XIX. 74—91). o) „Uebersichtstabelle betreffend den Bestand an Originalurkunden und Acten im Archive des Stiftes Admont im Jahre 1883" (Blatt in Großfolio für die landes-culturhistorische Aus-

---

¹) Kirchliches Gesangbuch für die Diöcese Seckau.
²) Der zweite und dritte Band mit Unterstützung von Seite der hohen kaiserlichen Akademie der Wissenschaften in Wien.

stellung in Graz). p) „Der Benedictiner= und Cistercienser-Orden in ihrer Vertretung bei der culturhistorischen Ausstellung in Graz" (1884. Studien. V. 186—196). q) „Eine Admonter Todtenrotel des 15. Jahrhunderts" (1884. Studien. V. 106 Seiten). r) „Schützenwesen und Ordnungen" (1884. Zahn, Steierm. Geschichtsblätter. V. 51—56). s) „Die Stiftsbibliothek zu Admont. Zur Orientirung und Erinnerung für die Besucher derselben" (8°. Graz 1881. 39 Seiten. Erschien anonym). t) „Mittheilungen aus dem Admonter Archive" (1885. Studien. VI. 26 Seiten).[1]) u) „Geistliche Studenten an der Universität Dillingen im 17. Jahrhundert" (1885. Studien. VI. 397—400). v) „Ein Kleinodien-Verzeichniß des Chorherrenstiftes St. Nikolaus in Rottenmann" (Mitth. der k. k. Centralcommission ... 1885. S. XXXII bis XXXV). w) „Beiträge zu einer Geschichte des Heilwesens, der Volksmedicin, der Bäder und Heilquellen in Steiermark" (1885. Mitth. d. histor. Ver. f. St. XXXIII. 3—123). x) „Einsiedler auf admontischen Pfarren" (1887. Daselbst. XXXV. 141—151). y) „Kloster Admont in Steiermark und seine Beziehungen zur Kunst" (8°. Wien 1888, Seiten IX u. 241, mit Illustrationen).[2]) aa) „Geschichte des Clarissenklosters Paradeis zu Judenburg in Steiermark" (Archiv für österreichische Geschichte. LXXXIII. 2. Hälfte. 365—465). bb) „Die Sammlungen in der Benedictinerabtei Admont" (1889. Fachzeitschrift „Der Sammler". Berlin. X. 346—349). cc) „Zwei Bücher-Verzeichnisse des 14. Jahrhunderts in der Admonter Stiftsbibliothek" (Centralblatt für Bibliothekswesen. Leipzig 1889, S. 497—531). dd) „Das ehemalige Franciscanerkloster zu Mautern in Steiermark" (Separatdruck aus dem „Grazer Volksblatt" 1890, 51 Seiten). ee) „Jagd und Fischerei des Stiftes Admont bis zur zweiten Hälfte des 18. Jahrhunderts" (herausgegeben von dem steierm. Jagdschutz-Vereine. Graz 1890, 94 Seiten). ff) „Kloster Admont und seine Beziehungen zum Bergbau und zum Hüttenbetrieb" (Sonderdruck aus dem berg= und hüttenmännischen Jahrbuch der k. k. Berg-Akademien ... Wien 1891, 66 Seiten). Kleinere Aufsätze und Recensionen sind in verschiedenen Zeitschriften zerstreut.

Wichner verfaßte die Chroniken der Pfarren St. Lorenzen im Paltenthal[3]) und Admont und lieferte aus dem Stiftsarchive, mit

---

[1]) Enthält Regesten zur Geschichte verschiedener Orden und Klöster.

[2]) Erschien auf Kosten der k. k. Central-Commission für Kunst= und historische Denkmale und wurde von deren hochverdienten Präsidenten J. A. Freiherrn von Helfert mit einem Vorworte beehrt.

[3]) Siehe hierüber „Mittheilungen des historischen Vereines für Steiermark" VIII. 168.

dessen Leitung er seit 1870 betraut ist, zahlreiche Behelfe den Verfassern von Pfarr=, Orts= und Schulchroniken. Das Hauptarchiv war 1865 ein Raub der Flammen geworden und nur die im Kapellenarchive der Prälatur befindlichen Documente und Schriften entgiengen der Verwüstung. Auf dieser Grundlage bauend war Wichner der Schöpfer eines neuen Archives, indem er die älteren Reste der Stiftsregistratur, der stiftischen Aemter, der ehemaligen Dominien und was auf den Pfarren entbehrlich war, heranzog.[1]) Das Archiv enthält gegenwärtig ca. 4000 Urkunden von der ersten Hälfte des 12. Jahrhunderts an und der Actenbestand (vom 15. Jahrhundert an) ist in 1470 Fascikeln untergebracht. Der Grundstock einer Sammlung von Siegelabdrücken war durch Geschenke zweier hochadeliger Persönlichkeiten gelegt worden; diese Collection erfuhr fortwährenden Zuwachs und umfaßt 4739 Stücke. Wichners Sammeleifer erstreckt sich auch auf Kupferstiche, Holz= schnitte, Autographe, Papier=Wasserdruckzeichen (vom 14. Jahrhundert an) und Zeitungsblätter aller Nationen und verschiedener Zeiten. Auch die Münzsammlung des Hauses steht seit 1878 unter seiner Aufsicht und Verwaltung. Sie ist zwar mehr allgemein gehalten, doch wird den antiken Römern, den Münzen Steiermarks, der österreichischen Erblande und Salzburgs besonderes Augenmerk geschenkt. Das numismatische Cabinet zählt ungefähr 5500 Stücke. Über die Archivalien, Siegel= abdrücke und Münzen sind dem Bedürfnisse genügende Repertorien vorhanden.

Einen weiteren Wirkungskreis hat Wichner als Vorstand der gegen 80.000 Bände umfassenden Stiftsbibliothek (seit 1878) gefunden. Als er dieses Amt übernahm, waren viele Tausende von Werken weder katalogisirt, noch nummerirt; der Standorts=Katalog (das eigentliche Inventar einer Bibliothek) war nur für einige Abtheilungen angefertigt, der Fachkatalog war nach dem Formate der Bücher gegliedert und die Verzeichnisse der Handschriften (1809 angelegt) und Wiegendrucke ent= sprachen nur wenig dem Standpunkte der modernen Bibliographie. Der Fachkatalog ist durchaus auf Zetteln geschrieben und ein alphabetischer (nach den Autorennamen und Realschlagworten) macht das Auffinden des gesuchten Werkes fast momentan möglich. Für die Handschriften (1096 Bände) wurde ein neuer Katalog (400 Seiten in Großfolio) ausgearbeitet. Denselben eröffnen eine kurze Geschichte der Bibliothek bis in die Zeit der Einführung der Buchdruckerkunst und die Angabe

---

[1]) Vergleiche: „Ein wiedererstandenes Klosterarchiv in Steiermark." Löhers „Archivalische Zeitschrift" III. 137—163.

der bei Abfassung desselben benützten bibliographischen Hilfsmittel. Im Kataloge selbst wird auch auf die Druckwerken beigebundenen oder nur in Fragmenten vorhandenen Manuscripte Rücksicht genommen. Am Schlusse folgen ein Autoren= und Schreiberregister, ein Repertorium nach Fächern (in 19 Abtheilungen), Angaben über die Provenienz, besonders artistische Ausstattung und die Zeitfolge der Handschriften, sowie ein alphabetisches Verzeichnis der Anfänge (Initia) der einzelnen Tractate. Der Inkunabel=Katalog — gleichfalls in Buchform — verzeichnet 971 Werke in 656 Bänden. Auch er ist mit den nothwendigen Registern über Jahr und Ort des Druckes, über Drucker und Verleger und über Zeichner und Formschneider versehen.[1]

Cajetan Hoffmann (seit 29. April 1891 Abt von Admont) schrieb: a) „Ueber eine Admonter Pergamenthandschrift der Excerpte des älteren Seneca." (Grazer Gymnasial=Festprogramm 1874.) b) „Ueber Tyrtaeus und seine Kriegslieder." (Grazer Gymnasial=Programm 1877.) c) „Dr. Richard Peinlich. Nekrolog." (Jahresbericht des I. k. k. Staats= Gymnasiums in Graz 1883.) — Das Jahr 1874 löschte zwei ausgezeichnete Männer aus dem Buche der Lebenden, Theodor Gaßner und Thassilo Weymayr. Gaßner, ein gewiegter Schulmann und vortrefflicher Naturforscher, war k. k. Schulrath und seine Verdienste erhielten Anerkennung durch die Verleihung des goldenen Verdienstkreuzes mit der Krone und des Ritterkreuzes des Franz=Josef=Ordens.[2] Bei der 21. Versammlung deutscher Naturforscher und Ärzte in Graz im September 1843 wurde er in der zweiten Section neben Unger zum Secretär gewählt. Von ihm erschien im Drucke: a) „Botanische Notizen über den Hochwart im Judenburger Kreise." (Mittheilungen von Freunden der Naturwissenschaften. Wien 1849. V. Band.) b) „Albert von Muchar. Nekrolog." (Mittheilungen des historischen Vereines für Steiermark 1850. I. 13—23.) c) „St. Stephan, König von Ungarn." (Ofener Gymnasial=Programm 1854.) Im Stiftsarchive hinterliegen im Manuscript von Gaßners Hand: „Lesefrüchte."[3] — Thassilo Weymayr († 1874), Naturforscher und guter Dichter, hinterließ eine Bibliothek von ca. 4000 Bänden, in welcher die Naturwissenschaften, die antiken Classiker und die neuere schöngeistige Literatur der Deutschen ausreichend

---

[1] Weiteres über Wichner findet sich bei Wurzbach „Biographisches Lexikon" LV. 216—218.

[2] Ihn ereilte der Tod im Anblicke der geliebten Alpenwelt beim Aufstiege auf das Kitzbüchlerhorn in Tirol.

[3] Richard Peinlich hat im Jahresberichte des I. Staatsgymnasiums in Graz 1877 Gaßners Nekrolog veröffentlicht.

vertreten ist. Auch erwarb er eine hübsche Mineraliensammlung. Aus seiner Feder stammen: a) „Versuch einer Topographie des Admontthales." (In Fuchs „Kurzgefaßte Geschichte des Benedictiner-Stiftes Admont". 8°. Graz 1859, Seite 95—256.) b) „Ueber leuchtende Thiere." (Grazer Gymnasial-Programm 1861.) c) „Die Gefäßpflanzen der Umgebung von Graz" (daselbst 1867 und 1868). d) „Der Tourist in Admont. Historisch-topographische Skizze von Admont und dessen Umgebung" (8°. Wien 1873). Weymayr verfaßte auch Recensionen und kleinere Aufsätze für das ‚Grazer Volksblatt'.

Virgil Käferbäck († 1875), Ausschuß des historischen Vereines für Steiermark, schrieb: „Drei alte deutsche Übersetzungen der Benedictinerregel besprochen und in Proben mitgetheilt." (Nach Admonter Handschriften im Grazer Gymnasial-Programm 1868.) Sein im historischen Vereine 1873 gehaltener Vortrag: „Der Tattermann und der bei Verbrennung desselben entstandene Volkstumult 24. Juni 1773 in Graz", befindet sich handschriftlich im Stiftsarchive. Othmar Berger, dessen Leben der Schule und Jugend gewidmet und geopfert ist, hat auch Verdienste um den Volksgesang in der Kirche. In diesem Sinne verfaßte er: a) „Lieder für die katholische Schuljugend zum Gebrauche während des ... Gottesdienstes" (Erschien anonym 12°. Regensburg 1868). b) „Sammlung katholischer Kirchenlieder mit einem Anhange der wichtigsten Gebete" (12°. Graz 1878. 2. Auflage Linz 1881. 3. Auflage Linz 1883). c) „Orgelbuch zur Sammlung katholischer Kirchenlieder" (8°. Graz 1878).

Der Tod entriß uns im Jahre 1878 zwei verdienstvolle Männer, Friedrich Schaefer und Gregor Fuchs. Schaefer, Dr. der Theologie und Mitglied der Accademia de' Quiriti in Rom, suchte durch Wort, Schrift und That das Ideal des Ordenslebens bei sich und andern zu erreichen. Diesem ehrlich gemeinten Streben und Ringen entsprangen die zwei folgenden Schriften: a) „Entwurf zu einer engeren Verbindung der Abteien des Ordens des heil. Benedict in Oesterreich" (Anonym. 4°. Linz 1850). b) „Gedanken über Befreiung und Reinerhaltung der Klöster von nicht geeigneten Ordensgliedern" (Anonym. 4°. Linz, ohne Jahr). Er schrieb auch: „P. Leo Kaltenegger, Prior des Stiftes Admont. Eine biographische Skizze" (8°. Graz 1857). Seine „Biographischen Notizen" bewahrt handschriftlich das Stiftsarchiv. — Dr. Gregor Fuchs arbeitete fleißig auf vaterländisch-historischem Felde, jedoch vermißt man öfters die Sonde strenger Quellenprüfung. Seine Schriften sind: a) „Die Errichtung der Silbergruben in Zeiring" (Zeitschrift „Der Aufmerksame". Graz 1855). b) „Die Gründung des

Hospitals in Sauerbrunn" (ebenso). c) „Geschichte des Gymnasiums zu Judenburg" (ebenso). d) „Geschichte des Benedictiner-Ordens" (daselbst 1856). e) „Die letzten Lebensjahre Ulrichs von Liechtenstein" (ebenso). f) „Der Dom zu Seckau" (ebenso). g) „Historische Rundschau um Judenburg" (daselbst 1857). h) „Geschichte des Bisthums Seckau" (daselbst 1858). i) „Die Hauptpfarre Pöls" (daselbst 1857). k) „Die ältesten Pfarren in Steiermark" (daselbst 1859). l) „Kurzgefaßte Geschichte des Benedictiner-Stiftes Admont" (8°. Graz 1858 und in zweiter Auflage daselbst 1859). m) „Abt Gottfried von Admont" (Mittheilungen des historischen Vereines für Steiermark, Graz 1859). n) „Abt Frimbert von Admont" (daselbst 1861). o) „Abt Engelbert von Admont" (daselbst 1862). p) „Abt Heinrich II. von Admont und seine Zeit" (daselbst 1869). q) „Das Admontthal. Geographische Skizze" (Leobener Gymnasial-Programm 1872). r) „Die Gründung der Benedictiner-Abtei Admont vor 800 Jahren" (daselbst 1874).

Willibald Rubatscher betrat die Arena der Literatur mit zwei Werken: *a)* „Tutonis monachi O. S. B. sermones IIII et ejusdem epistola." (Jahresbericht des I. Staatsgymnasiums in Graz 1880.) *b)* „Tutonis monachi O. S. B. saeculi XII. opuscula e duobus codicibus Admontensibus nunc primum edita" (8°. Graecii 1882). — Dr. Ottokar von Gräfenstein († 1880) war ein ausgezeichneter Kenner und Erklärer des canonischen Rechtes. Bevor wir von seinen diesbezüglichen Publicationen Notiz nehmen, sei einer anderen kleinen Arbeit Erwähnung gethan. Selbe führt den Titel: „Kurzer Bericht über den Ursprung der Vicariatskirche..., wie auch der Kapelle zum heil. Sebastian zu Weng in Obersteier" (Anonym. 8°. Graz 1846). Seine in der Linzer theologisch-praktischen Quartalschrift erschienenen kirchenrechtlichen Aufsätze sind: a) „Ein Ehefall über den Parochus proprius im Sinne der Kirche und des österr. allgem. bürgl. Gesetzbuches" (1878. S. 271). b) „Das Ehehinderniß der Religionsverschiedenheit" (1878. S. 444). c) „Ehen österreichischer Staatsbürger im Auslande" (1878. S. 627). d) „Rechte und Pflichten eines Pfründners in Bezug auf sein Beneficium" (1879. S. 427 und 666). e) „Das staatliche Eheverbot der Militär-(Stellungs-)Pflicht" (1879. S. 748). f) „Das österreichische Ehehinderniß des Militärstandes" (1880. S. 145). g) „Civilseelsorgerliche Thätigkeit bei Eheschließungen von Militärpersonen" (1880. S. 293). h) „Ehegelöbniß und unehrbare Schwägerschaft" (1880. S. 336). i) „Die geistliche Verwandtschaft" (1880. S. 479). k) „Ein Fall über die geistliche Verwandtschaft" (1880. S. 571). l) „Zwei nothwendige Consequenzen der von Pius IX. auch Leo XIII.

ausgesprochenen Untrennbarkeit des christlichen Ehevertrages vom Sacramente" (1880. S. 686). Nach Gräfensteins Tode erschien aus dessen Nachlasse: m) „Eine erzwungene Ehe" (1888. S. 111). In demselben Blatte (1880. S. 882) findet sich ein Nachruf an den Verewigten. Auch an der Sichtung und Ordnung, sowie der Herausgabe des sechsten Bandes von Muchars „Geschichte der Steiermark" nahm Gräfenstein wirksamen Antheil.

Ein gleich schmerzlicher Verlust für das Stift und die Wissenschaft war das 1882 erfolgte Hinscheiden Richard Peinlichs. Er war, um nur einige seiner Würden anzuführen, Dr. der Theologie, Director des I. Staatsgymnasiums zu Graz, k. k. Schul= und Regierungsrath, Ritter des Franz Joseph= und des württembergischen Friedrich=Ordens, besaß die goldene Medaille für Wissenschaft und Kunst und die k. k. Kriegsmedaille und war Mitglied mehrerer gelehrten Gesellschaften. Wir verzeichnen seine zahlreichen literarischen Arbeiten mit Hinweglassung der einzelnen Gedichte, Recensionen und Bücheranzeigen. 1. „Bemerkungen zur Satzlehre" (Jahresber. des Gymnasiums zu Ofen 1852). 2. „Jesus der Verrathene und Judas der Verräther" (Predigten. Graz 1855). 3. „Eine Gebetstunde" (Conferenzrede. Graz 1859.) 4. „Was haben die Frauen dem Christenthume zu verdanken?" (Graz 1859). 5. „Ein Lorbeer= und Olivenzweig zur Schillerfeier" (Graz 1859). 6. „Von dem christlich=klugen Gebahren Jener, welche dem Vereine „Austria" angehören" (Wien 1859. 2. Auflage Wien 1864). 7. „Unser heiliger Glaube im Gebete des Herrn" (Wien 1860). 8. „Trauerrede bei der Todtenfeier für die in Vertheidigung des heil. Vaters gefallenen Krieger" (Graz 1860). 9. „Die Weihe des Lebens von der Wiege bis zum Sarge" (Wien 1861). 10. „Die Trösterin der Betrübten" (Graz 1861). 11. „Die Königin aller Heiligen" (Graz 1861). 12. „Blätter der Erinnerung an die Fahnenweihe des Bürgercorps zu Graz" (Graz 1861). 13. „Kindesliebe und Mutterliebe" (Graz 1862). 14. „Benno Kreil, Abt zu Admont." Nekrolog (Graz 1863). 15. „Maiglöckchen und Vergißmeinnicht" (Graz 1864). 16. „Geschichte des Gymnasiums zu Graz." (Aus acht Theilen bestehend und in den Jahresberichten von 1864, 1866, 1869—1874 abgedruckt.) 17. „Gott ruft uns" (Wien 1865). 18. „Te Deum laudamus" (Graz 1865). 19. „Maria, die liebliche, die wunderbare Mutter" (Graz 1867). 20. „Die Sonnenblume der Andacht" (Graz 1868). Die sub 4, 7, 9—11., 13, 15, 17—20 erwähnten Artikel sind Predigten und Reden für die Maiandacht und Fastenzeit. Mit dem Jahre 1868 betrat unser Autor den Boden der Culturgeschichte, auf welchem er Vorzügliches zu leisten berufen war.

21. „Die Schlacht bei Sissek" (Graz 1868). 22. „Versuch zur Lösung der Frage, in welchem Hause M. Johann Kepler in Graz wohnte" (1868. Mitthlg. des hist. Ver. f. Steierm. XVI. 196). 23. „M. Johann Keplers Dienstzeugniß bei seinem Abzuge aus den innerösterr. Erbländern" (daselbst 187). 24. „Friedrich von Riegler." Ein Lebensbild. (Jahresber. d. Grazer Gymnasiums 1868.) 25. „Einiges über die Lebens- und Wirthschafts-Verhältnisse in Graz im 16. Jahrhundert" (Graz 1869). 26. „Judenburg und das heil. Geistspital daselbst" (Graz 1870). 27. „Ein Beitrag zur Topographie der alten St. Paulskapelle am Schloßberge in Graz" (1870. Mitthlg. des hist. Ver. f. Steierm. XVIII. 56). 28. „Die steirischen Landschafts-Mathematiker vor Kepler" (Graz 1871). 29. „M. Johann Keplers erster Braut- und Ehestand." (In Schrey „Bausteine", S. 120. Graz 1872). 30. „M. Johann Keplers Heiratsbrief von 1597" (1873. Mitthlg. des hist. Ver. f. Steierm. XXI. 171). 31. „Die Feier des Jubiläums vom dreihundertjährigen Bestande des k. k. I. Staatsgymnasiums in Graz" (Graz 1874). 32. „Die Egkenperger Stift zu Graz im XV. und XVI. Jahrhundert." (Jahresbericht des k. k. I. Staatsgymnasiums daselbst 1875.) 33. „Der Brotpreis zu Graz und in Steiermark im 17. Jahrhundert" (1877. Mitthlg. des hist. Ver. f. Steierm. XXV. 103). 34. „Geschichte der Pest in Steiermark." (Zwei Bände. Graz 1877—1878.) 35. „Theodor Gaßner. Nekrolog." (1877. Jahresbericht des k. k. I. Staatsgymnasiums zu Graz). 36. „Die Religionshandlung in Leoben 1576" (1878. Mitthlg. des hist. Ver. f. Steierm. XXVI. 58). 37. „Zur Geschichte des Buchdruckes, der Büchercensur und des Buchhandels zu Graz" (daselbst 136). 38. „Die ältere Ordnung und Verfassung der Städte in Steiermark" (Graz 1879). 39. „Chronistische Uebersicht der merkwürdigsten Naturereignisse, Landplagen und Culturmomente der Steiermark vom Jahre 1000—1850" (Graz 1880). 40. „Dr. Adam von Lebenwaldt, ein steirischer Arzt und Schriftsteller des 17. Jahrhunderts" (Graz 1880). 41. „Zur Geschichte der Grazer Bürgerwehr in früheren Jahrhunderten" (In einer Festschrift. Graz 1880). 42. „Die Pest zu Radkersburg im Jahre 1680" (Grazer Volksblatt 1880). 43. „Steirische Sittenpolizei im 16. Jahrhundert" (ebenso). 44. „Die Winzer-Bruderschaft zu Leibnitz im Jahre 1662" (ebenso). 45. „Zur Geschichte der Leibeigenschaft und Hörigkeit in Steiermark" (Graz 1881). 46. „Das städtische Wirthschaftswesen von Graz im Jahre 1680" (1881. Mitthlg. des hist. Ver. f. Steierm. XXIX. 57). 47. „Mord Leopolds von Stubenberg" (1881. Zahn „Steierm. Geschichtsblätter", II. 114). 48. „Ueber Kleiderordnung in Steiermark im 16. und 17. Jahrhundert" (1881.

Grazer Morgenpost, Nr. 28.) 49. „Gerichtsverhandlung über ein aber=
gläubisches Kunststück absonderlicher Art in Leoben" (1882. In Ro=
seggers „Heimgarten" V. 302). 50. „Die Gegenreformation in Graz
im Jahre 1600 und Lorenz von Brindisi" (Graz 1882). Zum Zwecke
der Erlangung des theologischen Doctorats an der Universität Frei=
burg im Br. verfaßte er 1862: „Dissertatio de conciliis ecclesiae
catholicae."

Als Mitarbeiter und zeitweiliger Redacteur des Journals „Der
katholische Christ" (Pest 1854—1862), lieferte Peinlich für selbes über
200 Aufsätze erbauenden und belehrenden Inhalts. Unter dem Titel:
„Christliche Lebensweisheit eines getreuen Seelenhirten" veröffentlichte
er (Wien 1860) Josef Weinhofers Predigten. Er war, wie wir
sehen, ein sehr fruchtbarer Schriftsteller, aber fern von jeder Ober=
flächlichkeit. Seine geschichtlichen Arbeiten entflossen durchaus archi=
valischen Quellen. Der sonst so trockenen Statistik wußte er Leben ein=
zuhauchen und fast zahllos sind in dieser Richtung die in seinem Nach=
lasse gefundenen Materialien zur Bewegung der Preise, der Maße und
Gewichte und zur Geschichte des Handels und der Gewerbe des Landes.
Nicht geringen Einfluß übte Peinlich auf das Zustandekommen von
Ortschroniken und er selbst trug sich mit dem Plane, eine Geschichte
der Elementar=Ereignisse und Landplagen zu verfassen. Als Homilet
und Historiker hat er Vorzügliches geschaffen, aber auch als Dichter
nimmt er nicht den letzten Platz ein. Seine Dichtungen wurden von
Florian Kinnast gesammelt und (Graz 1883) mit der Biographie,
dem Porträte und Facsimile der Handschrift des Autors herausgegeben.[1]
Peinlichs Leben und Wirken schilderten nebst Kinnast auch Wurz=
bach (Biogr. Lexikon, XXI. 431—432) und Franz Ilwof (Mit=
theilg. des hist. Ver. f. Steierm. XXXI Gedenkbuch 91—108).

Altmann Freißmuth († 1890), Besitzer des goldenen Verdienst=
kreuzes mit der Krone, pflegte seit langen Jahren die theoretische und
praktische Forstwissenschaft. Er hat eine Reihe von Zöglingen heran=
gebildet, welche ihrem Lehrer und Berufe gleich Ehre machen. Er schrieb:
a) „Ueber Einführung der künstlichen Fischzucht im Stifte Admont"
(Erste österr. ungar. Fischereizeitung 1881 Nr. 11). b) „Stimmen aus
Obersteier zur Beurtheilung der verschiedenen Petitionen und Anträge
auf Ablösung der bestehenden regulirten Einforstungsrechte mittelst Ab=
tretung von Grund und Boden" (Zeitschrift des steiermärkischen Forst=

---

[1] Der Reinertrag des Büchleins per 400 fl. österr. Silberrente wurde zu einer
„Richard Peinlich=Stiftung" für arme und würdige Studenten des I. Staatsgymna=
siums in Graz bestimmt und verwendet.

vereines. (Graz 1885). c) „Reflexionen eines praktischen Baders über die doctrinären Anträge betreff Schaffung eines neuen Wildschaden-ersatz- und Schongesetzes im steiermärkischen Landtage" (8°. Graz 1886). d) „Die Angriffe auf das Stift Admont in der vom Reichsraths-Abgeordneten Dr. H. Reicher in der 58. Sitzung vom 10. April 1886 bezüglich der Servitutsverhältnisse im Enns- und Paltenthale im hohen Abgeordnetenhause gehaltenen Rede sachlich und actenmäßig beleuchtet" (8°. Graz 1886).

Wenn wir in der umfangreichen Liste der Admonter Literatur den Namen **Guido Schenzl** erst am Schlusse anführen, geschieht es nicht, als ob seine literarische Thätigkeit erst in neuester Zeit begonnen hätte, sondern um einen würdigen Schlußstein dem Tempel admontischen Gelehrtenthumes einzufügen. Da er seit 1852 in Ungarn sich aufhielt, Director der königl. Centralanstalt für Meteorologie und Erdmagnetismus gewesen und wirkliches Mitglied der ungarischen Akademie war, sind auch seine Werke in der Sprache jenes Landes verfaßt und beziehen sich auf die meteorologischen und magnetischen Verhältnisse desselben. Nur die drei zuerst folgenden Arbeiten bewegen sich auf einem anderen Gebiete: a) „Die Chemie als Bildungsmittel überhaupt, insbesonders der Einfluß der Analytik auf geologische Ansichten" (Ofener Gymnasial-Programm 1853). b) „Analyse der Bleispeise von Oeblarn in Obersteiermark" (Jahrbuch der k. k. geolog. Reichsanstalt. I. Jahrg.). c) „Analysen von Schlacken und Hüttenproducten in ihrer Bedeutung als künstliche Mineralien" (Ofener Gymnasial-Programm 1854). d) „Az akademiai földdelejességi budai észlelde lairása" unter dem Titel: „A földdelejesség kézikönyve" (Jahrbücher der ungar. Akademie der Wissensch.). e) „Magnetikai helymeghatározások magyarés Erdélyországban" (1864). Schriften der Akademie. Auch im Auszuge als „Magnetische Ortsbestimmungen im Königreiche Ungarn".) f) „A napmelegség terjédese a föld mélyébe. Egy táblával." (Die Verbreitung der Sonnenwärme in den oberen Schichten der Erdrinde. Akademische Schriften. Ein Theil im Auszuge als: Bodentemperatur in Ofen.) g) „A magnetikai lehajlás megméréseröl." (Ueber die Messung der magnetischen Inclination. Schenzls Antrittsvortrag in der Akademie 1867. Ertekezések Nr. 5.) h) „A Budán tett légtüneti és delejességi észleletek eredményei 1861—1868" (Herausgegeben von der Akademie). i) „Magnetikai helymeghatározások magyarország keleti részében 1866 bis 1867." (Akademische Schriften. Ein Auszug über die magnetischen Ortsbestimmungen im östlichen Ungarn im „Jahrbuch der k. k. Wiener

Centralanstalt für Meteorologie und Erdmagnetismus.) k) „Az elpárolgás szabad levegöben Budán." (Ueber die Verdunstung in freier Luft zu Ofen. Pesti Napló. Deutsch in der Zeitschrift der österr. Gesellschaft für Meteorologie. Wien 1866. I.) l) „A földhömérsékletek Budán 1865—1868." (Temperaturen des Erdbodens bis 20' Tiefe.) m) „A m. tud. akademiának földdelejességi observatoriuma Budán." (Das erdmagnetische Observatorium der ungar. Akademie in Ofen. Jahrbücher derselben.) n) „Ueber den Ozongehalt der Luft in Ofen" (Meteorolog. Zeitschr. 1867. II.). o) „Idöjárási viszonyok magyarországban 1871--ik évben etc." (Meteorolog. Verhältnisse Ungarns mit besonderer Rücksicht auf Temperatur und Niederschlag. Ertekezések V.) p) „A magyar korona országainak meteorologiai viszonyai." (Die meteorolog. Verhältnisse der Länder der ungar. Krone. Im Katalog der Wiener Weltausstellung 1873.) q) „Der Sternschnuppenschwarm vom 27. November 1872."[1]) (Ertesitö und Jahrbuch der k. k. Sternwarte in Wien 1873.) r) „A magnetikus elhajlás Erdélyben." (Die magnet. Declination in Siebenbürgen. Deutsch im „Repertorium der Physik" von Dr. Ph. Carl in München 1875.) s) „Légtüneti észleletek Budán 1861—1870." (Meteorolog. Beobachtungen zu Ofen. Schriften der Akademie. Die Fortsetzung erschien für 1871—1874 in „A meteorologiai és földdelejességi magyar király központi intézet évkönyvei". (Jahrbücher der königl. ungar. Centralanstalt für Meteorologie und Erdmagnetismus I.—IV. Diese Jahrbücher erschienen auch in der Folge unter Schenzls Leitung und unter Mitwirkung der betreffenden Observatoren.) t) „Adalékok a magyar koronához tartozó országok földmánességi viszonyainak ismeretéhez." (Beiträge zur Kenntniß der erdmagnet. Verhältnisse in den Ländern der ungar. Krone. Im Auftrage der königl. ungar. naturwissenschaftl. Gesellschaft. Budapest 1881.) u) „Utmutatás földmágnességi helymeg határozásokra." (Anleitung zu erdmagnet. Ortsbestimmungen. Budapest 1884. Gleichfalls im obigen Auftrage.) Für seine wissenschaftlichen Leistungen erhielt Schenzl 1875 vom Congrès international des sciences géographiques in Paris ein Ehrendiplom mit der Medaille zweiter Classe, von der ungar. Akademie der Wissenschaft 1876 den großen akademischen Preis und von verschiedenen Körperschaften Diplome, Medaillen und Anerkennungen. Er

---

[1]) Enthält das Resultat von 170 gemessenen Meteoriten-Bahnen und eine Zusammenstellung der Bahnelemente des Schwarmes mit jenem des Biela'schen Kometen.

nahm auch Theil an den Versammlungen der Meteorologen zu Leipzig (1872), Wien (1873) und Rom (1879).

Im Stifte wurden die meteorologischen Beobachtungen fleißig gepflogen. An diesen betheiligten sich: Florian Kinnast (1862 bis 1864), Clemens Vogl (1865—1868), Anselm Schmid (1868—1869), Johann Salmhofer (1869—1874), Magnus Ternofsky (1877—1879), Ulrich Masten (1879—1880), Obilo Zimmermann (1880—1883), Virgil Koeppl (1883—1885), und Benno Ritter von Močnik. Die Station ist in neuester Zeit mit den besten Instrumenten ausgerüstet. Verschiedene wissenschaftliche Ausstellungen in und außer dem Lande wurden von der Bibliothek, dem Archive und der Münzsammlung mit ausgewählten Objecten beschickt; so jene des k. k. österr. Museums für Kunst und Industrie in Wien (1867—1868), die culturhistorische zu Graz (1883), die historische der Stadt Wien (1883), die Exposition in Steyr (1884) und die Landesausstellung in Graz (1890).

Unter den gegenwärtigen Mitgliedern unserer Congregation befinden sich mehrere, welche, wenn auch nicht literarisch und publicistisch thätig, doch in verschiedenen Fächern Ausgezeichnetes geleistet haben und noch leisten. So Zeno Müller als Mineralog, Blitmund Tschurtschenthaler als Tourist und Botaniker, Lambert Gröblinger als Dichter, Urban Pöltl als Kirchenhistoriker, Maximilian Pivc als rationeller Oekonom, Thassilo Reimann als Naturhistoriker und Benno Ritter von Močnik als Mathematiker und Physiker.

Auf verschiedene Art der Erwerbung gelangten in die Stiftsbibliothek: 1864 durch Kauf Brinkmeier „Glossarium diplomaticum" und die Prachtausgabe von Reiß „Missale Romanum". 1869 spendete Rudolf Schmidt in Pirano eine in Hongkong gedruckte chinesische Uebersetzung des neuen Testamentes. 1874 schenkte der Cardinal und Fürst=Primas von Ungarn Johann Simor „In memoriam diei 26. Aug. 1873, qua ecclesiam et monasterium Admontense et in hoc etiam Bibliothecam lustravi", den ersten Band der „Monumenta ecclesiae Strigoniensis". Graf Gustav Podstatzky=Lichtenstein verehrte 1878 unserer Bücherei ein handschriftliches Gebetbuch und gekauft wurde ein Manuscript „Instructions pour nos fréres novices et jeunes profés de l' abbaye de la Trappe 1785." Im Tauschwege erhielt 1880 die Bibliothek: Petrarca „Trionfi d' amore" (Parma 1473 Andr. Portilia) und desselben „Epistolae familiares" (Venetiis 1492 Joh. u. Gregor de Gregoriis). Ebenfalls durch Tausch 1881: Gerson „De imitatione Christi" (Augustae 1488, Erhard Ratdolt), Nider „De morali lepra" (Norimbergae, c. 1470, Anton Koburger) und „Der spiegel menschlicher behaltnus" (Augspurg 1500, Hans Schönsperger). Aus Richard Peinlichs Nachlasse (1882) kamen ca. 2000 Bände in die Sammlung, darunter ein Manuscript eines deutschen Arzneibuches vom Jahre 1496. Ein „Breviarium" des 14. Jahrhunderts stammt (1885) aus einer Spende des P. Othmar Berger. Neben den genannten Werken erhielt die Bibliothek (theils als neu erschienen, theils als Fortsetzung) die „Monumenta Germaniae historica", die „Monumenta graphica medii aevi", die „Acta sanctorum" der Bollandisten, die neueste Römerausgabe des heil. Thomas von Aquin, das „Monasticum gallicanum", Reichenbachs „Flora" und viele theologische, historische, naturwissenschaftliche und bibliographische Fachblätter.

Schreiberverse und Sprüche
in Handschriften der Admonter Stiftsbibliothek.

Häufig erscheinen am Schlusse der einzelnen Tractate Verse, Sprüche und andere Anhängsel, welche selten zum Tractate in Beziehung stehen, meistens aber die innere Stimmung des Schreibers kennzeichnen. Derlei Zusätze sind nicht ohne Werth; denn oft enthalten sie den Titel des Werkes, die Zeit der Abschrift oder Name und Nationalität des Schreibers. Sie sind theils ernsten, theils fröhlichen und satyrischen Inhaltes. Indem wir eine Auslese solcher Sprüche aus Admonter Handschriften zu geben versuchen, theilen wir selbe in Gruppen. Diese sind: A. Der Schreiber nennt seinen Namen. B. Er spricht Gott seinen Dank aus. C. Er rufet einen Heiligen an oder preiset denselben. D. Er bittet den Leser um Gebet und Andenken. E. Er macht seiner Freude ob Vollendung des Buches Luft. F. Er fordert Lohn für seine Mühe und Arbeit. G. Er entschuldigt seine schlechte Schrift. H. Er schildert seinen seelischen oder körperlichen Zustand während des Schreibens. J. Er betont des Klosters Eigenthum der Handschrift. K. Drohung gegen die Beschädiger oder Entwender des Buches. L. Sprüche satyrischer und frivoler Art. M. Verschiedene Notizen, oft von anderer und späterer Hand.

A.

Cod. Nr. 274 (saec. XII.), Gregorii M. liber dialogorum.
„Qui me scribebat, Rudigerus nomen habebat."

Nr. 292 (saec. XII.), Hugonis a s. Victore commentarius in hierarchiam Pseudo-Dionysii.

„Cvm tibi uerborum fructum quis colligis horvm
Hic ut aratoris uescens messorque satoris
Vt sis scriptoris studii memor atque laboris
Nomen et intendas te queso uicemque rependas
Respondens horum quod origo uersiculorum
Aufert querenti dubium dat scire uolenti

> Dispicito quales sint litterule capitales
> Unde cito nomen concurret tale pronomen
> Sicut littera primo quod uersu cernis in imo
> Credimus Has Veras Nos Res ADVerba Seueras."[1])

Nr. 136 (saec. XII.), Cypriani opera.
> "Post opus expletum Lucianum reddite letum,
> Fiat vt orasti quicquid Luciane rogasti."

Nr. 18 (saec. XII.), Matutinale.
> "Scriptoris memores Vdalrici queso sorores,
> Hoc optate sibi nomen super ethere scribi."

Nr. 714 (saec. XIII.), Rolandini cartularius.
> "Viuat in celis Vgerius notarius nomine Felix."

Nr. 124 (saec. XIII.), Compendium theologicae veritatis.
> "Cum fuerant anni completi mille ducenti
> Et decies octo post partum uirginis alme
> Apposito quinto regnanteque rege Rudolfo
> Scripsit eum Chunrat, sua Christus crimina radat,
> In Grebnich[2]) digno Marco sub laude benigno."

Nr. 591 (saec. XIV.), Grammatica graeco-latina versificata.
> "Qui me scribebat Ch(unradi) nomen habebat. Anno M°CCC°XVIIII completus est iste liber a Chunrado tunc temporis studente in Velsperch sub magistro Johanne."

Nr. 711 (saec. XIV.), Horatius de arte poetica.
> "Fine poetriam sapiens Oratius isto
> Clausit, quem scripsit Weigel. Sit gloria Christo."

Nr. 61 (saec. XIV.), Petrus de Sapsona distinctiones super decretalibus.
> "Qui me scribebat, Nicolaus nomen habebat."

Nr. 46 (saec. XIV.), Rolandini summa artis notariae.
> "Vivat in celis Henricus in nomine felix,
> Scripsit Henricus, semper sit Christi amicus.
> Fuit Furlanus, sit semper animo sanus."

Nr. 797 (saec. XIV.), Bruder Philipps Marienleben.
> "Quis hock(!) scribebat, Ditmarus nomen habebat."

Nr. 351 (saec. XV.), Sermones de tempore.
> "Qui me scribebat, Johannes nomen habebat."

---

[1]) Die Anfangsbuchstaben der einzelnen Verse, wie jene jedes Wortes des letzten Verses bilden den Namen des Schreibers Chunrabus.

[2]) Gröbming im oberen Ennsthale.

Nr. 402 (saec. XV.), Sermones „Porta aurea" intitulati.
„Vere prepositus situs in Glogo Joha scripsi."[1])

B.

Nr. 84 (saec. X.), Isidori Hispalensis opera aliquot.
„Jesum te laudo, tibi scripto codice plaudo."

Nr. 124 (saec. XIII.), Compendium theologicae veritatis.
„Explicit iste liber, sit scriptor crimine liber.
Laus tibi sit Christe, quoniam liber explicit iste.
Finito libro isto sit laus et gloria Christo."

Nr. 12 (saec. XIV.), Summa in decretales.
„Pro summae summo sit regi gloria summo."

Nr. 9 (saec. XIV.), Decretum Gratiani.
„Finito libro referatur salutatio Christo."

Nr. 10 (saec. XIV.), Innocentii IV. apparatus super Decretales.
„Finito libro referamus gratiam Christo."

Nr. 546 (saec. XV.), Commentarius super Canticum.
„Istum scriptorem bone Jesu fac meliorem."

Nr. 757 (saec. XV.), Regel des heil. Benedict.
„Ditz puch ein ende hat, got vns sein gnade sende
Vnd dicz ellende durch sein parmung wende."

C.

Nr. 40 (saec. XI.), Registrum epistolarum Gregorii M.
„Sis, o Gregori, cuius deus affuit ori,
Fautor apud Christum scribenti grande registrum."

Nr. 515 (saec. XIII.), Gregorii M. Pastorale.
„Omnia membra mea benedicat virgo Maria."

Nr. 805 (saec. XIV.), Biblia.
„Finitur Biblia, scriptori virgo Maria fiat propitia, lectori uero sophia de celis detur."

Nr. 181 (saec. XIV.), Engelbertus Admontensis de vita et virtutibus B. Virginis.
„Aurea bis sena tibi pomula virgo serena
Atque tuo nato presento munere grato."

Nr. 402 (saec. XV.), Sermones „Porta aurea" intitulati.
„Tu me Maria pia protege meque tuere."

---

[1]) Johannes praepositus Glogaviensis.

D.

Nr. 109 (saec. XII.), Bedae commentarius in Lucam.
„Premia scriptori lector prece posce fideli."
Nr. 18 (saec. XII.), Matutinale.
„Rogo vos, dilectissime sorores,[1]) vt memores sitis Vdalrici peccatoris in orationibus vestris, qui uobis presentem librum magno labore conscripsit. Librum hunc descripsimus anno ab incarnatione domini MCLXXX."
Nr. 332 (saec. XII.), Augustinus contra Faustum.
„Hec quicunque legis diuine dogmata legis
Vt prece scriptorem foueas Christi per amorem."

E.

Nr. 124 (saec. XIII.), Lotharius de missarum mysteriis.
„Explicit expliceat, ludere scriptor eat."
Nr. 299 (saec. XIV.), Summa de anima.
„Qui scripsit scribat et longo tempore vivat."
Nr. 594 (saec. XIV.), Gilbertus Poretanus super Boethii libros de trinitate.
„Vinum dulce bibit, qui cum penna bene scribit."
Nr. 741 (saec. XIV.), Peregrini sermones.
„Explicit expliceat, bibere scriptor eat."
Nr. 306 (saec. XV.), Constitutiones concilii Constanciensis.
„Et sic est finis, deus laudetur in magnis haustis."(!)
Nr. 457 (saec. XV.), Formulare notariorum.
„Oedler Kren, wir mueßen zu dem weine gen."
Nr. 144 (saec. XV.), Sermones de sanctis.
„Fine completo saltat scriptor pede leto."

F.

Nr. 797 (saec. XIV.), Bruder Philipp's Marienleben.
„Scriptoris munus sit bos bonus et equus vnus."
Nr. 337 (saec. XIV.), Officiani sermones de sanctis.
„Finis adest operis, mercedem posco laboris."
Nr. 772 (saec. XIV.), Sermones.
„Librum complevi, modicum pretium neque sprevi."
Nr. 113 (saec. XIV.), Canon Avicennae.
„Explicit hoc totum, da mihi potum."

---

[1]) Das Buch ist für die Admonter Nonnen geschrieben.

G.

Nr. 800 (saec. XIV.), Computus ecclesiasticus Bartholomaei de Thapolcha.
„Heu male finivi, quia scribere non bene scivi."

Nr. 367 (saec. XIV.), Quaestiones in Aristotelem.
„Swem disep schrift nit geuall, dez..."[1])

Nr. 361 (s. XIV.), Diaeta salutis.
„Hic nolui plus scribere, quia defluxit...
Hic non est defectus, sed quia papirus defluxit, hic non scripsi."

H.

Nr. 11 (saec. XIV.), Decretales cum glossa Bernardi de Botono.
„Tu facias letum scribendo dolore repletum
Qui fuerat tristis aliis gaudentibus istis."

Nr. 397 (saec. XIV.), Engelberti Admontensis tractatus de musica.
„Explicit iste labor, cuius sub pondere labor."

Nr. 591 (saec. XIV.), Grammatica graeco-latina.
„O scriptor cessa, quia manus est tibi fessa."

Nr. 290 (saec. XIV.), Engelberti Admontensis tractatus de passione domini et de mysterio crucis.
„Qui me scribebat, febres intimas patiebat."

Nr. 35/16 (saec. XVI.), Formelbuch.
„Scribere qui nescit, nullum putat esse laborem.
Tres digiti scribunt, totum corpusque laborat."

J.

Nr. 279 (saec. XII.), S. Gregorii Moralia.
„Cujusque unde sit hic si forte liber dubita ⎫
Adamuntensi quod sit de valle scia   ⎬ tur."
                                            ⎭

Nr. 376 (saec. XI.), Passionale.
„Iste liber pertinet ad monasterium sororum in Agmund."

K.

Nr. 279 (saec. XII), S. Gregorii Moralia.
„Qui fraudauerit hunc anathemate percutia ⎫
Atque dei genitricis eum vindicta sequa   ⎬ tur."
                                          ⎭

Nr. 725 (saec. XIII.), Anselmi Cantuariensis opus „Cur deus homo..."
„Lauda scriptorem, donec uideas meliorem.
Non uideat Christum, qui librum subtrahit istum."

---

[1]) Das Weitere (wohl derber Art) ist radirt.

Nr. 46 (saec. XIV.), Rolandini summa artis notariae.
„Qui me furatur, me reddat uel suspendatur."

Nr. 661 (sacc. XV.), Miscella theologica.
„Qui me furetur, baculo bene percutietur."

L.

Nr. 274 (saec. XII.), Gregorii M. Dialogi.
„Per tres sepe dies uilescvnt piscis et hospes
Ni sale conditus aut sit specialis amicvs."

Nr. 33 (saec. XII.), Hieronymus super Ezechielem.
„Codice finito bibulus citus ales abito."

Nr. 618 (sacc. XIII), Thomas Cisterciensis super Cantica.
„Inuitat cella, vetat abbas atque capella."

Nr. 427 (saec. XI.), Sermones patrum.
„Finito libro frangantur crura magistro.
Hie get daz pûche auze."[1]

Nr. 463 (saec. XIV.), Petri Blessensis epistolae.
„Explicit per manvs et non per nasvm Osbaldi de Chremsa in dem weizzen har."

Nr. 596 (sacc. XV.), Summa de confessione.
„Finiui librum, scripsi sine manibus illum."

Nr. 822 (saec. XVI.), Commentarius in Aristotelis Rhetoricam.
„Alte Weiber vnd Zwiflsek
Sindt des Teuffels wapenrekh."

Nr. 35/16 (sacc. XVI.), Formelbuch.
„Nec cras nec heri, nunquam credas mulieri.
Quot aves in aere, tot fraudes in muliere."

Nr. 35/24 (saec. XVII.), Miscellanea.
„Tot sunt autores, quot veris tempore flores.
Inde tot errores, quot habet natura colores."

M.

Nr. 407 (saec. XII.), S. Bernardus de libero arbitrio.
„Deprecor o Christe, quod prosit labor iste."

Nr. 35/16 (sacc. XVI.), Formelbuch.
„Munda me miserum miserator maxime mundi.
Mortiferam massam mundificato meam."

---

[1] Zusätze von einer Hand des 14. Jahrhunderts.

Nr. 46 (saec. XIV.), Rolandini summa artis notariae.
„Qui scripsit scribat, semper et domino uiuat.
Qui scripsit hunc librum, locetur in paradisum."

Nr. 356 (saec. XIV.), Tractatus super benedictionibus Jacob.
„Qui scripsit hunc librum, cum Jvda et Rvben ab angelo Gabriele uel Mihaele dvcatur in paradisvm."

Nr. 427 (saec. XIV.), Sermones Patrum.
„Hic liber est scriptus, qui scripsit sit benedictus."

Nr. 849 (saec. XIV.), Grammatica latina.
„Qui scripsit scripta, sua dextera sit benedicta."

Nr. 29 (saec. XV.), Postillae Nicolai de Lyra.
„Quis scripsit scriptum, sit manus eius benedictum."

Nr. 50 (saec. XII.), S. Augustinus in Psalmos.
„Articvlvm scribentis amet pia cvra legentis
Et mvnvs uite sibi poscat in ethre cvpite."

Nr. 439 (saec. XIV.), Laurentia de Aquilegia summa dictaminum.
„Qvot svnt sancti Rome, qvot svnt miracvla Thome,[1])
Qvot panis mice, quot amici svnt et amice,
Qvot svnt uirtvtes, tot uobis mitto salvtes."

Nr. 466 (saec. XV.), Medicinalia.
„Si uis sanus fieri, in Januario de uino optimo de mane unum haustum sume." (Darunter von anderer Hand: „Male scripsit, forte multum bibsit.")(!)

Nr. 203 (s. XV.), Miscella.
„Nota für dy gelsucht. Pint auf den pauch ain lebentig fleim fisch als lang, vncz er stirbt."
„So du wirst gehekcht von ainer spin oder slang, nym pald ain lembtig fliegen vnd leg si auff."

Nr. 736 (saec. XIII.), Tractatus de sacramentis.
„Contra defectvm uisus, et flvxum lacrimarvm et ruborem ocvlorvm tale fiat remedium. Accipe folia agrimonie et in maiori qvantitate de foliis rosarvm et coqvitvr in dvplici uase, et extrahatvr aqva et gvte imponantvr in ocvlo."[2])

Waren derlei Recepte auch ernstlich gemeint, fand sich doch bisweilen ein lustiger Bruder, der seiner Satyre freien Lauf ließ. So im

---

[1]) Der Codex enthält auch die Erzählung zweier Wunder im Predigerorden.
[2]) In Schrift des 15. Jahrhunderts.

Codex Nr. 306 (saec. XV.), Miscellanea.

> "Contra calculum et harenam. Darzwe must nemen ein hyeren von einem aichenast vnd 1 lat von ainem mulrad vnd II lat ingeraewsch[1]) von einen alten garenrokchen vnd ayn leber von einen marblstain vnd III lat glokchendon vnd V lat hosenstawb vnd des plaben[2]) von dem himel VII lat vnd des spicz ab dem newen man[3]) 8 lat vnd X lat mukhensmalz. Ista supradicta simul pro portione commixta et in stramineo mortario concussa."

Die Witterung, sowie die Prognose für die einzelnen Monate und Tage wurden oft von den Schreibern nebenhin notirt. So

Nr. 24 (saec. XIII.), Legendarium magnum.

> "Tercia lux maii necat horaque sexta diei.
> Dena sed hora die septena fit mala fine."

Nr. 203 (saec. XV.), Liber miscellus.

> "Anno domini 1462 jn mense January orta est nix maxima unacum inaudito frigore et in ista prouincia in quibusdam locis congelati sunt putei profundi."

Auch Geldforderungen wurden verzeichnet.

Nr. 800 (saec. XIV.), Computus ecclesiasticus Bartholomaei de Thapolcha.

> "Hans Pelczink schol gelten Sidnia dem iuden VI libr. phenning auf sant michelstag."

Die Schreibweise des Ortes Admont erscheint in

Nr. 280 (saec. XI.), Clementis Romani Recognitiones.

> "Admundt, Agmund, Admunda, Admontes."[4])

Auch über ihre persönlichen Verhältnisse geben die Buchschreiber Auskunft.

Nr. 344 (saec. XVI.), Modesti a Putrer Catalogus doctorum trium ordinum s. Benedicti, Cisterc. et Carthus.

> "Ego Modestus Putrer, senior conuentus Admontensis, perscripsi hunc librum 1552. Natus sum in praefectura dominorum Schrott in Dornspach[5]) prope Jerning[6])

---

[1]) Eingeweide.
[2]) Bläue.
[3]) Neumond.
[4]) Hand des 15. Jahrhunderts.
[5]) Donnersbach.
[6]) Irdning.

a. 1481. Indutus habitum ordinis 1495, ordinatus in presbyterum 1503. Obiit."

Nr. 85/72 (saec. XIX.), Benedicti Stadelhofer bibliothecarii Catalogus SS. Patrum.

„Finivi hunc SS. Patrum catalogum secundis curis descriptum ... 1811 valde dejectus animo, cum cogitarem, barbarus haec tam pulchra volumina miles habebit."[1])

Wir können unsere Blumenlese der Schreibersprüche nicht würdiger beschließen, als mit Stabelhofer's Versen:

„Jactarunt veteres septem miracula mundi.
Octavo nostra est Bibliotheca loco."

---

[1]) Admont war 1797—1809 viermal von den Franzosen heimgesucht worden.

www.ingramcontent.com/pod-product-compliance
Lightning Source LLC
Chambersburg PA
CBHW020816230426
43666CB00007B/1031